# 我国地方政府信任差异化实证研究

An Empirical Study of Public Trust in Local Government in China

刘华兴 著

中国社会科学出版社

## 图书在版编目（CIP）数据

我国地方政府信任差异化实证研究 / 刘华兴著 . —北京：中国社会科学出版社，2021.1

ISBN 978-7-5203-7205-3

Ⅰ.①我… Ⅱ.①刘… Ⅲ.①地方政府—行政管理—区域差异—研究—中国 Ⅳ.①D625

中国版本图书馆 CIP 数据核字（2020）第 174248 号

| | |
|---|---|
| 出 版 人 | 赵剑英 |
| 责任编辑 | 耿晓明 |
| 责任校对 | 赵雪姣 |
| 责任印制 | 王 超 |

| | |
|---|---|
| 出　　版 | 中国社会科学出版社 |
| 社　　址 | 北京鼓楼西大街甲 158 号 |
| 邮　　编 | 100720 |
| 网　　址 | http://www.csspw.cn |
| 发 行 部 | 010-84083685 |
| 门 市 部 | 010-84029450 |
| 经　　销 | 新华书店及其他书店 |

| | |
|---|---|
| 印　　刷 | 北京君升印刷有限公司 |
| 装　　订 | 廊坊市广阳区广增装订厂 |
| 版　　次 | 2021 年 1 月第 1 版 |
| 印　　次 | 2021 年 1 月第 1 次印刷 |

| | |
|---|---|
| 开　　本 | 710×1000　1/16 |
| 印　　张 | 12.5 |
| 字　　数 | 220 千字 |
| 定　　价 | 68.00 元 |

凡购买中国社会科学出版社图书，如有质量问题请与本社营销中心联系调换
电话：010-84083683
版权所有　侵权必究

# 国家社科基金后期资助项目
## 出版说明

后期资助项目是国家社科基金设立的一类重要项目，旨在鼓励广大社科研究者潜心治学，支持基础研究多出优秀成果。它是经过严格评审，从接近完成的科研成果中遴选立项的。为扩大后期资助项目的影响，更好地推动学术发展，促进成果转化，全国哲学社会科学工作办公室按照"统一设计、统一标识、统一版式、形成系列"的总体要求，组织出版国家社科基金后期资助项目成果。

全国哲学社会科学工作办公室

# 前　言

伴随着全球范围内的政府信任危机，政府信任研究已经成为学术界和实务界高度关注和争议的话题，已有大量研究聚焦政府信任下降的原因以及信任水平下降所造成的影响，并尝试提出有针对性的政策建议以提升各国政府的公信力水平。与西方国家相比，我国各级政府信任水平相对较高，研究起步较晚，理论体系相对不成熟，西方学者的研究在一定程度上为中国学者研究从事本土的政府信任问题提供了外部参照和借鉴。

通过对目前研究的梳理发现，已有研究多是从单个群体的视角，比如农民群体或城市居民群体来探究我国政府信任模式及影响因素，研究视角单一，无法开展系统的多视角比较研究以全面展现我国地方政府公信力的现状。在转型期背景下，我国农村居民、城市居民与地方政府公务员群体对我国各级政府，尤其是地方政府的信任模式如何？他们认为影响地方政府公信力的因素和机制有哪些？如何提升地方政府公信力水平？本书通过采用混合研究方法从普通民众（农村居民和城市居民）和地方政府公务员的不同视角开展实证研究，以回应上述研究问题。

本书通过实地调研，从多个视角为读者展现了转型期背景下中国地方政府公信力的场景。具体来说，书中采用全国范围内的大样本问卷调查结果，通过定量研究方法，如描述性统计分析、相关性分析、因子分析和有序逻辑斯蒂回归分析方法对普通居民（城市居民和农村居民）的数据进行分析，研究验证了差序政府信任模式的存在，即地方政府层级越高，政府公信力水平越高；并且通过对比农村居民和城市居民的数据发现，农村居民比城市居民普遍更加信任地方政府；书中也对影响地方政府信任的因素进行了解读，研究结果表明，影响普通居民地方政府公信力的因素是多元的，既包含制度主义的因素，如政府公共服务绩效、政府质量、政府经济绩效、官员腐败，也包含文化主义的因素，如社会信任、公民参与程度；并且，人口统计学变量也有一定解释力。

此外，针对公务员群体的特点，本书采用定性研究方法对Q市多层级地方政府公务员（30位）进行半结构式访谈，获得了大量可靠的数据，并通过主题分析法对定性数据进行主题分析以探究地方政府公务员视角下的地方政府信任模式和影响因素。研究发现，公务员群体认为当前地方政府公信力模式主要有三种，一是差序信任模式，二是下降信任模式，三是依附性信任模式；并且，通过对访谈数据的主题分析，共获得影响地方政府公信力的影响因素（六大主题），地方政府官僚体制问题、媒体报道与政府形象（再）生产、批判性民众的出现、参与的双刃剑作用、地方财政困难与地方政府的形象负债问题。

然后，通过不断比较分析的方法，区分农村居民、城市居民和地方政府公务员三类群体在地方政府信任模式和政府信任影响因素上的共性和差异，探索影响政府公信力的影响机制，并基于实证研究的结果提出合作治理的分析框架，以提升我国政府尤其是地方政府的信任水平。

# 目 录

导 论 …………………………………………………………… (1)

**第一章 政府信任:理论框架与中西对比研究** ………………… (12)
  第一节 理解政府信任 ……………………………………… (12)
  第二节 政府信任模式研究:中西对比 …………………… (20)
  第三节 政府信任影响因素研究 …………………………… (24)

**第二章 地方政府信任问题的田野调查:研究设计与方法** ……… (45)
  第一节 政府信任研究:混合研究方法及其应用 ………… (46)
  第二节 定量研究方法:对普通民众的调研 ……………… (53)
  第三节 定性研究:基于公务员的访谈 …………………… (63)
  第四节 学术研究中的道德问题:反思与实践 …………… (69)

**第三章 谁更信任,谁更可信:农村、城市居民视角及其对比** …… (72)
  第一节 不同层级,不同信任:各级政府的信任模式 …… (73)
  第二节 为什么信任:地方政府公信力的影响因素 ……… (78)
  第三节 行政层级与信任逻辑:各级政府公信力影响因素
           分析 …………………………………………………… (86)

**第四章 感知信任:公务员视角下的地方政府信任模式
           及其影响** ……………………………………………… (99)
  第一节 地方政府信任模式:"虽然依附,但在下降,并且
           差序" ………………………………………………… (99)
  第二节 地方政府信任的影响因素探索:公务员视角 …… (104)
  第三节 主观感知因素的综合分析 ………………………… (120)

第五章 地方政府信任的"外部解读"与"内部感知"：
基于民众与公务员视角 …………………………………（123）
　第一节　基于混合研究方法的对比分析 …………………（123）
　第二节　立场影响信任：民众与公务员视角对比 ………（124）
　第三节　地方政府信任：不同视角的深层次解读 ………（133）

第六章 高品质政府与我国地方政府公信力塑造：
理论与实践 ………………………………………………（137）
　第一节　品质政府：概念解读 ……………………………（137）
　第二节　政府回应性与政府公信力 ………………………（140）
　第三节　政府的治理方式变革与政府公信力 ……………（141）
　第四节　服务型政府与政府公信力 ………………………（146）
　第五节　廉洁政府与政府公信力 …………………………（150）

研究结论与展望 ………………………………………………（154）
　第一节　政府信任模式、影响因素与提升路径 …………（155）
　第二节　理论与实践贡献 …………………………………（158）
　第三节　研究局限以及未来研究方向 ……………………（159）

参考文献 ………………………………………………………（162）

后　记 …………………………………………………………（190）

# 导　论

自 20 世纪 60 年代以来，美国、英国、日本、新西兰等发达资本主义国家面临着一系列社会转型与国家治理的问题，其中政府公信力的持续下降问题引发了政府与学者们的极大关注，并成为许多国家治理改革的重要议题。[①] 同时，政府信任问题也引发了国际组织的关注，世界经济论坛、欧盟民调处、亚洲民调处、拉美晴雨表、盖洛普国际、联合国开发计划署和透明国际纷纷开展有关各个国家政府信任状况的调查研究。政府公信力问题逐渐成为政治学领域与公共管理领域的重要研究议题之一。

虽然民众的适当质疑与批判精神有利于监督社会的发展，但是构建民众对政府的信任也是政府的主要职责之一。公众对政府的信任不仅仅是政府日常行政的润滑剂，也是政府的合法性基础与政治合法性的重要来源之一。[②] 自 20 世纪 80 年代以后，对于政府公信力的研究逐渐从信任状况与信任水平的测量，转型到探索其背后的影响因素上来，这也使得人们对政府公信力问题有了更加深入的理解。

改革开放以来，中国经历了一场深刻的社会变革与转型。中国逐渐从农业主导的、以农村为基础的、文化保守的传统型社会，转型至工业导向的、城市化的以及开放的现代型社会。同时，市场经济改革极大地提高了人民的生活水平，经济发展与小康社会建设给人们带来了更加充裕的物质生活。然而，随着社会转型与发展，我国也面临着与西方国家相类似的政府公信力危机问题。与中央政府相比，地方政府的公信力弱化问题尤为严峻，这成为我国公共行政研究中的关键议题。

---

[①] Peri K. Blind, "Building Trust in Government in the Twenty-first Century: Review of Literature and Emerging Issues", *7<sup>th</sup> Global Forum on Reinventing Government Building Trust in Government*, UNDESA Vienna, 2007.

[②] Virginia A. Chanley, Rudolph Thomas J., Rahn Wendy M., "The Origins and Consequences of Public Trust in Government: A Time Series Analysis", *Public Opinion Quarterly*, Vol. 64, No. 3, 2000.

## 一 地方政府信任问题：社会转型与问题源起

### （一）从全能型政府到服务型政府：行政改革能否重构信任

我国的行政体系可以从纵向上划分为五个层级，即中央政府、省级政府（省、自治区、直辖市）、市级（设区的市、自治州）、县/区级（区、旗、县级市）、乡/街道办事处（乡、民族乡、镇、街道办事处）。① 其中，自省级以下的政府统称地方政府。

我国的政府层级结构具有自身的权利属性与关系特征。首先，我国的行政体系具有纵向上的双重领导特征，即下级政府受上级政府和同级党委的领导与监督。下级政府需向上级政府做汇报，各部委的领导同时也是中国共产党中央委员会的重要成员，且各级政府向同级党委领导负责。其次，政府部门的日常运作与职责界定体现了对上级负责的特点。各级政府的公职人员由各部门的领导人任命，并向其负责。政府部门的领导人既要向本级政府领导汇报，又要接受中共中央的领导和监督。这种权力的来源决定了公职人员对上负责的心理倾向和组织行为表现，也在一定程度上导致了备受诟病的地方官员晋升锦标赛模式。最后，地方政府也享有一定的发展自主权。中央政府在政治权力行使上依旧高度集中，然而，各层级地方政府在地域内的经济发展、教育、科学、文化、公共卫生、体育、城乡发展、财政、民政和公共安全等方面依旧承担主要的职责，具有较大的自主性。

在改革开放以前，我国政府扮演了传统意义上的全能主义角色，充当着决策者、资源分配者和监督者等的角色。在社会主义经济建立初期，这种全能型的、福利导向和父权模式的政府职能极大地推动了经济发展与社会进步。然而，随着经济改革的进程与社会转型，政府改革势在必行。自20世纪80年代以来，我国的行政改革持续推进，在政府职能、行政机构与行政文化等领域开展了一系列影响深远的改革实践。

在政府职能重塑中，我国的改革实践集中打造有限政府与开展多主体

---

① 据官方统计，中国有34个省政府，300多个市政府，近3000个县政府以及4万多个乡政府。

合作治理改革。自2012年以来，中央政府发起了新一轮改革，旨在推动行政体制、财政税收、收入分配制度、投融资体制、金融体制、民生和城市化等方面的治理模式转型，重塑政府与市场、政府与社会、中央政府与地方政府之间的职责边界与合作关系，并充分发挥市场和第三部门的作用以推进国家治理现代化，这已经成为我国政府改革实践中的主导性理念。

自20世纪80年代以来，中央政府前后推动了八轮政府机构改革[①]，尤其关注简政放权、优化政府职能和提升服务意识等方面，在重塑政府形象、改善政府与民众关系方面取得积极效果。然而，这些改革在一定程度上陷入了公共部门"精简—扩张—再精简—再扩张"的循环，这不利于政府形象的进一步提升。

此外，中央政府还采取了一些举措来重塑行政组织文化，改变公职人员的工作作风，如减少会议数量、鼓励公务员的公共服务动机建设、建设廉政文化等。这一系列行政改革措施对于增强地方政府公信力起到了积极作用。然而，随着经济转型与社会发展进程加快，我国依旧面临着一系列治理挑战，包括官员腐败、滥用职权、贫富差距、公共服务分配不公、信息不透明、市场失灵、债务危机、环境污染和产能过剩等。这些现象如何影响地方政府公信力？如何改革与应对？这些问题亟须理论研究去探索，从而为新一轮改革实践提供借鉴意义。

### （二）"中国奇迹"与地方政府信任

自改革开放以来，中国经济实现了快速发展，并且保持了近40年的快速增长。中国所取得的经济发展成就举世瞩目，被称为"中国奇迹"或者"中国模式"。具体来说，我国的国内生产总值在1978年仅为3645.2亿元，而在2019年则增长为990865.1亿元。2010年，中国的经济总值达到82270亿美元，一跃成为世界第二大经济体。人均生产总值则从1978年的381元大幅增长至2019年的70892元。此外，财政收入也实现了快速增长。1978年，我国财政收入仅为1132.26亿元，而2019年的财政收入增长了数倍，高达190382.23亿元（见表1）。同时，在此40年间，中国的外汇储备也从1.67亿美元大幅增长至31079.24亿美元（见表2）。

---

① 八轮政府机构改革分别发生在1982年、1988年、1993年、1998年、2003年、2008年、2013年和2018年。

表1　　1987年至2019年间中国的财政收入、GDP和人均GDP

| 年份 | 1978 | 1998 | 2008 | 2012 | 2019 |
|---|---|---|---|---|---|
| 财政收入（亿元） | 1132.26 | 9875.95 | 61330.35 | 117253.5 | 190382.23 |
| GDP（亿元） | 3645.2 | 83024.3 | 316030 | 518942.1 | 990865.1 |
| 人均GDP（元） | 381 | 6796 | 23708 | 38420 | 70892 |

表2　　1987年至2019年间中国的外汇储备（亿美元）

| 年份 | 1978 | 1995 | 2000 | 2012 | 2019 |
|---|---|---|---|---|---|
| 外汇储备 | 1.67 | 736 | 1682.78 | 3311.65 | 31079.24 |

随着中国经济的快速发展，人民生活水平有了显著提高，这极大地增强了政府的合法性，塑造了政府勤政高效的形象，构建起了基于行政效率与经济发展的地方政府公信力。然而，中国经济发展所带来的负面影响也不容忽视，如环境污染、自然资源滥用、收入分配机制不完善、区域发展不平衡、低质量生产和低就业率等。这些经济活动的外部性也在很大程度上引起了中国民众对地方政府的不满与信任水平下降。

首先，以GDP为导向的经济发展模式在一定程度上导致了对于公共服务质量与生活品质的忽视问题。近年来，食品安全成为备受我国公众关注的社会热点问题之一。2008年的三鹿毒奶粉事件和非法回收地沟油等食品安全事件不断涌现，对公众健康造成了严重影响，引发民众对政府的强烈不满以及不信任。

其次，伴随着经济总量的迅速发展，不同地区之间的不均衡发展与不同群体之间的收入差距问题也越发严峻。经济的高速发展使一些地区、一部分人先富起来，造成了不同区域与不同社会群体之间的相对不公平。具体来说，我国当前的收入分配机制并不完善，贫富差距与社会阶层之间的差异正在逐步扩大。此外，相较于西部与农村地区，中国的城市及东部沿海地区可以获得更多的政策支持。这些问题引发了一系列社会矛盾，成为地方政府尤其是欠发达地区公信力建设所面临的巨大挑战。

尽管中国经济实现了跨越式快速发展，但就业不够充分这一问题依旧值得重视。自20世纪90年代以来，我国城市就业增长速度逐渐放缓。从1991—2009年，城市就业率下降了1.0%。根据《中国统计年鉴》表明，自2008年起，城镇登记失业人数超过800万，而从2009年开始，每年失业人口超过900万。失业大潮不仅会浪费宝贵的人力资源，而且还会造成一系列不良的社会后果，危及地方政府的治理能力与公信力。

最后，环境污染问题引起民众的大量关注，由此的环境保护问题在近年来越发受到公众的重视，并已经成为影响地方政府公信力的重要因素。改革开放以来，伴随着中国经济的高速增长，我国与生态环境遭到一定程度的破坏，日益成为民众关注的焦点。根据世界银行2011年的估测，世界上污染最严重的20个城市中有16个在中国。水污染、空气污染和土壤污染等问题都对人们的日常生活产生了重要影响，极大地影响了中国民众的生活满意度。有效地治理环境污染问题对重构地方政府形象与公信力有重要影响。

## （三）社会背景

随着经济转型与发展，计划经济体制之下的社会结构与社会形态发生了深刻的变革。重构的社会对地方政府公信力提出了新的挑战，而其中人际信任水平下降①、群体性事件频发②和社交媒体快速发展③等问题对政府公信力产生了极大的影响。

首先，在社会信任水平方面，中国民众之间的信任感呈现逐年下降的趋势。根据2013年《社会心态蓝皮书：中国社会心态研究报告（2012—2013）》④的调查可知，我国人际信任水平从2010年的62.9分下降至59.7分（满分为100分）。这在一定程度上表明我国社会的总体信任程度较低，人与人之间的不信任进一步扩大，这将会在一定程度上导致社会交易成本的上升和严重的社会冲突。此外，调查数据也显示，我国的社会不信任尤其表现为普通民众对公务员的不信任、医患间的不信任，以及消费者与生产者之间的不信任。这种不信任的态度往往会进一步酝酿愤怒、仇

---

① 2012—2013年中国社会心理学研究报告；郑永年、黄彦杰：《中国的社会信任危机》，《文化纵横》2011年第2期；党秀云：《重建社会信任：中国社会建设的心灵之旅》，《中国行政管理》2013年第7期。
② 向德平、陈琦：《社会转型时期群体性事件研究》，《社会科学研究》2003年第4期。
③ 2011年、2012年、2013年和2014年中国新媒体发展报告。
④ 该研究由中国社会科学院社会学研究所发起，对包括北京、上海在内的7个城市的1900多名居民进行调查，并询问他们对社会总体信任的看法。

恨、敌意等消极情绪，也会溢出到政治信任与政府信任层面导致对政府的不信任态度。

其次，群体性事件频发成为当今中国社会转型时期又一突出的社会政治现象。引发群体性事件的主要社会过程包括征地拆迁、收入分配不公、贫富悬殊、环境污染、利益表达机制不完善和劳动纠纷等。据统计，近年来，我国群体性事件逐渐增加，1993年仅有8700例，而1999年、2003年、2004年、2005年和2006年分别上升至32000例、60000例、74000例、87000例和90000多例。据《2005年：中国社会形势分析与预测》统计，参与群体性事件的人数已经从1994年的73.2万人显著增加到2003年的307.3万人。① 并且，随着手机、互联网、微博和微信等技术的引进和升级换代，中国网络社交媒体取得快速发展。根据第33次《中国互联网络发展状况统计报告》，截至2013年12月，中国的网民数量已经达到6.18亿。社交媒体的普及为中国民众交流和讨论社会公共事务拓宽了渠道，对公共舆论和政府形象的重构产生了巨大影响。为积极应对社交媒体的新发展，我国地方政府也采取了一系列应对措施，从控制、监督社交媒体向合作进行转变，越来越多的地方政府部门开始搭建在线平台，包括政府网站、微信公众平台等。因此，社交媒体的发展在一定程度上重构了政府与社会的关系，同时也为地方政府公信力建设带来了机遇与挑战。

## 二 研究问题与研究方法

自20世纪60年代以来，席卷全球的政府信任危机引发了大量学者和政府部门对政府信任研究的关注。通过文献梳理发现，目前大多数的政府信任相关的研究都是在西方背景下进行的，国内开展的政府信任研究相对较少。已有的研究主要从信任的内涵界定、政府信任下降的成因以及政府信任缺失造成的影响等方面对政府信任进行了积极的探索。在这一宏观的理论与实践背景下，本书旨在加深对转型期中国地方政府信任的研究与探索，从普通公民和地方政府公务员的两个不同的视角，加强对不同层级地方政府信任模式的理解，探讨影响地方政府信任的潜在因素，并针对目前

---

① 肖文涛：《治理群体性事件与加强基层政府应对能力建设》，《中国行政管理》2009年第6期。

我国地方政府公信力的困境，提出针对性举措以提升我国地方政府的信任水平。

本书试图解决以下三个问题：第一是中国地方政府的信任模式有哪些？第二是影响中国地方政府公信力的关键因素是什么？第三是如何提升中国地方政府的公信力水平？

具体而言，第一个问题是如何探索我国地方政府信任的潜在模式。本书主要通过混合研究方法，从普通民众和公务员的视角开展地方政府公信力模式研究。具体解决如下几个问题：（1）从普通民众的角度来看，地方政府的总体信任水平有多强？（2）从普通民众的角度来看，多层级地方政府的信任水平分别如何？（3）地方政府公务员如何看待我国多层级地方政府的信任模式？（4）不同视角下我国地方政府信任模式的共性与差异性如何？本书第三章将通过对定量研究数据进行描述性统计分析探索普通民众（城市居民和农村居民）的地方政府信任模式。第四章将通过对30名地方政府公务员的半结构式访谈获取定性数据进行主题分析，以获悉公务员视角下的地方政府公信力模式。从公务员的角度对地方政府信任模式的探究既是本书的重要组成部分，也是本书的重要创新之处（详见第四章）。第五章将通过对两个不同视角的结果进行比较分析，探讨我国地方政府的信任模式的异同。

第二个问题是从普通民众和地方政府公务员的角度来考察影响我国地方政府信任水平的潜在影响因素。基于这两种不同的研究视角，本书将对普通民众和地方政府公务员影响地方政府公信力的影响因素进行分别探讨。具体来说，这一问题聚焦在以下三个子问题上：第一，从普通民众（城市居民和农村居民）的角度来看，在不同层级的地方政府中，民众对政府信任的主要驱动因素是什么？第二，在地方政府公务员的视角下，影响我国地方政府公信力的关键因素包括哪些？第三，普通民众和地方政府公务员两类群体在我国地方政府公信力的影响因素上有哪些共性和差异？

最后一个问题涉及我国地方政府公信力水平提升的路径与政策建议。这一问题主要基于上述两个问题的研究结果。在获悉我国地方政府公信力的水平以及影响地方政府信任的影响因素后，我们将基于我国地方政府的特点有针对性地提出改善地方政府信任水平的政策措施。

为解决上述研究问题，本书将采用实用主义研究范例，采用定量与定性相结合的混合研究方法，分别进行数据的搜集和分析工作。具体来说，本书的定量数据主要来源于由国家社会科学基金支持的南京大学的调研项目"中国公众对社会组织的信任调查"，该调查通过科学的抽样方法，获得5500份数据，其中城市居民3300份，农村居民2200份。此外，研究者于2012年9月2日至2012年12月2日在中国Q市的市、区/县和街道办/镇三个层级的不同行政部门进行半结构式访谈，将收集到的30名公务员的访谈数据作为主要数据来源。从地方政府信任模式和政府信任影响因素两方面分别对这两组数据进行分析。通过比较与合成定量和定性数据结果，本书构建了我国地方政府信任模式和地方政府信任影响因素的全貌，并以实证数据为基础，本书提出了一些切实可行的措施，以期提高我国地方政府公信力水平。

## 三　研究思路

本书旨在研究我国地方政府的信任水平及其影响因素。首先，我们试图建立中国情景下的政府信任研究，即在中国背景下建立研究的理论框架，探索适合中国的理论模式，并结合中国实际情况来作出政策建议。其次，我们也采用了对比视角来进行分析。通过普通公民和公务员两类群体的对比，对政府信任模式与影响因素的共性和差异进行讨论，从而更加深入地分析问题。全书包括八个部分，图1展现了各个章节的主要内容提要。

第一章对政府信任研究进行了文献梳理。首先对政府信任这一概念的理论渊源进行了讨论，并对这一概念进行了界定。随后，我们对中西方背景下的政府信任模式进行了文献回顾，以期为我国地方政府公信力研究提供理论背景。其中，我们重点讨论了中国背景下地方政府公信力研究的重要视角，包括政府绩效（制度、经济与政治绩效）、社会资本、媒体宣传、官僚政治与人口统计学因素。

第二章为本研究提供了方法论框架。这一章中，我们首先重新界定与明确了研究问题，随后论证了混合研究方法论及其合理性。接下来，我们讨论了定量研究方法和定性研究方法在本书中的使用。具体来说，我们通过调查问卷的方法来搜集普通民众的信任态度数据，并采用了半结构式访谈的方法来获取地方政府公务员群体对地方政府信任的态度。这一章也关注了学术研究中的道德问题，尤其是本书中的二手数据使用和对公务员群体访谈中需要注意的道德伦理问题。

第三章分别从城市居民和农村居民的视角探讨了我国地方政府公信力模式以及影响地方政府信任水平的相关因素。基于大样本问卷数据，研究

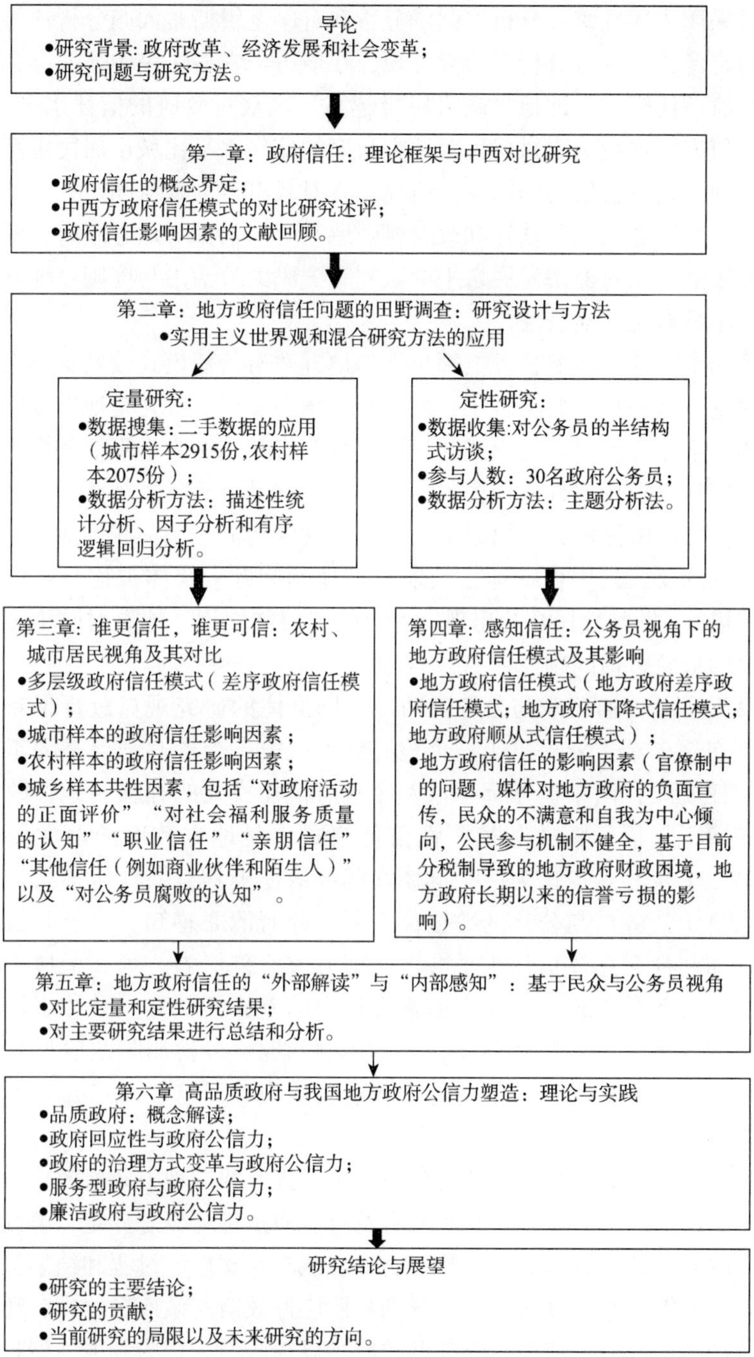

```
┌─────────────────────────────────────────────┐
│              导论                            │
│ ●研究背景：政府改革、经济发展和社会变革；     │
│ ●研究问题与研究方法。                         │
└─────────────────────────────────────────────┘
                    ↓
┌─────────────────────────────────────────────┐
│     第一章：政府信任：理论框架与中西对比研究   │
│ ●政府信任的概念界定；                         │
│ ●中西方政府信任模式的对比研究述评；           │
│ ●政府信任影响因素的文献回顾。                 │
└─────────────────────────────────────────────┘
                    ↓
┌─────────────────────────────────────────────┐
│ 第二章：地方政府信任问题的田野调查：研究设计与方法 │
│     ●实用主义世界观和混合研究方法的应用        │
│  ┌──────────────────┐  ┌──────────────────┐ │
│  │ 定量研究：        │  │ 定性研究：        │ │
│  │●数据搜集：二手数据 │  │●数据收集：对公务员 │ │
│  │ 的应用（城市样本   │  │ 的半结构式访谈；  │ │
│  │ 2915份，农村样本   │  │●参与人数：30名政府 │ │
│  │ 2075份）；        │  │ 公务员；          │ │
│  │●数据分析方法：描述 │  │●数据分析方法：主题 │ │
│  │ 性统计分析、因子分 │  │ 分析法。          │ │
│  │ 析和有序逻辑回归分 │  │                  │ │
│  │ 析。              │  │                  │ │
│  └──────────────────┘  └──────────────────┘ │
└─────────────────────────────────────────────┘
           ↓                      ↓
┌──────────────────────┐ ┌──────────────────────┐
│第三章：谁更信任，谁更  │ │第四章：感知信任：公务 │
│可信：农村、城市居民视  │ │员视角下的地方政府信任 │
│角及其对比              │ │模式及其影响           │
│●多层级政府信任模式（差 │ │●地方政府信任模式（地方│
│ 序政府信任模式）；     │ │ 政府差序政府信任模式；│
│●城市样本的政府信任影响 │ │ 地方政府下降式信任模式；│
│ 因素；                │ │ 地方政府顺从式信任模式）；│
│●农村样本的政府信任影响 │ │●地方政府信任的影响因素│
│ 因素；                │ │（官僚制中的问题，媒体 │
│●城乡样本共性因素，包括 │ │对地方政府的负面宣传， │
│ "对政府活动的正面评价" │ │民众的不满意和自我为中 │
│ "对社会福利服务质量的  │ │心倾向，公民参与机制不 │
│ 认知" "职业信任" "亲朋 │ │健全，基于目前分税制导 │
│ 信任" "其他信任（例如商 │ │致的地方政府财政困境， │
│ 业伙伴和陌生人）"以及  │ │地方政府长期以来的信誉 │
│ "对公务员腐败的认知"。 │ │亏损的影响）。         │
└──────────────────────┘ └──────────────────────┘
                    ↓
┌─────────────────────────────────────────────┐
│ 第五章：地方政府信任的"外部解读"与"内部感知"：│
│       基于民众与公务员视角                   │
│ ●对比定量和定性研究结果；                     │
│ ●对主要研究结果进行总结和分析。               │
└─────────────────────────────────────────────┘
                    ↓
┌─────────────────────────────────────────────┐
│ 第六章 高品质政府与我国地方政府公信力塑造：   │
│                   理论与实践                 │
│ ●品质政府：概念解读；                         │
│ ●政府回应性与政府公信力；                     │
│ ●政府的治理方式变革与政府公信力；             │
│ ●服务型政府与政府公信力；                     │
│ ●廉洁政府与政府公信力。                       │
└─────────────────────────────────────────────┘
                    ↓
┌─────────────────────────────────────────────┐
│            研究结论与展望                    │
│ ●研究的主要结论；                             │
│ ●研究的贡献；                                 │
│ ●当前研究的局限以及未来研究的方向。           │
└─────────────────────────────────────────────┘
```

**图 1　论文结构与框架**

者通过采用描述性统计分析、因子分析和有序逻辑斯蒂回归分析法等多种方法对定量数据进行分析。研究发现，在城市与农村居民中普遍存在一种差序政府信任模式，即地方政府层级越高，民众对政府的信任水平越高。并且，研究发现我国农村居民对地方政府的信任水平比城市居民更高。关于影响地方政府公信力的因素，研究发现对政府行为的认知、社会信任水平、对公共服务质量的认知和政府腐败感知等因素都对地方政府公信力产生重要影响，而对经济发展水平的认知和公民的政治参与度则对地方政府公信力不具有统计显著性。

第四章对地方政府公务员视角下的地方政府信任模式及其影响因素进行了讨论。这一章主要呈现了我们的两个核心发现。首先是地方政府公务员群体对于地方政府信任模式的理解，我们将其总结为下降信任模式、差序信任模式以及依附性信任模式。第二个发现是公务员主观感知下的地方政府公信力影响因素，提出以下六个因素共同构成了当前我国地方政府信任弱化的现象，其中包括地方政府官僚体制问题、媒体报道与政府形象（再）生产、批判性民众的出现、参与的双刃剑作用、地方财政困难与地方政府的形象负债问题。

第五章对普通公众与公务员两个不同群体的研究观点进行了对比与讨论。在这一章主要提出了三个核心观点。第一个核心观点是关于地方政府信任模式，两个群体都承认差序政府信任模式的存在：地方政府公务员提出下降信任模式和依附性信任模式也是地方政府的两大信任模式。第二个核心观点认为两个群体在溯源信任中具有共性认知。具体来说，来自于公务员与公众的数据都表明，政府清廉感知、对公共服务质量的认知和社会总体信任水平会增强地方政府公信力。第三个核心观点则是关于公务员与普通民众在追责失信中的差异性认知。具体来说，公务员认为媒体宣传、公众参与、官僚体制问题、分税制与政府形象建设历史欠账等方面极大地影响着地方政府公信力，而这些观点并未得到来自公众的赞同。

第六章从高品质政府塑造的视角提出了提升我国地方政府公信力的政策改革建议。首先，作者对品质政府及政府质量进行概念界定与解读，提出品质政府是政府机构和人员履行公共职能时在程序、过程和结果等方面所体现的效能水平。其次，作者分别从回应性政府与政府公信力、政府治理方式变革与政府公信力、服务型政府建设与政府公信力和廉洁型政府塑造与政府公信力四个方面分别展开详细论述并提出政策建议，以塑造高品质政府，切实改变政府形象从而提升我国政府尤其是地方政府的公信力水平。

　　最后一部分总结了本文的主要研究结果,谈及当前研究的贡献以及局限性,并在前几章的基础上提出了未来研究的方向。

# 第一章 政府信任：理论框架与中西对比研究

本章将对政府信任研究的相关文献进行述评。述评的重点在于对政府信任的概念进行界定和解析，并对影响民众对政府信任的主要因素进行系统梳理。具体而言，本章主要关注以下几个问题：

第一，政府信任的含义是什么？

第二，西方国家和包括中国在内的非西方国家的政府信任模式分别是什么？

第三，在不同政治文化的背景下，影响政府信任特别是地方政府信任的关键因素是什么？

第四，这些因素如何取得公众对政府的信任？

为了回答上述问题并为当前研究奠定理论基础，本章回顾了西方国家和我国现有的关于政府信任的大量文献。本章具体分为三部分，第一部分首先分析政府信任的含义，并总结了有关政府信任的不同研究视角，随后探讨并阐述政治信任与政府信任的区别，以界定政府信任的含义。第二部分着重分析中西方两种不同背景下公众对政府不同程度的信任，提出现存研究的三种主要信任模式。第三部分侧重分析影响这些模式的主要原因，以及它们在发达国家和发展中国家，尤其是中国，如何塑造公众对政府的信任。

## 第一节 理解政府信任

自20世纪六七十年代以来，随着发达国家的政府信任危机的产生，大量的研究开始关注政府信任问题。近几十年来，随着世界范围内政府信任的恶化，一些国家的政府信任产生了较为严重的问题，尤其是与中央政府高信任度相比，地方政府的信任正在日益恶化，学术界对其研究兴趣日益浓厚，政府信任已经成为公共管理领域一个更受欢迎和更加普遍的研究主题。

尽管对政府信任的兴趣日益浓厚，但学者们很难就政府信任及其含义达成共识。究其原因，正如克里斯滕森（Tom Christensen）和兰格（Per Lægreid）[1] 所指出的那样：政府信任是一个多方面、本质上复杂且相当模糊的概念。这一概念既包含一系列一般性、系统性的因素，又反映了更具体的政府活动及其工作方式实践，以及两者之间的动态互动。[2] 另一个原因在于理论和实践背景的差异，其中包括学者进行研究的社会和政治环境。一些学者认为其原因涉及"信任"这一多元化概念本身，它的含义复杂且模糊。[3] 因此，若要理解政府信任的具体含义，首先应理清"信任"的内涵。

## 一　信任的定义：特征与功能

尽管学者们已经对信任开展了一些研究，但还有研究仍未就信任的定义达成共识。[4] 已有文献不仅没有明确界定信任，而且对其他一些相关的概念，诸如信仰和信心，也没有给出明确界定。[5] 在关于信任讨论中，学者们似乎避免澄清这一基本概念。近年来，尽管信任这一概念一直是心理学、社会学、政治学、经济学和公共管理等许多领域的主要研究对象，他们在定义和使用这一概念时还是遇到了困难。[6] 因此，卢曼（Niklas Luh

---

[1] Tom Christensen, Per Lægreid, "Trust in Government: The Significance of Attitudes Towards Democracy", *Public Sector and Public Sector Reforms*, Stein Rokkan Center for Social Studies and Bergen University Research Foundation, 2003.

[2] Bouckaert, Geert, Steven Van de Walle, "Comparing Measures of Citizen Trust and User Satisfaction as Indicators of 'Good Governance': Difficulties in Linking Trust and Satisfaction Indicators", *International Review of Administrative Sciences*, Vol. 69, No. 3, 2003.

[3] Marcia L. Watson, "Can There Be Just One Trust? A Cross-disciplinary Identification of Trust Definitions and Measurement", *The Institute for Public Relations*, 2005.

[4] Guido, Möllering, Reinhard Bachmann, and Soo Hee Lee, "Introduction: Understanding Organizational Trust-foundations, Constellations, and Issues of Operationalisation", *Journal of Managerial Psychology*, Vol. 19, No. 6, 2004; J. David Lewis, Andrew Weigert, "Trust as A Social Reality", *Social Forces*, Vol. 63, No. 4, 1985; Ronald. W. Perry, Lawrance D. Mankin, "Understanding Employee Trust in Management: Conceptual Clarification and Correlates", *Public Personnel Management*, Vol. 33, No. 3, 2004.

[5] Bernard Barber, *The Logic and Limits of Trust*, NJ: Rutgers University Press, 1983.

[6] Ye Diana Wang, Henry H. Emurian, "An Overview of Online Trust: Concepts, Elements, and Implications", *Computers in Human Behavior*, Vol. 21, No. 1, 2005.

mann)① 指出：信任是一个概念上模糊的术语，需要关注信任的特征和功能来进一步理解信任。

具体来说，信任最普遍的特征主要有两个：一个是对持续性延展的依赖②；另一个是坚定的期许。③ 这些也是人和组织给予其他人、团体或组织信任的基本和必要的规则。正如什托姆普卡（Piotr Sztompka）④ 所说，信任是人们对他人未来偶然行为所做出的信心行为。对他人表现出依赖意味着不确定性和风险。正如贝尔（Annette Baier）所说：

> 信任意味着相信他人会尽其所能地照顾我们的利益，他们不会利用或伤害我们。因此，信任涉及他人未来行为的不确定性给我们自身带来的脆弱性。我们无法确定他们的行为，但我们相信他们的行为是良性的，或者至少不是恶性的，并且他们不会采用可能将我们置于危险中的方式来行动。⑤

与此同时，坚定的期许对于信任的产生也至关重要，因为没人能预测将来会发生什么。这是信任他人的先决条件。信任是对收益或损失的预判，决定一个人是否会给予他人信任。⑥ 此外，信任还具有不一致性，它

---

① Niklas Luhmann, "Familiarity, Confidence, Trust: Problems and Alternatives", *Trust: Making and Breaking Cooperative Relations*, No. 6, 2000.

② Peter Kollock, "The Emergence of Exchange Structures: An Experimental Study of Uncertainty, Commitment, and Trust", *American Journal of Sociology*, Vol. 100, No. 2, 1994; Julian B. Rotter, "Interpersonal Trust, Trustworthiness, and Gullibility", *American Psychologist*, Vol. 35, No. 1, 1980; Roger C. Mayer, James H. Davis, F. David. Schoorman, "An Integrative Model of Organizational Trust", *Academy of Management Review*, Vol. 20, No. 3, 1995; Denise M., Rousseau, Sim B. Sitkin, Ronald S. Burt, Colin Camerer, "Not So Different After All: A Cross-discipline View of Trust", *Academy of Management Review*, Vol. 23, No. 3, 1998.

③ Barbara Misztal, *Trust in Modern Societies: The Search for the Bases of Social Order*, John Wiley & Sons, 2013.

④ Piotr Sztompka, "Trust and Emerging Democracy: Lessons from Poland", *International Sociology*, Vol. 11, No. 1, 1996.

⑤ Annette Baier, "Trust and Antitrust", *Ethics*, Vol. 96, No. 2, 1986.

⑥ James S. Coleman, Foundations of Social Theory, Harvard University Press, 1994; Luhmann Niklas, *Trust and Power*, John Wiley & Sons, 1979; Roger C. Mayer, James H. Davis, F. David. Schoorman, "An Integrative Model of Organizational Trust", *Academy of Management Review*, Vol. 20, No. 3, 1995; Kenneth Newton, Dietlind Stolle, Sonja Zmerli, "Social and Political Trust", *The Oxford Handbook of Social and Political Trust*, 2018; Denise M. Rousseau, Sim B. Sitkin, Ronald S. Burt, Colin Camerer, "Not So Different After All: A Cross-discipline View of Trust", *Academy of Management Review*, Vol. 23, No. 3, 1998.

很脆弱。① 也就是说，塑造信任的过程缓慢，但失去信任却很容易，一个小错误就会轻易摧毁它。

至于信任的功能，它可以在任何社会、经济和政治领域发挥多种功能。信任可以维持和加强人与人之间的合作关系，使个体间的互动富有成效，促进相互合作。② 在经济领域，信任被视为降低交易成本的有效手段③，信任能提高公共资源的有效利用，改善组织绩效。④ 除此之外，信任在政治领域中也起着至关重要的作用。根据世界经合组织（OECD）2000年的一份报告表明，信任是政府和政治领导人进行改革和实施新政策的基础。信任影响政治系统的合法性，及公民与政府的互动，信任对公共政策成功实施具有重要推动作用。⑤ 信任对于建立公民社会也至关重要⑥，信任会加强民众心中政治机构公平行事、合理满足公民要求的感觉。⑦

信任是一个复杂、涵盖面广的概念，也是一个丰富的概念，涵盖了广泛的关系，并包含许多相关问题。⑧ 信任是关系性的，但很少是无条件的关系，并且涉及能被概念化的主观判断。⑨ 由于其具有多元性特征，卢梭（Denise M. Rousseau）等人将信任定义为："一种心理状态，这种

---

① Paul Slovic, "Perceived Risk, Trust, and Democracy", *Risk Analysis*, Vol. 13, No. 6, 1993.
② Barbara Misztal, *Trust in Modern Societies: The Search for the Bases of Social Order*, John Wiley & Sons, 2013; Fran Tonkiss, "Trust, Social Capital and Economy", in F. Tonkiss, A. Passey, N. Fenton, L. Hems, eds., *Trust and Civil Society*, Springer, 2000.
③ Francis Fukuyama, *Trust: The Social Virtues and the Creation of Prosperity*, Penguin Books, 1995.
④ Roderick M. Kramer, Tom R. Tyler, eds., *Trust in Organizations: Frontiers of Theory and Research*, Sage Publications, 1995.
⑤ Risto Harisalo, Jari Stenvall, "Citizens' Trust in Government", *Annual Conference of the European Group of Public Administration, Study Group on Productivity and Quality in the Public Sector*, Potsdam, 2002.
⑥ Shmuel. N. Eisenstadt, "Civil Society", *The Encyclopedia of Democracy*, Washington DC: Congressional Quarterly, 1995.
⑦ Risto Harisalo, Jari Stenvall, "Citizens' Trust in Government", *Annual Conference of the European Group of Public Administration, Study Group on Productivity and Quality in the Public Sector*, Potsdam, 2002.
⑧ Sofia Elena Colesca, "Increasing E-trust: A Solution to Minimize Risk in E-Government Adoption", *Journal of Applied Quantitative Methods*, Vol. 4, No. 1, 2009.
⑨ Margaret Levi, Laura Stoker, "Political Trust and Trustworthiness", *Annual Review of Political Science*, Vol. 3, No. 1, 2000; 孙伟正、赵建芳：《信任研究的哲学思路探析——基于不同学科的视角》，《重庆社会科学》2006年第4期。

心理状态包括对他人意图或行为有积极的期望，并愿意接受由此带来的脆弱性"①，这一说法在社会科学中被广泛引用，并与当前研究十分契合。

与之类似的术语，例如信心，经常与信任互换使用②，然而一些学者认为信任和信心是不同的问题。③ 正如厄尔（T. C. Earle）等人④所说，简单说来，信任是基于对意图或价值观相似性的判断，使自己易受他人伤害的意愿，而信心则是基于经验或证据，确定未来某些事件会按预期发生。在这方面，信任涉及上述风险和预期，但信心是基于他人的言论、承诺或行动。然而，在关于中国转型时期公众对地方政府的信任问题上，公众信任和公众信心两词被交替使用，因为中国的学术和实践领域都没有明确划分信任和信心，"信任"和"信心"这两个词通常被汉语中的"信任"一词取代。

由于信任概念的复杂性和多维度，学术界对信任一词的使用通常根据研究背景的不同而有所差异。布兰德（Peri K. Blind）将信任分为两个主要变体，即政治信任和社会信任，二者具有如下所述的不同特征：

> 当公民评估政府及其机构时，认为一般政策制定或个别政治领导人信守承诺、做事高效、公平和诚实时，就会产生政治信任。社会信任，是指公民作为社会共同体成员彼此信任，这与政治信任是分不开的。⑤

从政治视角看，米勒（Arthur H. Miller）和里索（Ola Listhaug）将信任定义如下：

---

① Denise M. Rousseau, Sim B. Sitkin, Ronald S. Burt, Colin Camerer, "Not So Different After All: A Cross-discipline View of Trust", *Academy of Management Review*, Vol. 23, No. 3, 1998.

② Bernard Barber, *The Logic and Limits of Trust*, Rutgers University Press, 1983; Seok-Eun Kim, "The Role of Trust in the Modern Administrative State: An Integrative Model", *Administration & Society*, Vol. 37, No. 5, 2005.

③ T. C. Earle, M. Siegrist, H. Gutscher, "The Influence of Trust and Confidence on Perceived Risks and Cooperation", *Perception*, No. 20, 2001.

④ Ibid..

⑤ Peri K. Blind, "Building Trust in Ggovernment in the Twenty-first Century: Review of Literature and Emerging Issues", *7th Global Forum on Reinventing Government Building Trust in Government*, UNDESA Vienna, 2007.

信任……反映了民众对政治当局和政治机构按其规范性期望行事的评估。公民对政府应如何运作的期望除一般标准外，还包括公平、公正、诚实、高效和对社会需求有所响应。简而言之，对政府表现出信任（或其同义词政治信心和支持）是一种简要的判断，即认为政治系统能够回应民众诉求，即使不对它进行持续性审查，政府也会正确行事。①

尽管信任是一个有争议的术语，但不同定义恰恰反映出不同的理论视角和价值。鉴于政治信任与政府信任之间的密切关系，本书将从政治角度探究信任问题。

## 二 政治信任和政府信任的关系

政治信任通常被视作公民对政治体系或政府行为与其预期保持一致的信念或信心。② 伊斯顿（David Easton）③ 认为，政治信任主要针对三个一般性的政治对象："政治共同体"，即共享政治性分工的广泛人群；"政权"，指共享政治权利的博弈规则；最后还有"权威当局"，即负责制定和执行政治决定的民选或接受任命的官员。与此同时，米勒和里索④认为政治信任的主要对象是政治当局和政治体系。根据布兰德⑤的观点，政治信任指对政治体系、政治组织以及当局政治领导人的信任。政体也被视作

---

① Arthur H. Miller, Ola Listhaug, "Political Parties and Confidence in Government: A Comparison of Norway, Sweden and the United States", *British Journal of Political Science*, Vol. 20, No. 3, 1990.

② Jack Citrin, "Comment: The Political Relevance of Trust in Government", *American Political Science Review*, Vol. 68, No. 3, 1974; David Easton, *A Systems Analysis of Political Life*, Wiley, 1965; Marc J. Hetherington, "The Political Relevance of Political Trust", *American Political Science Review*, Vol. 92, No. 4, 1998; Arthur H. Miller, "Political Issues and Trust in Government: 1964 – 1970", *American Political Science Review*, Vol. 68, No. 3, 1974.

③ David Easton, *A Systems Analysis of Political Life*, Wiley, 1965.

④ Arthur H. Miller, Ola Listhaug, "Political Parties and Confidence in Government: A Comparison of Norway, Sweden and the United States", *British Journal of Political Science*, Vol. 20, No. 3, 1990.

⑤ Peri K. Blind, "Building Trust in Government in the Twenty-first Century: Review of Literature and Emerging Issues", 7$^{th}$ *Global Forum on Reinventing Government Building Trust in Government*. UNDESA Vienna, 2007.

民众政治信任的核心指标。① 基于上述观点，政治信任主要是基于当局领导人、机构、政权或体系而产生的。② 从这种意义上说，衡量政治信任应重点关注民众对在职官员、领导人当局，以及各种机构、政权或体系的观点。

与信任一样，政府信任的含义同样十分广泛，政治学或公共管理学科很少明确政治信任的概念。现有文献中，大多数学者往往忽略了政府信任的定义，而主要探究影响公众对政府信任的因素，以及开展在世界范围内各政府信任呈下降趋势的背景下，政府的信任的下降所造成的后果研究。

然而，也有一些学者试图从信任的主要参与者：公众和政府的角度，来分析政府信任的含义。一些学者认为，对政府的信任基于公民对政府提供的各种结果的偏好。③ 也有学者认为，对政府的信任是公民对其政府（包括政治家和公职人员）"正确行事"、代表公众利益合理公正行事的相信程度。④ 这种相信不仅取决于政府是否坚持其立场，还取决于公民对此种做法的态度。这一观点也得到了一些中国学者的广泛认可。⑤ 具体而言，邹育根和江淑⑥认为，公众对政府的信任是一种基于民众合理期望、政府积极回应的互动性的合作关系。

---

① K. Newton, P. Norris, "Confidence in Public Institutions: Faith, Culture or Performance?" In Susan J. Pharr, Robert D. Putnam, eds., *Disaffected democracies: What's Troubling the Trilateral Countries*, Princeton University Press, 1999.
② Peri K. Blind, "Building Trust in Government in the Twenty-first Century: Review of Literature and Emerging Issues", $7^{th}$ *Global Forum on Reinventing Government Building Trust in Government*, UNDESA Vienna, 2007; Stephen C. Craig, Richard G. Niemi, Glenn E. Silver, "Political Efficacy and Trust: A Report on the NES Pilot Study Items", *Political Behavior*, Vol. 12, No. 3, 1990.
③ Mark Baldassare, *California in the New Millennium: The Changing Social and Political Landscape*, University of California Press, 2000; Caroline J. Tolbert, Karen Mossberger, "The Effects of E-government on Trust and Confidence in Government", *Public Administration Review*, Vol. 66, No. 3, 2006.
④ Cheryl. Barnes, Derek Gill, "Declining Government Performance? Why Citizens Don'ts Trust Government", *New Zealand: State Services Commission*, 2000.
⑤ 程倩：《政府信任关系的研究路径与缘起》，《社会科学研究》2005年第4期；李砚忠、李军保：《政治学视角下的政府信任问题研究》，《中共青岛市委党校青岛行政学院学报》2007年第2期；申自力：《当今中国社会的信任危机：表现、本质及其影响》，《求实》2004年第7期；邹育根、江淑：《中国地方政府信任面临的挑战与重建——国内学术界关于地方政府信任问题研究现状与展望》，《社会科学研究》2010年第5期；王浦劬、孙响：《公众的政府满意向政府信任的转化分析》，《政治学研究》2020年第3期。
⑥ 邹育根、江淑：《中国地方政府信任面临的挑战与重建——国内学术界关于地方政府信任问题研究现状与展望》，《社会科学研究》2010年第5期。

然而，一些学者持不同观点，他们认为政治信任应该被视作"对政府的基本评价或情感取向"①。米勒和里索②认为，政府信任是对政治当局和机构是否依公众的规范性期望行事的评价。李砚忠对此表示赞同。③ 某些学者将一些政治信任的对象分类为政府信任的对象，如政府—政治体系、政体，以及当局政治领导人。④ 综上所述，政治信任和政府信任被一些学者视作同一个研究概念与问题。

然而，当前的研究与以往并不相同。正如牛顿（Kenneth Newton）⑤所说，政治信任是对政治世界的全面反映与评价，他认为政府信任是为民众对政府机构和在职官员在实现公众对政府合理期望时是否做得足够好的主观、心理评价和看法，该定义不仅关注过程，而且关注结果。该定义包含政府信任的重要特征：个人期望、政府机构的形象，以及对过程和结果导向的期望。与政治信任相比，政府信任是一个更加狭义的概念，其核心是政府机构和公职人员的行为。基于上述定义，研究者认为，由于涉及研究对象的不同，政治信任是一个比政府信任更广泛的概念。政府信任与政治信任的关系如下图所示（见图1—1）。

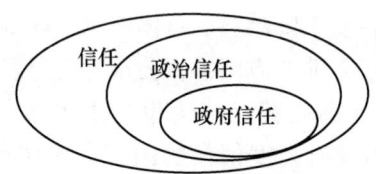

**图1—1  政治信任与政府信任的包容性关系**

---

① Arthur H. Miller, "Political Issues and Trust in Government: 1964 – 1970", *American Political Science Review*, Vol. 68, No. 3, 1974.

② Arthur H. Miller, Ola Listhaug, "Political Parties and Confidence in Government: A Comparison of Norway, Sweden and the United States", *British Journal of Political Science*, Vol. 20, No. 3, 1990.

③ 李砚忠：《关于政府信任的分析思考》，《中共银川市委党校学报》2007年第9期。

④ Edward N. Muller, Thomas O. Jukam, "On the meaning of political support", *American Political Science Review*, Vol. 71, No. 4, 1977; Arthur H. Miller, "Political Issues and Trust in Government: 1964 – 1970", *American Political Science Review*, Vol. 68, No. 3, 1974; Jack Citrin, "Comment: The Political Relevance of Trust in Government", *American Political Science Review*, Vol. 68, No. 3, 1974; Jack Citrin, Herbert McClosky, J. Merrill Shanks, Paul M. Sniderman, "Personal and Political Sources of Political Alienation", *British Journal of Political Science*, Vol. 5, No. 1, 1975.

⑤ Kenneth Newton, "Trust, Social Capital, Civil Society, and Democracy", *International Political Science Review*, Vol. 22, No. 2, 2001.

虽然中央政府与地方政府在不同的角色安排和职责方面存在一定差异，但民众对中央政府和地方政府信任的核心内涵是一致的。因此，公众对地方政府的信任指对地方政府机构和官员的表现是否满足其需求的主观判断和评价。反过来，这一判断可能反映了公众对地方政府的信任程度。①

## 第二节  政府信任模式研究：中西对比

据已有文献，本节着重探究上文提及的东西方国家的三种不同的政府信任模式：（1）西方社会中，政府信任水平随时间推移而下降的模式；（2）对较低层级的政府表现出更高信任度的距离悖论模式，以及与之相反的模式；（3）主要出现在中国的对更高层级的政府表现出更高信任度的差序政府信任模式。

### 一  西方国家政府信任模式

模式一：政府信任呈下降趋势。总体而言，自20世纪60年代中期以来，无论是西方国家还是非西方国家，公众对政府表现出愈加不信任的态度，这种对政府不信任的趋势已成为世界上大多数西方国家的共同特征②，甚至那些曾经对政府高度信任的国家，如瑞典和挪威，对包括政府在内的政治机构的信任也正在下降。③ 这种信任下降趋势也蔓延到欧

---

① 张成福、孟庆存：《重建政府与公民的信任关系——西方国家的经验》，《国家行政学院学报》2003年第3期；任建明、王璞：《腐败程度感知、公共服务效能与基层政府信任》，《北京航空航天大学学报》（社会科学版）2020年第1期。

② Jack Citrin, "Comment: The Political Relevance of Trust in Government", *American Political Science Review*, Vol. 68, No. 3, 1974; Stephen C. Craig, *Broken Contract? Changing Relationships Between Americans and Their Government*, Routledge, 2018; Russell J. Dalton, Martin P. Wattenberg, eds., Wattenberg, *Parties without Partisans: Political Change in Advanced Industrial Democracies*, Oxford University Press on Demand, 2002; Hans-Dieter Klingemann, "Mapping Political Support in the 1990s: A Global Analysis", *Critical Citizens: Global Support for Democratic Government*, 1999; Seymour Martin Lipset, "The Confidence Gap: Business, Labor, and Government in the Public Mind", Johns Hopkins University Press, 1987; Arthur H. Miller, "Political Issues and Trust in Government: 1964 – 1970", *American Political Science Review*, Vol. 68, No. 3, 1974; Arthur H. Miller, Stephen Borrelli, "Confidence in Government During the 1980s", *American Politics Quarterly*, Vol. 19, No. 2, 1991.

③ Arthur H. Miller, Ola Listhaug, "Political Parties and Confidence in Government: A Comparison of Norway, Sweden and the United States", *British Journal of Political Science*, Vol. 20, No. 3, 1990.

洲的一些后共产主义国家。① 正如布兰德②所说，尽管根据各国国情，不同国家间具体模式和下降速度虽有所不同，但这种趋势无处不在。民众普遍认为，发达国家包括政府在内的代议机构已经失去了人民的尊重，并且在本质上它们也并不关心公众的利益诉求。

近年来，为了衡量发达国家中民众对政府的信任程度，一些政府和非政府组织进行了广泛的调查和研究，这些组织包括世界经济论坛、欧洲晴雨表、亚洲晴雨表、埃森哲澳大利亚政府信息管理办公室、英国广播公司、盖洛普国际协会、联合国开发计划署和透明国际等。经过调查，这些组织认为，自2004年以来，公众对当前包括政府在内的政治机构的信任逐渐下降。道尔顿（Russell J. Dalton）③对此表示赞同，他还通过对不同时期信任程度的比较分析，证明了除荷兰外，其他不同国家的政府信任都在持续下降。参与调查的人通常认为他们的政府没有履行好职责，甚至不关心满足民众需要，政府更关注的是选举。④

此外，发达国家目前的政府信任程度远低于20世纪70年代。根据国际社会调查项目的研究发现，与20世纪70年代调查结果相比，2004年的美国、英国、法国和德国，对政府机构或公务员持信任态度的人数比20世纪70年代末更少。⑤ 具体而言，2004年，只有35%的美国人、23%的英国人、27%的法国人和仅有10%的统一后的德国人表示政府及其官员"关心"人们的想法。而1977年分别是43%的美国人、31%的英国人、36%的法国人和34%的西德人认为政府值得信任，这个比率随着时间的推移有所降低。⑥ 政府信任下降的趋势也适用于其他发达国家，如加

---

① William Mishler, Rose Richard, "Trust, Distrust and Skepticism: Popular Evaluations of Civil and Political Institutions in Post-communist Societies", *The Journal of Politics*, Vol. 59, No. 2, 1997.

② Peri K. Blind, "Building Trust in Government in the Twenty-first Century: Review of Literature a Emerging Issues", *7th Global Forum on Reinventing Government Building Trust in Government*, UNDESA Vienna, 2007.

③ Russell J. Dalton, "The Social Transformation of Trust in Government", *International Review of Sociology*, Vol. 15, No. 1, 2005.

④ Peri K. Blind, "Building Trust in Government in the Twenty-first Century: Review of Literature and Emerging Issues", *7th Global Forum on Reinventing Government Building Trust in Government*, UNDESA Vienna, 2007.

⑤ David Denemark, Shaun Bowler, "Trust in Government: The United States in Comparative Perspective", 2008.

⑥ Russell J. Dalton, *Citizen Politics in Western Democracies: Public Opinion and Political Parties in the United States, Great Britain, West Germany, and France*, Chatham House Publishers, 1988.

拿大①、芬兰②等国。综上所述，西方国家中，民众对政府的信任正在下降，这已得到学界学者的验证。

模式二：距离悖论：对较低层级政府的信任度较高。一些研究结果表明，西方国家中公众对中央政府信任的程度低于地方政府，这意味着人们对与其相距甚远、与其日常生活脱节的高层级的政府信任程度较低。③ 乔治·弗雷德里克森（H. George Frederickson）和戴维·弗雷德里克森（David G. Frederickson）将其称之为"距离的悖论"④，即无论是选举产生、上级任命的政治家，还是领薪水的事务官，人们对他们普遍不信任，并倾向于以怀疑的眼光审视公共官僚机构；但与此同时，人们很可能对地方政府这一层级中与他们有接触的、在其身边工作的政府官员表示尊重和认可。尽管这种现象更有可能处于预期之内，而不是悖论。这种现象已在包括美国和日本在内的许多不同国家被证实。

## 二 差序政府信任：中国多层级政府信任模式

与许多西方国家，尤其是美国、日本和英国政府较低的信任水平相比，中国民众对各级政府尤其是对中央政府的信任程度相对较高。⑤

---

① Allan Kornberg, Harold D. Clarke, *Citizens and community*: *Political Support in A Representative Democracy*, Cambridge University Press, 1992.

② Sami Borg, Risto Sänkiaho, eds., *The Finnish Voter*, Finnish Political Science Association, 1995.

③ Andrew, Kohut, Director Carroll, Doherty, Michael, Dimock, S. Keeter, "Distrust, Discontent, Anger and PartisanRancor", 2010; Tyler Schario, David M. Konisky, *Public Confidence in Government: Trust and Responsiveness*, Public Policy publications (MU), 2008; Richard L. Cole, John Kincaid, "Public Opinion and American Federalism: Perspectives on Taxes, Spending and Trust", *Spectrum: The Journal of State Government*, Vol. 74, No. 3, 2001.

④ H. George Frederickson, David G. Frederickson, "Public Perceptions of Ethics in Government", *The ANNALS of the American Academy of Political and Social Science*, Vol. 537, No. 1, 1995.

⑤ Jie Chen, *Popular Political Support in Urban China*, Woodrow Wilson Center Press, 2004; Xueyi Chen, Tianjian Shi, "Media Effects on Political Confidence and Trust in the People's Republic of China in the Post-Tiananmen Period", *East Asia*, Vol. 19, No. 3, 2001; Lianjiang Li, "Political Trust in Rural China", *Modern China*, Vol. 30, No. 2, 2004; Tony Saich, "Citizens' Perceptions of Governance in Rural and Urban China", *Journal of Chinese Political Science*, Vol. 12, No. 1, 2007; Tianjian Shi, "Cultural Values and Political Trust: A Comparison of the People's Republic of China and Taiwan", *Comparative Politics*, Vol. 33, No. 4, 2001; Wenfang Tang, *Public Opinion and Political Change in China*, Stanford University Press, 2005; Zhengxu Wang, "Before the Emergence of Critical Citizens: Economic Development and Political Trust in China", *International Review of Sociology*, Vol. 15, No. 1, 2005.

根据几项大规模的调查，超过 80% 的中国人对中国中央政府表示信任。①事实上，很难有哪个国家的民众能像中国的民众一样高度信任中央政府。②

许多学者都对我国政府信任做了调查，这些调查涉及不同层级的政府机构，分析并探讨产生不信任的决定性因素。③ 大多调查结果来自单一的民意调查，或基于特殊事件或危机背景下的政府信任研究。④ 一些调查研究表明，在中国，政府层级越高，民众对政府的信任水平就越高⑤，这与李连江所描述的"差序信任模式"⑥ 一致。实际上，将其描述为"距离的悖论"也许更合乎逻辑，因为在这种模式中，人们更加信任更高层级的政府。这与上文所述的西方国家的研究结果正好相反。

---

① World Values Survey (2000); Asian Barometer Survey (2002, 2006, 2008); The China Survey (2008).
② Zhengxu Wang, "Before the Emergence of Critical Citizens: Economic Development and Political Trust in China", *International Review of Sociology*, Vol. 15, No. 1, 2005.
③ 胡荣：《农民上访与政治信任的流失》，《社会学研究》2007 年第 3 期；Lianjiang Li, "Political Trust and Petitioning in the Chinese Countryside", *Comparative Politics*, Vol. 40, No. 2, 2008；Lianjiang Li, "Hierarchical Government Trust in China", *IIAS Study Group Workshop on Trust in Public Administration and Citizen Attitudes*, 2012；Tianjian Shi, "Cultural Values and Political Trust: a Comparison of the People's Republic of China and Taiwan", *Comparative Politics*, Vol. 33, No. 4, 2001；Qing Yang, Wenfang Tang, "Exploring the Sources of Institutional Trust in China: Culture, Mobilization, or Performance?", *Asian Politics & Policy*, Vol. 2, No. 3, 2010. 毛万磊、朱春奎：《电子化政民互动对城市公众政府信任的影响机理研究》，《南京大学学报》（哲学·人文科学·社会科学）2019 年第 3 期；麻宝斌、马永强：《公平感影响政府信任的绩效评价路径分析》，《学习论坛》2019 年第 4 期。
④ Lianjiang Li, "Political Trust in Rural China", *Modern China*, Vol. 30, No. 2, 2004；胡荣、胡康、温莹莹：《社会资本、政府绩效与城市居民对政府的信任》，《社会学研究》2011 年第 1 期。
⑤ Xueyi Chen, Tianjian Shi, "Media Effects on Political Confidence and Trust in the People's Republic of China in the Post-Tiananmen Period", *East Asia*, Vol. 19, No. 3, 2001；胡荣：《农民上访与政治信任的流失》，《社会学研究》2007 年第 3 期；Lianjiang Li, "Political Trust in Rural China", *Modern China*, Vol. 30, No. 2, 2004；Lianjiang Li, "Political Trust and Petitioning in the Chinese Countryside", *Comparative Politics*, Vol. 40, No. 2, 2008；Zhengxu Wang, "Before the Emergence of Critical Citizens: Economic Development and Political Trust in China", *International Review of Sociology*, Vol. 15, No. 1, 2005. 吕书鹏：《差序政府信任与政治体制支持》，《西安交通大学学报》（社会科学版）2017 年第 6 期。
⑥ Lianjiang Li, "Hierarchical Government Trust in China", *IIAS Study Group Workshop on Trust in Public Administrtion and Citizen Attitudes*, 2012.

## 第三节　政府信任影响因素研究

为解释对政府信任水平随层级下降而下降的原因，学者们进行了大量研究，并提出各种解释。研究发现，公众对政府的信任不仅取决于某些共同因素，还取决于特定文化背景中各种不同因素，例如不同国家的文化对政府信任的影响。通过回顾现有文献也发现，没有一个单一因素可以解释全球范围内民众对政府信任普遍下降的趋势，对这一现象的理解需要考虑一系列可能在不同程度上影响信任水平的因素。此外，导致发达国家对政府信任度下降的因素是否适用于发展中国家、转型期国家或具有不同政治社会背景的国家这一问题也颇具研究价值。

### 一　政府绩效

已有众多研究者就政府绩效是否会影响政府信任进行了争论。一些研究表明，政府绩效与政府信任无关[1]，但大多数研究都证明了政府信任确实是政府绩效的反映，认为政府绩效与政府信任关系紧密。[2]

制度主义路径认为民众对政府信任来自其对政府机构和领导人表现的感知[3]，如政府绩效、腐败、经济发展水平、政务公开透明等。制度主义理论强调影响信任的决定性因素的内生性，并假设政治信任在政治上是内

---

[1] Derek Bok, "Measuring the Performance of Government", in Joseph S. Nye, Philip Zelikow, David C. King, eds., *Why People don'ts Trust Government*, Harvard University Press, 1997, pp. 55 – 75; Cheryl Barnes, Derek Gill, "Declining Government Performance? Why Citizens Don'ts Trust Government", *New Zealand: State Services Commission*, 2000.

[2] Marc Holzer, Mengzong Zhang, "Trust, Performance, and the Pressures for Productivity in the Public Sector", *Public Administration and Public Policy-New York*, 2004; Eran Vigoda-Gadot, Fany Yuval, "Managerial Quality, Administrative Performance and Trust in Governance Revisited: A Follow-up Study of Causality", *International Journal of Public Sector Management*, Vol. 16, No. 7, 2003; K. Newton, P. Norris, "Confidence in Public Institutions: Faith, Culture or Performance?" in Susan J. Pharr, Robert D. Putnam, eds., *Disaffected Democracies: What's Troubling the Trilateral Countries*, Princeton University Press, 1999; William Mishler, Richard Rose, "What Are the Origins of Political Trust? Testing Institutional and Cultural Theories in Post-communist Societies", *Comparative Political Studies*, Vol. 34, No. 1, 2001; Robert Z. Lawrence, "Is It Really the Economy, Stupid?", in Joseph S. Nye, Philip Zelikow, David C. King, eds., *Why People Don'ts Trust Government*, Harvard University Press, 1997, pp. 111 – 132.

[3] William Mishler, Richard Rose, "What Are the Origins of Political Trust? Testing Institutional and Cultural Theories in Post-communist Societies", *Comparative Political Studies*, Vol. 34, No. 1, 2001.

生的。制度主义理论的观点认为，政府信任是政府制度绩效的结果。① 制度主义理论家指出，制度信任是制度绩效的结果而非原因。就一般意义上而言，制度理论通常强调政策绩效的重要性，尤其是经济绩效。② 鉴于此，政府信任取决于公众对政府机构绩效的评估，对政府的信任和不信任都是个体对机构绩效的理性反应。③

作为影响政府信任的决定性因素之一的政府绩效，有诸多不同分析视角，如宏观和微观层面的绩效④、过程导向和结果导向的绩效⑤以及政府政治和经济绩效。⑥ 具体而言，宏观绩效侧重经济增长率、失业率、通货膨胀率和政府稳定性等指标⑦；而微观绩效主要指对政府提供的服务的质量的评价或对质量的感知，如警务、学校、公共交通、公路养护、公园

---

① James S. Coleman, *Foundations of Social Theory*, Harvard University Press, 1994; Marc J. Hetherington, "The Political Relevance of Political Trust", *American Political Science Review*, Vol. 92, No. 4, 1998.

② Adam Przeworski, Michael Alvarez, José Antonio Cheibub, Fernando Limongi, "What Makes Democracies Endure?", *Journal of Democracy*, Vol. 7, No. 1, 1996. 麻宝斌、马永强：《新时代政府信任的来源——社会公平和经济绩效及其影响力比较》，《理论探讨》2019年第3期。

③ James G. March, *Decisions and Organizations*, Oxford: Blackwell, 1988; Douglass C. North, *Institutions, Institutional Change and Economic performance*, Cambridge University Press, 1990.

④ Geert Bouckaert, Steven Van de Walle, Bart Maddens, Jarl K. Kampen, "Identity vs Performance: An Overview of Theories Explaining Trust in Government", Leuven, Belgium: Public Management Institute, Katholike Universiteit Leuven, 2002.

⑤ David Easton, *A Systems Analysis of Political Life*, Wiley, 1965; David Easton, "A Re-assessment of the Concept of Political Support", *British Journal of Political Science*, Vol. 5, No. 4, 1975; Mark A. Glaser, Robert Denhardt, "Local Government Performance Through the Eyes of Citizens", Journal of Public Budgeting, Accounting & Financial Management, Vol. 12, No. 1, 2000; Arthur Miller, Ola Listhaug, "Political Performance and Institutional Trust", *Critical citizens: Global Support for Democratic Government*, Oxford University Press, 1999, pp. 204 – 216; Kaifeng Yang, Marc Holzer, "The Performance-Trust Link: Implications for Performance Measurement", *Public Administration Review*, Vol. 66, No. 1, 2006.

⑥ Jack Citrin, "Comment: The Political Relevance of Trust in Government", *American Political Science Review*, Vol. 68, No. 3, 1974; David C. King, "The Polarization of American Parties and Mistrust of Government", in Joseph S. Nye, Philip Zelikow, David C. King, eds., *Why People don't Trust Government*, Harvard University Press, 1997, pp. 155 – 178; Robert E. Lane, "The Politics of Consensus in an Age of Affluence", *American Political Science Review*, Vol. 59, No. 4, 1965.

⑦ Arthur Miller, Ola Listhaug, "Political Performance and Institutional Trust", *Critical Citizens: Global Support for Democratic Government*, Oxford University Press, 1999, pp. 204 – 216; Christopher A. Anzalone, *Blaming the Government: Citizens and the Economy in Five European Democracies: Citizens and the Economy in Five European Democracies*, Routledge, 2016; Robert Z. Lawrence, "Is It Really the Economy, Stupid?", in Joseph S. Nye, Philip Zelikow, David C. King, eds., *Why People Don't Trust Government*, Harvard University Press, 1997, pp. 111 – 132.

和街道清洁、交通质量、食品安全、公共卫生服务、经济适用房、娱乐服务和图书馆等。①

过程导向的绩效主要指政府在为公众提供多种服务时所遵循的原则和价值观，如对公平、响应能力、能力、信誉、安全和准入的关注。格拉泽（Mark A. Glaser）和登哈特（Robert Denhardt）② 指出，平等和响应能力是衡量政府绩效过程的重要因素。范里津（G. Van Ryzin）③ 也探讨了过程导向绩效的各个方面，认为其包括：

> 公平（包括没有偏见或偏袒）；平等（指公平分配公共利益或根据实际需要分配）；尊重（包括对公民的礼貌和回应）；诚实（意味着开放、真实的过程和缺乏腐败）；烦琐和不必要的规则和繁文缛节

相比之下，结果导向绩效的观点认为公众利用结果来衡量政府绩效。政府服务是否满足公众需要，是衡量公众对政府信任评价的关键标准。然而，在实践中，由于政府绩效的性质，政府结果与过程常常交织在一起，研究者很难明确区分这两个方面。④

除了政府绩效的上述两个视角，研究者认为公众对政府经济与政治绩效的看法也是对政府信任程度的重要解释。就经济绩效而言，主要包括两方面：一方面是人们对个人财务状况的看法；另一方面是对国民经济健康状况的看法。⑤ 两者皆在影响政府信任程度方面发挥重要作用。对政府经

---

① Lawrence E. Rose, Per Arnt Pettersen, "The Legitimacy of Local Government – What Makes a Difference? Evidence from Norway", *Citizen Responsive Government*, Emerald Group Publishing Limited, 2000, pp. 25 – 65; Mark A. Glaser, Bartley W. Hildreth, "Service Delivery Satisfaction and Willingness to Pay Taxes: Citizen Recognition of Local Government Performance", *Public Productivity & Management Review*, Vol. 23, No. 1, 1999.

② Mark A. Glaser, Robert Denhardt, "Local Government Performance Through the Eyes of Citizens", *Journal of Public Budgeting, Accounting & Financial Management*, Vol. 12, No. 1, 2000.

③ G. Van Ryzin, "Outcome, Process and Citizens' Trust of the Civil Services", $10^{th}$ *National Management Research Conference*, October, 2009.

④ Geert Bouckaert, Steven Van de Walle, "Government Performance and Trust in Government", *Ponencia presentada en la Annual Conference of the European Group on Public Administration*, Vaasa (Finlandia), 2001.

⑤ Morris P. Fiorina, "Economic Retrospective Voting in American National Elections: A Microanalysis", *American Journal of Political Science*, Vol. 22, No. 1, 1978; Jana Morgan Kelly, "Counting on the Past or Investing in the Future? Economic and Political Accountability in Fujimori's Peru", *The Journal of Politics*, Vol. 65, No. 3, 2003; Michael B. MacKuen, Robert S. Erikson, James A. Stimson, "Peasants or Bankers? The American Electorate and the US Economy", *American Political Science Review*, Vol. 86, No. 3, 1992.

济绩效不满的公众对政府的信任程度通常较低,但当经济繁荣时,对政府的信任度很可能会上升。①

同样,公众对政府在诸如政治家及官员的腐败、透明度和反应性等方面的政治绩效的看法,也与政府信任挂钩,这将在下文进一步说明。政治绩效指民众对政治家和官员在履行职责,特别是制定政策和提供服务时流露出的政治过程和政府行为、腐败程度以及公开性和反应性的评价和评估。公众对政府提供的服务是否满意,尤其是主要负责管理和提供关键公共服务的地方政府,很大程度上决定了人们对政府的信任程度。② 米勒和里索认为在解释政府信任时,对政治绩效的评估与经济绩效同等重要。③ 下面,将从政治与经济绩效的视角对政府绩效进行分析。

1. 政府腐败

腐败是指滥用公共权力谋取私人利益或利润,这一定义被学者们普遍接受。④ 也就是说,官员腐败是政府官员滥用公共权力或公共资源谋取私利的违法行为。人们普遍认为腐败——尤其是政府腐败——是社会上最普遍、最难以解决的问题之一。几乎没有任何一个国家,即使是最发达的西

---

① Virginia A. Chanley, Thomas J. Rudolph, Wendy M. Rahn, "The Origins and Consequences of Public Trust in Government: A Time Series Analysis", *Public opinion quarterly*, Vol. 64, No. 3, 2000; Jack Citrin, Samantha Luks, "Political Trust Revisited: Déjà vu All Over Again?", in John R. Hibbing, Elizabeth Theiss-Morse, James H. Kuklinski, eds., *What Is It About Government that Americans Dislike?* Cambridge University Press, 2001, pp. 9 – 27; Marc J. Hetherington, "The Political Relevance of Political Trust", *American Political Science Review*, Vol. 92, No. 4, 1998; Robert Z. Lawrence, "Is It Really the Economy, Stupid?", in Joseph S. Nye, Philip Zelikow, David C. King, eds., *Why People Don't Trust Government*, Harvard University Press, 1997, pp. 111 – 132. 麻宝斌、马永强:《新时代政府信任的来源——社会公平和经济绩效及其影响力比较》,《理论探讨》2019 年第 3 期。

② Geert Bouckaert, Steven Van de Walle, "Government Performance and Trust in Government", *Ponencia Presentada en la Annual Conference of the European Group on Public Administration*, Vaasa (Finlandia), 2001; Rose, Richard, *Getting Things Done in an Anti-modern Society: Social Capital Networks in Russia*. Washington, DC: World Bank, 1998.

③ Arthur Miller, Ola Listhaug, "Political Performance and Institutional Trust", *Critical Citizens: Global Support for Democratic Government*, Oxford University Press, 1999, pp. 204 – 216.

④ Inge Amundsen, "Corruption: Definitions and Concepts", Norway: Norwegian Agency for Development Cooperation (NORAD), Michelson Institute (CMI), 2000; R. Johnson, *The Struggle Against Corruption: A Comparative Study*, Springer, 2004; Michael Johnston, *Syndromes of Corruption: Wealth, Power, and Democracy*, Cambridge University Press, 2005; Oskar Kurer, "Corruption: An Alternative Approach to Its Definition and Measurement", *Political Studies*, Vol. 53, No. 1, 2005; Vito Tanzi, "Corruption Around the World: Causes, Consequences, Scope, and Cures", *Staff Papers*, Vol. 45, No. 4, 1998.

方国家，也未能避免腐败的可能性及其对公众信任造成的破坏。

长期以来，众多学者对腐败与政府信任的关系进行了大量研究。通过文献梳理发现，腐败被同时作为政府信任的原因和结果。① 一些学者认为，缺乏信任本身就会滋生腐败，因为缺乏信任削弱了社会或人与人之间的正常联系，以及对他人的道德责任和义务。② 与之相反，一些研究则将政府信任与腐败的因果关系颠倒了过来，认为政府官员腐败会影响民众对其的信任程度。③

从相关文献中可以看出，腐败会对政府信任产生积极和消极两种对立的影响。从积极的角度来看，一些学者认为，腐败会在一定程度上提高公民对政府或政治机构的信任程度，从而产生积极影响。例如，腐败被视为改善官僚机构运作、提高公众忠诚度的有效途径。④ 这一论点得到了贝夸特—莱克（Jeanne Becquart-Leclerq）⑤ 的赞同，他认为腐败可以提高公民对政治机构的忠诚度和信任度，因为它减少了繁文缛节，规避了陈旧僵化的政府监管手续⑥。梅隆（Pierre-Guillaume Méon）和韦尔（Laurent Weill）⑦ 进一步观察到，腐败在政府机构效率低下的国家比在效率高的国家更易产生积极

---

① Stephen D. Morris, Joseph L. Klesner, "Corruption and Trust: Theoretical Considerations and Evidence from Mexico", *Comparative Political Studies*, Vol. 43, No. 10, 2010.

② Charles L. Davis, Roderic Ai Camp, Kenneth M. Coleman, "The Influence of Party Systems on Citizens' Perceptions of Corruption and Electoral Response in Latin America", *Comparative Political Studies*, Vol. 37, No. 6, 2004; Arnold J. Heidenheimer, "The Topography of Corruption: Explorations In a Comparative Perspective", *International Social Science Journal*, Vol. 48, 1 No. 49, 1996; Mitchell A. Seligson, *Nicaraguans Talk About Corruption: A Follow-up Study of Public Opinion*, Casals & Associates, 1999; XiaohuiXin, Thomas K. Rudel, "The Context for Political Corruption: A Cross-National Analysis", *Social Science Quarterly*, Vol. 85, No. 2, 2004; Matthew R. Cleary, Susan Stokes, *Democracy and the Culture of Skepticism: the Politics of Trust in Argentina and Mexico*, Russell Sage Foundation, 2006.

③ Christopher J. Anderson, Yuliya V. Tverdova, "Corruption, Political Allegiances, and Attitudes toward Government in Contemporary Democracies", *American Journal of Political Science*, Vol. 47, No. 1, 2003; Eric CC Chang, Yun-han Chu, "Corruption and Trust: Exceptionalism in Asian Democracies?", *The Journal of Politics*, Vol. 68, No. 2, 2006; Alan Doig, Robin Theobald, *Corruption and Democratization*, Routledge, 2013.

④ David H. Bayley, "The Effects of Corruption in a Developing Nation", *Western Political Quarterly*, Vol. 19, No. 4, 1966; Joseph S. Nye, "Corruption and Political Development: A Cost-benefit Analysis", *American Political Science Review*, Vol. 61, No. 2, 1967.

⑤ Jeanne Becquart-Leclercq, "Paradoxes of Political Corruption: A French View", *Political Corruption: A Handbook*, 1989.

⑥ Samuel P. Huntington, *Political Order in Changing Societies*, Yale University Press, 2006.

⑦ Pierre-Guillaume Méon, Laurent Weill, "Does Better Governance Foster Efficiency? An Aggregate Frontier Analysis", *Economics of Governance*, 2006.

影响，因为腐败在一定程度上能提高效率。总而言之，尽管或许有违直觉，腐败可能会增加公众对政府的信任，因为腐败可以消除官僚障碍，促使政府、其他机构以及公务员变得更有效率。

相比之下，大多数文献表明，腐败更可能尤其是从长远来看对公众对政府和其他政治机构的信任评价产生不利影响。[1] 有学者强调腐败削弱政治信任，应革新反腐宣传的形式，提升民众对反腐的信心。[2] 根据德拉波塔（Donatella Della Porta）[3] 的观点，腐败降低了政府绩效，降低了公众对政府满足其需求的能力的期待。大量研究也证实了不同背景下腐败对政府和政治机构的负面影响，例如在拉丁美洲[4]、亚洲的中国[5]、日本、菲律宾、泰国等。[6]

---

[1] Shaun Bowler, Jeffrey A. Karp, "Politicians, Scandals, and Trust in Government", *Political Behavior*, Vol. 26, No. 3, 2004; Eric CC Chang, Yun-han Chu, "Corruption and Trust: Exceptionalism in Asian Democracies?", *The Journal of Politics*, Vol. 68, No. 2, 2006; Susan J. Pharr, Robert D. Putnam, eds., *Disaffected Democracies: What's Troubling the Trilateral Countries*? Princeton University Press, 2018; John G. Peters, Susan Welch, "The Effects of Charges of Corruption on Voting Behavior in Congressional Elections", *American Political Science Review*, Vol. 74, No. 3, 1980. 任建明、王璞：《腐败程度感知、公共服务效能与基层政府信任》，《北京航空航天大学学报》（社会科学版）2020 年第 1 期。

[2] Christopher J. Anderson, Yuliya V. Tverdova, "Corruption, Political Allegiances, and Attitudes Toward Government in Contemporary Democracies", *American Journal of Political Science*, Vol. 47, No. 1, 2003; Emmanuelle Lavallée, Mireille Razafindrakoto, François Roubaud, "Corruption and Trust in Political Institutions in Sub-Saharan Africa", *CSAE Conference 2008 – Economic Development in Africa*, 2008; Manuel Villoria, Fernando Jiménez, Ana Revuelta, "Corruption Perception and Collective Action: The Case of Spain", *Corruption in the Contemporary World: Theory, Practice and Hotspots*, Lexington Books, 2014. 缪娅、吴心喆：《个人腐败感知与腐败经历对政治信任的影响》，《西南交通大学学报》（社会科学版）2019 年第 2 期。

[3] Donatella Della Porta, "Social Capital, Beliefs in Government, and Political Corruption", in Susan J. Pharr, Robert D. Putnam, eds., *Disaffected Democracies: What's Troubling the Trilateral Countries*, Princeton University Press, 2000.

[4] Mitchell A. Seligson, "The Impact of Corruption on Regime Legitimacy: A Comparative Study of Four Latin American countries", *The Journal of Politics*, Vol. 64, No. 2, 2002.

[5] Robert Harmel, Yao-Yuan Yeh, "Corruption and Government Satisfaction in Authoritarian Regimes: The Case of China", Paper of APSA 2011 Annual Meeting Seattle, 2011; Zengke He, "Corruption and Anti-corruption in Reform China", *Communist and Post-Communist Studies*, Vol. 33, No. 2, 2000; 倪星、陈兆仓：《寻找新的方向：当代中国廉政研究回顾与展望》，《天津行政学院学报》2011 年第 13 期；高学德、翟学伟：《政府信任的城乡比较》，《社会学研究》2013 年第 2 期。

[6] Eric CC Chang, Yun-han Chu, "Corruption and Trust: Exceptionalism in Asian Democracies?", *The Journal of Politics*, Vol. 68, No. 2, 2006.

## 2. 透明度

一般而言，透明度是指组织或行为者的信息可获取性，允许外部行为者监督该组织或行为者的内部运作及表现，如决策过程、程序、功能和绩效的相关信息的程度。① 政府透明度是指政府向公民提供有关公共政策、决策、规章制度的信息的程度，具体涉及三个方面：决策过程的透明度、政策内容的透明度和政策结果或效果的透明度。②

研究者对政府透明度与政府信任间关系颇感兴趣。一些学者认为，增强透明度能增加公众对政府过程及其行为结果的理解，有助于提高人们对政府的信任水平。③ 也有一些学者提出，透明度能通过遏制腐败和加强公民的问责制来改善政府④，还可以促使公民对政府能做什么、不能做什么有更现实的要求，并且能够促进其对政府具体行为的监督⑤，从而促使公民再次建立对政府的信任。除此之外，还有研究者指出，政府未能充分提供有关政府行政过程和绩效的文件及相关信息，是其信任度低的原因之一。⑥

相比之下，一些被称为"透明度悲观主义者"的学者对政府想通过提高透明度来提高政府信任度的观点表示怀疑。⑦ 他们认为，由于其复杂

---

① Stephan G. Grimmelikhuijsen, Eric W. Welch, "Developing and Testing a Theoretical Framework for Computer-mediated Transparency of Local Governments", *Public Administration Review*, Vol. 72, No. 4, 2012.

② Stephan G. Grimmelikhuijsen, Eric W. Welch, "Developing and Testing a Theoretical Framework for Computer-mediated Transparency of Local Governments", *Public Administration Review*, Vol. 72, No. 4, 2012; David Heald, "Varieties of Transparency", eds., *Transparency: The Key to Better Governance?* Vol. 135, Oxford University Press for The British Academy, 2006.

③ Christopher Hood, "Transparency in Historical Perspective", eds., *Transparency: The Key to Better Governance?* Vol. 135, Oxford University Press for The British Academy, 2006; Joseph S. Nye, Philip Zelikow, David C. King, *Why People Don't Trust Government*, Harvard University Press, 1997.

④ Burkart Holzner, Leslie Holzner, *Transparency in Global Change: The Vanguard of the Open Society*, University of Pittsburgh Press, 2006; Albert Meijer, "Understanding Modern Transparency", *International Review of Administrative Sciences*, Vol. 75, No. 2, 2009.

⑤ Terrell A. Northrup, Stuart J. Thorson, "The Web of Governance and Democratic Accountability", $36^{th}$ *Annual Hawaii International Conference on System Sciences*, 2003.

⑥ Derek Bok, "Measuring the performance of government", in Joseph S. Nye, Philip Zelikow, David C. King, eds., *Why People Don't Trust Government*, Harvard University Press, 1997 pp. 55 – 75; Fay Lomax Cook, Lawrence R. Jacobs, Dukhong Kim, "Trusting What You Know: Information, Knowledge, and Confidence in Social Security", *The Journal of Politics*, Vol. 72, No. 2, 2010.

⑦ Frank Bannister, Regina Connolly, "The Trouble with Transparency: A Critical Review of Openness in E-government", *Policy & Internet*, Vol. 2, No. 1, 2011.

性及民众能力受限，公众很难获得和消化政府所提供的信息，因此政府信任的积极影响被高估了。① 甚至有学者提出，提高透明度会在公众中造成不确定性和混乱，因为公开信息可能导致公民在大量信息中迷失。② 除此之外，一些实证研究也表明，政府透明度对政府信任的积极影响相当有限，由此对政府信任带来的负面影响大于正面影响。③

3. 政府回应性

政府回应性指公共部门对公民的要求做出反应的准确性和速度。④ 对群众偏好的积极回应是构建政府信任的关键环节。⑤ 在西方国家中，政治家为了得到选民的持续支持，必须把对民众的及时回应置于首要位置。⑥ 从这个意义上说，如果政府想要维持公众对其的信任，就必须倾听民众的意见和需求，理解他们的关切和期望，并在政府的决策和行动中对此有所反映。

因此，政府回应性关注、政府如何界定公众需求，并将这些需求纳入其政策和计划中。在西方国家中，政府回应能力与公众对政府的信任的关系备受学者关注。一些研究表明，政府可以通过提高对公民需求的反应能

---

① Amitai Etzioni, "Is transparency the best disinfectant?", *Journal of Political Philosophy*, Vol. 18, No. 4, 2010; David Heald, "Varieties of Transparency", In C. Hood, D. Heald, eds., *Transparency: The Key to Better Governance*? Vol. 135, Oxford University Press for The British Academy, 2006, pp. 25 – 43.

② Onora O'neill, *A Question of Trust: The BBC Reith Lectures 2002*, Cambridge University Press, 2002.

③ Grimmelikhuijsen, Stephan, et al., "The Effect of Transparency on Trust in Government: A Cross-national Comparative Experiment", *Public Administration Review*, Vol. 73, No. 4, 2013.

④ Paul Thomas, Colin Palfrey, "Evaluation: Stakeholder-focused Criteria", *Social Policy & Administration*, Vol. 30, No. 2, 1996; Eran Vigoda, "Organizational Politics, Job Attitudes, and Work Outcomes: Exploration and Implications for the Public Sector", *Journal of Vocational Behavior*, Vol. 57, No. 3, 2000.

⑤ Robert Alan Dahl, *Polyarchy: Participation and opposition*, Yale University Press, 1973; Arend Lijphart, *Democracies: Patterns of Majoritarian and Consensus Government in Twenty-one Countries*, Yale University Press, 1984; James A. Stimson, Michael B. MacKuen, Robert S. Erikson, "Dynamic Representation", *American Political Science Review*, Vol. 89, No. 3, 1995; Christopher Wlezien, "The Public as Thermostat: Dynamics of Preferences for Spending", *American Journal of Political Science*, Vol. 39, 1995; Christopher Wlezien, "Dynamics of Representation: The Case of US Spending on Defence", *British Journal of Political Science*, Vol. 26, No. 1, 1996.

⑥ Linda W. Chapin, Robert B. Denhardt, "Putting 'Citizens First!' in Orange County, Florida", *National Civic Review*, Vol. 84, No. 3, 1995.

力，从而在恢复政府信任上发挥重要积极的作用。① 政府迅速和高效响应公众的需求，能在很大程度上提高其信任程度，特别是提高地方政府的信任水平，因为地方政府在组织和提供公共服务中与公民接触最为密切。

传统观点认为，政府的回应能力是西方国家而非威权国家的突出特征。这一论点将媒体自由视为政府回应的先决条件。② 然而，在中国，政府回应对建立政府信任发挥重要作用也得到少数学者的认同和认可。正如卢坤建所言，将公众作为一个整体，倾听并有效回应其意见，意味着政府与公民之间的良性互动关系，能够增加公民对政府的信任。③

## 二 社会资本

社会资本是一个广泛的概念，影响着社会诸多方面。它特别提及的是"社会组织的特征，如促进生态协调和互利合作的网络、规范和社会信任"④。更具体一点，基尔（Luke Keele）⑤ 认为社会资本包含两个主要方面：一个是社区、州或国家范围内的公民参与程度；另一个是社区内的人际社会信任。

研究者就社会资本下降及社会资本对经济发展、教育水平、犯罪率和

---

① Jeffrey E. Cohen, *Presidential Responsiveness and Public Policy-making: The Publics and the Policies that Presidents Choose*, University of Michigan Press, 1999; Robert B. Denhardt, "Trust as Capacity: The Role of Integrity and Responsiveness", *Public Organization Review*, Vol. 2, No. 1, 2002; John Gray Geer, *From Tea Leaves to Opinion Polls: A Theory of Democratic Leadership*, Columbia University Press, 1996; William M. Mishler, Richard Rose, "Trust, Distrust and Skepticism: Popular Evaluations of Civil and Political Institutions in Post-communist Societies", *The Journal of Politics*, Vol. 59, No. 2, 1997; William Mishler, Richard Rose, "What Are the Origins of Political Trust? Testing Institutional and Cultural Theories in Post-communist Societies", *Comparative Political Studies*, Vol. 34, No. 1, 2001; Frederick C. Turner, John D. Martz, "Institutional Confidence and Democratic Consolidation in Latin America", *Studies in Comparative International Development*, Vol. 32, No. 3, 1997; Eran Vigoda, "Organizational Politics, Job Attitudes, and Work Outcomes: Exploration and Implications for the Public Sector", *Journal of Vocational Behavior*, Vol. 57, No. 3, 2000.
② Jonathan Hassid, "Four Models of the Fourth Estate: A Typology of Contemporary Chinese Journalists", *The China Quarterly*, Vol. 208, No. 3, 2011.
③ 卢坤建：《政府理论研究的一个走向：从政府回应到回应型政府》，《中国行政管理》2009 年第 9 期。
④ Robert D. Putnam, "Tuning in, Tuning Out: The Strange Disappearance of Social Capital in America", *PS: Political Science & Politics*, Vol. 28, No. 4, 1995.
⑤ Luke Keele, "Social Capital and the Dynamics of Trust in Government", *American Journal of Political Science*, Vol. 51, No. 2, 2007.

政府绩效的贡献进行了大量研究。① 一些研究还探讨了社会资本与政府信任之间的联系,并发现它们之间关系密切。② 基尔③认为,社会资本的两方面——公民参与和社会/人际信任——的缺失,都会导致政府信任的下降。作为社会资本的一个主要方面,社会信任在文献中被描述为一个关注人与人之间关系的概念。社会信任指公民作为社区成员彼此之间互相信任④,存在于各个城市、地区和国家中。学者们已发掘出社会信任与政府信任之间的关系,这种关系既有积极的一面,也有消极的一面。在消极的观点中,尤斯兰纳(Eric M. Uslaner)⑤认为两种信任之间的联系是可疑的,而非明显的,因为人际信任是一种稳定的、长期的状态,而政府信任则是基于对政府绩效的暂时性评估。也有一些研究表明,社会信任对提高政府信任有积极的影响,因为处于较高人际信任中的公民通常会将他们的

---

① John Brehm, Wendy Rahn, "Individual-level Evidence for the Causes and Consequences of Social Capital", *American Journal of Political Science*, Vol. 41, No. 3, 1997; James S. Coleman, "Social Capital in the Creation of Human Capital", *American Journal of Sociology*, Vol. 94, No. S1, 1988; Francis Fukuyama, *Trust: The Social Virtues and the Creation of Prosperity*, Pengu Books, 1995; Stephen Knack, *Social Capital and the Quality of Government: Evidence from the United States*. The World Bank, 1999; Robert D. Putnam, "Bowling Alone: America's Declining Social Capital", *Journal of Democracy*, Vol. 6, No. 1, 1995; Robert D. Putnam, *Bowling Alone: The Collapse and Revival of American Community*, Simon and Schuster, 2001.

② Peri K. Blind, "Building Trust in Government in the Twenty-first Century: Review of Literature and Emerging Issues", 7th *Global Forum on Reinventing Government Building Trust in Government*, UNDESA Vienna, 2007; John Brehm, Wendy Rahn, "Individual-level Evidence for the Causes and Consequences of Social Capital", *American Journal of Political Science*, Vol. 41, No. 3, 1997; K. Newton, P. Norris, "Confidence in Public Institutions: Faith, Culture or Performance?" in S. Pharr, and R. Putnam, eds., *Disaffected Democracies: What's Troubling the Trilateral Countries*, Princeton University Press, 1999; Robert D. Putnam, Robert Leonardi, Raffaella Y. Nanetti, *Making Democracy Work: Civic Traditions in Modern Italy*, Princeton university press, 1994; Robert D. Putnam, "Bowling Alone: America's Declining Social Capital", *Journal of Democracy*, Vol. 6, No. 1, 1995; Robert D. Putnam, "Tuning in, Tuning Out: The Strange Disappearance of Social Capital in America", *PS: Political science & politics*, Vol. 28, No. 4, 1995; Robert D. Putnam, *Bowling Alone: The Collapse and Revival of American community*, Simon and Schuster, 2001.

③ Luke Keele, "Social Capital and the Dynamics of Trust in Government", *American Journal of Political Science*, Vol. 51, No. 2, 2007.

④ Peri K. Blind, "Building Trust in Government in the Twenty-first Century: Review of Literature and Emerging Issues", 7th *Global Forum on Reinventing Government Building Trust in Government*, UNDESA Vienna, 2007.

⑤ Eric M. Uslaner, *The Moral Foundations of Trust*, Cambridge University Press, 2002.

信任态度投射到政府身上。① 社会信任对政府信任的积极影响也得到一些学者的响应，例如布鲁尔（Paul Brewer）②、牛顿（Kenneth Newton）③ 和泽默利（Sonja Zmerli）④ 等，他们认为社会信任伴随着对政治制度的高度信任。一些学者进一步指出，即使存在诸如腐败、丑闻以及诚信缺失等负面情况，社会信任也有助于保持对政府的高度信任。⑤

文化主义理论也可以解释社会信任与政府信任之间的关系。文化主义路径认为民众对政府的信任主要来自制度外的文化规范因素⑥，如社会资本、公民文化、威权主义价值观等。文化主义理论认为，对包括政府在内的政治机构的信任是外生性的，政府信任是人际信任的扩展，人际信任最先产生于生活中，后来被投射到政治机构如政府中。因此，政府信任可以被理解为是人际信任的转移和扩展。人际信任先是"溢出"到诸如当地民间协会等较小组织，然后"溢出"到更大范围，以建立更广泛的机构网络，如政府。⑦ 此外，根据米什勒（William Mishler）和罗斯（Richard Rose）⑧ 的观点，文化主义理论中存在两个层次——宏观和微观——二者强调了制度信任起源的不同方面。宏观文化观点侧重于民族传统的同质化

---

① John Brehm, Wendy Rahn, "Individual-level Evidence for the Causes and Consequences of Social Capital", *American journal of political science*, Vol. 41, No. 3, 1997; Robert D. Putnam, Robert Leonardi, Raffaella Y. Nanetti, *Making Democracy Work: Civic Traditions in Modern Italy*, Princeton University Press, 1994; Robert D. Putnam, *Bowling Alone: The Collapse and Revival of American Community*, Simon and Schuster, 2001.

② Paul Brewer, Sean Aday, Kimberly Gross, "Rallies All Around: The Dynamics of System Support", *Framing terrorism: The News Media, the Government, and the Public*, Routledge, 2003, pp. 229 – 254.

③ Kenneth Newton, "Trust, Social Capital, Civil Society, and Democracy", *International Political Science Review*, Vol. 22, No. 2, 2001.

④ Sonja Zmerli, Kenneth Newton, José Ramón Montero, "Trust in People, Confidence in Political Institutions, and Satisfaction with Democracy", *Citizenship and Involvement in European Democracies: A Comparative Analysis*, Routledge, 2007, pp. 35 – 65.

⑤ Robert D. Putnam, *Bowling Alone: The Collapse and Revival of American Community*, Simon and Schuster, 2001; John Brehm, Wendy Rahn, "Individual-level Evidence for the Causes and Consequences of Social Capital", *American Journal of Political Science*, Vol. 41, No. 3, 1997.

⑥ William Mishler, Richard Rose, "What Are the Origins of Political Trust? Testing Institutional and Cultural Theories in Post-communist Societies", *Comparative Political Studies*, Vol. 34, No. 1, 2001.

⑦ Robert D. Putnam, Robert Leonardi, Raffaella Y. Nanetti, *Making Democracy Work: Civic Traditions in Modern Italy*, Princeton University Press, 1994.

⑧ William Mishler, Richard Rose, "What Are the Origins of Political Trust? Testing Institutional and Cultural Theories in Post-communist Societies", *Comparative Political Studies*, Vol. 34, No. 1, 2001.

趋势，很少考虑社会内部个体间信任的差异，而微观文化理论则将个体社会化经历的差异看作是社会内部和社会之间政治信任显著变化的根源。此种解释视角与制度主义理论不同，甚至完全相反，同时也进一步解释了政府绩效是如何影响政府信任的。

至于公民参与，则意味着通过政治或非政治过程，努力改变社区公民生活，并发展实现这一改变所需的知识、技能、价值观和动机。① 公民参与对政府信任的影响也引起许多学者的关注，并提出一些相悖的论点。一些学者认为公众参与对促进政府信任无作用。厄尔（Timothy C. Earle）和克维特科维奇（George Cvetkovich）② 提出，公众参与不会自然地增加信任，甚至可能会破坏信任。这一结论得到其他学者的认可，例如埃斯皮纳尔（Rosario Espinal）和哈特林（Jonathan Hartlyn）③、哈赞（Pierre Hazan）④ 和唐（Stephen Tsang）⑤ 等人。他们强调公民参与会增加公民对政府机构中可疑、非法和腐败行为的认识，这不利于增强政府信任水平。

相比之下，其他一些研究者认为，公民参与能够增强公民对政府的理解，从而减少了与政府的疏离感和脱离感，减少了民众怀疑政府和愤世嫉俗的倾向，增强了对政府及其决策的信心和信任。⑥ 与此观点相呼应，公民参与已成为鼓励公民积极参与政府相关活动，从而增加公众信任的有效方式。⑦

---

① Thomas Ehrlich, *Civic Responsibility and Higher Education*, Greenwood Publishing Group, 2000.
② Timothy C. Earle, George Cvetkovich, *Social Trust: Toward A Cosmopolitan Society*, Greenwood Publishing Group, 1995.
③ Rosario Espinal, Jonathan Hartlyn, Kelly Jana Morgan, "Performance Still Matters: Explaining Trust in Government in the Dominican Republic", *Comparative Political Studies*, Vol. 39, No. 2, 2006.
④ Pierre Hazan, *Morocco: Betting on A Truth and Reconciliation Commission*. Vol. 165, United States Institute of Peace, 2006.
⑤ Stephen Tsang, Margarett Burnett, Peter Hills, Richard Welford, "Trust, Public Participation and Environmental Governance in Hong Kong", *Environmental Policy and Governance*, Vol. 19, No. 2, 2009.
⑥ Cheryl Simrell King, Camilla Stivers, Richard C. Box, *Government Is Us: Strategies for An Anti-government Era*, Sage, 1998; James L. Creighton, *The Public Participation Handbook: Making Better Decisions through Citizen Involvement*, John Wiley & Sons, 2005. 王亚茹：《民生保障获得感、社会公平感对政府信任的影响研究》，《湖北社会科学》2020年第4期。
⑦ Leslie A. Duram, Katharin G. Brown, "Insights and Applications Assessing Public Participation in US Watershed Planning Initiatives", *Society & Natural Resources*, Vol. 12, No. 5, 1999; Kathleen E. Halvorsen, "Assessing the Effects of Public Participation", *Public Administration Review*, Vol. 63, No. 5, 2003; Lawrence C. Walters, James Aydelotte, Jessica Miller, "Putting More Public in Policy Analysis", *Public Administration Review*, Vol. 60, No. 4, 2000.

公民参与还可以增加公民获取各种信息的渠道，从而增强其对政策和结果的认同，这是信任建立的关键。① 并且，大多数研究都强调了这种积极关系在地方政府信任层面的重要性。② 相比之下，不参与公民活动的公民可能会认为其政治影响力较小，这可能使公民产生政治无力感，从而导致其愤世嫉俗，并对政府机构产生不信任感。③

## 三 媒体宣传

媒体宣传可能是对政府信任水平下降的另一种原因，尤其是在新闻报道的极易获取和各种多媒体、新媒体层出不穷的"信息时代"。"媒体"是一个涵盖多种形式的广泛概念，包括电影、电视、广播、报纸、书籍、杂志、网站、社交媒体、视频游戏、音乐等。随着技术的发展，媒体，尤其是社交媒体，已经改变了人们相互交流的方式。如今，大多数人通过传统媒体和社交媒体，尤其是电视和互联网，来传递信息和促进相互交流，并通过这种方式来加强对政府和社会的了解。如今，公众掌握了更多可供了解和判断政府和其他公共机构的信息。

此外，媒体在宣传、影响和动员公众舆论以及就社会事件和问题达成共识方面发挥着重要作用。根据诺利斯（Pippa Norris）④ 的观点，自20世纪60年代以来，在英美等发达国家中，媒体更倾向于报道消极、冲突为主的内容。方雷赞同这一观点，他认为为了吸引公众的注意，现在的媒体倾向于揭露社会的消极方面而非积极方面，媒体有时只关注单一视角或部分画面，而不是整体事件。⑤ 许多学者已经发现了媒体角色的变化对政府信任的影响。

一些学者提出，媒体的负面报道是公众对政府信任度低的一个特别的

---

① Richard Rose, *Getting Things Done in An Anti-modern Society: Social Capital Networks in Russia*. Washington, DC: World Bank, Vol. 6, 1998; Daniel Yankelovich, *Coming to Public Judgment: Making Democracy Work in A Complex World*, Syracuse University Press, 1991.
② Renee A. Irvin, John Stansbury, "Citizen Participation in Decision Making: Is It Worth the Effort?", *Public Administration Review*, Vol. 64, No. 1, 2004; Cheryl Simrell King, Camilla Stivers, Richard C. Box, *Government Is Us: Strategies for An Anti-government Era*, Sage, 1998.
③ Robert D. Putnam, *Bowling Alone: The Collapse and Revival of American Community*, Simon and Schuster, 2001.
④ Pippa Norris, *A Virtuous Circle: Political Communications in Postindustrial Societies*, Cambridge University Press, 2000.
⑤ 方雷：《地方政府学概论》，中国人民大学出版社2010年版。

决定性因素。① 奈（Joseph S. Nye）认为，媒体角色的变化是公众对政府信任下降的原因之一。例如，媒体对政府部门和政府领导人关于腐败或不当性行为丑闻的曝光会破坏政府公信力。② 奥伦（Gary Orren）③ 也指出，媒体在腐蚀公众对政府的信任方面发挥重要作用。总而言之，媒体负面宣传往往被认为是造成公众对政府不信任的一个因素。

此外，对非西方国家的研究表明，媒体宣传在塑造政府信任过程中的作用也同样重要。中国媒体根据其所处的不同环境，发挥许多不同的功能。中国的媒体不是政府工作的监督者，而是由政府管理的、塑造人们对政府态度的重要工具。④ 中国规模最大、最具影响力的媒体大多隶属于各级政府，媒体在塑造人们对政府的积极态度方面发挥重要作用，特别是对中央政府的态度。然而，学界对中国媒体的活动及其对政府信任的影响却鲜有深入的研究。因此，在中国，媒体对政府的负面报道是否能够影响民众对政府信任水平尚未被充分研究。

## 四 官僚政治

通过文献梳理发现，官僚政治也被认为是解释政府信任的决定因素之一。官僚政治理论认为政策结果源于小型的、处于高位的政府行为者之间的讨价还价，他们具有不同的偏好、能力和权力地位。⑤ 维戈达—

---

① Xueyi Chen, Tianjian Shi, "Media Effects on Political Confidence and Trust in the People's Republic of China in the Post-Tiananmen Period", *East Asia*, Vol. 19, No. 3, 2001; Arthur H. Miller, Edie N. Goldenberg, Lutz. Erbring, "Type-set Politics: Impact of Newspapers on Public Confidence", *American Political Science Review*, Vol. 73, No. 1, 1979; Patricia Moy, Dietram A. Scheufele, "Media Effects on Political and Social Trust", *Journalism & Mass Communication Quarterly*, Vol. 77, No. 4, 2000; Pippa Norris, *A Virtuous Circle: Political Communications in Postindustrial Societies*, Cambridge University Press, 2000; Joseph S. Nye, "Introduction: The Decline of Confidence in Government", in Joseph S. Nye, Philip Zelikow, David C. King, eds., *Why People Don't Trust Government*, Harvard University Press, 1997, pp. 1 – 18. 丁香桃：《自媒体时代公共管理的挑战与机遇——政府信任的视角》，《管理世界》2017 年第 12 期。

② Joseph S. Nye, "Introduction: The Decline of Confidence in Government", in Joseph S. Nye, Philip Zelikow, David C. King, eds., *Why People Don't Trust Government*, Harvard University Press, 1997, pp. 1 – 18.

③ Gary Orren, "Fall From Grace: The Public's Loss of Faith in Government", in Joseph S. Nye, Philip Zelikow, and David C. King, eds., *Why People Don't Trust Government*, Harvard University Press, 1997, pp. 77 – 107.

④ Xueyi Chen, Tianjian Shi, "Media Effects on Political Confidence and Trust in the People's Republic of China in the Post-Tiananmen Period", *East Asia*, Vol. 19, No. 3, 2001.

⑤ Brent Durbin, "Bureaucratic Politics Approach", *Encyclopedia of Governance*, Thousand Oaks: SAGE, 2007, pp. 61 – 62.

加多（Eran Vigoda-Gadot）和尤瓦尔（Fany Yuval）[1]认为，官僚政治关注的政府活动参与者之间的冲突程度，以及他们如何利用其所拥有的权力来保护个人和组织利益。出于该原因，大多数政策制定者往往优先考虑促进其自身组织和个人利益最大化而非优先实现公众利益，这一观点得到了许多学者的赞同。[2]

政府机构及其公职人员将个人利益置于公众利益之上会影响民众对政府的信任程度。一些研究表明，当公众认为政府权力为公共利益服务的情况时，公众往往会倾向于更加信任政府。[3] 此外，根据费里斯（Gerald R. Ferris）[4]等学者的观点，官僚政治会降低公职人员的工作满意度和绩效，从而产生进一步的负面反应，如提供低质量的公共服务，这些都极大地降低政府的公信力水平。

在中国独特政治文化背景下，官僚政治贯穿整个封建历史时期，较低层级的政府一直服从于较高层级，包括较高层级的政府公职人员负责较低层级人员的任职和晋升。政府公职人员对上负责的情况有可能导致了对民众需求和期望的忽略，从而引起公众不满并降低了民众对政府的信任水平。此外，在公共政策制定过程中，在官僚政治过程中讨价还价可能会降低工作效率，甚至可能造成政府决策失败或政策失灵，从而再次损害政府公信力[5]。

---

[1] Eran Vigoda-Gadot, Fany Yuval, "Managerial Quality, Administrative Performance and Trust in Governance Revisited: A Follow-up Study of Causality", *International Journal of Public Sector Management*, Vol. 16, No. 7, 2003.

[2] Gail S. Ferris, Patricia M. Fandt, *Politics in Organizations*, Lawrence Erlbaum Associates, Inc, 1989; Russell Cropanzano, John C. Howes, Alicia A. Grandey, Paul Toth, "The Relationship of Organizational Politics and Support to Work Behaviors, Attitudes, and Stress", *Journal of Organizational Behavior*, Vol. 18, No. 2, 1997; Eran Vigoda-Gadot, Fany Yuval, "Managerial Quality, Administrative Performance and Trust in Governance Revisited: A Follow-up Study of Causality", *International Journal of Public Sector Management*, Vol. 16, No. 7, 2003.

[3] Evan M. Berman, "Dealing with Cynical Citizens", *Public Administration Review*, Vol. 57, 1997; Valerie Braithwaite, "Communal and Exchange Trust Norms: Their Value Base and Relevance to Institutional Trust", *Trust and Governance*, Russell Sage Foundation, 1998, pp. 46-74; Martin Daunton, "Trusting Leviathan: British Fiscal Administration from the Napoleonic Wars to the Second World War", *Trust and Governance*, Russell Sage Foundation, 1998, pp. 102-134; Robert B. Shaw, *Trust in the Balance: Building Successful Organizations on Results, Integrity, and Concern*, Jossey-Bass, 1997.

[4] Gerald R. Ferris, et al., "Perceptions of Organizational Politics: Prediction, Stress-related Implications, and Outcomes", *Human Relations*, Vol. 49, No. 2, 1996.

[5] 方雷：《地方政府学概论》，中国人民大学出版社2010年版。

## 五 人口统计学变量

除上述讨论的影响因素（政府绩效、媒体、社会资本和官僚政治）之外，文献中另一个在解释政府信任水平差异的重要因素是人口统计学因素。具体来说，一些研究讨论了性别、年龄组、教育程度、信仰以及个人财富对政府信任影响的可能性，发现这些因素的影响相当微弱。[①]正如莱维（Margaret Levi）和斯托克（Laura Stoker）[②]指出，公民是否信任政府可能更多地反映了他们的政治生活和经历，而非成长的环境。尽管人口统计学变量不一定被视作影响公众对政府机构信任的主要决定性因素，但大量研究也证实了社会人口统计因素与政府信任之间联系密切。[③]

第一个因素是受教育程度。学者们对教育水平影响政府信任持有不同的观点。有学者指出，受教育程度较高的公民（例如拥有学位和专业文凭等）往往比早年辍学、受教育程度低的民众更信任政府。[④] 这一假设的原因与认知能力有关，他们认为受教育程度较高的人能更好地了解政府职能和运作，特别是与公共服务供给相关的职能和运作比较了解，并能更好地理

---

① Tom Christensen, Per Lægreid, "New Public Management: Puzzles of Democracy and the Influence of Citizens", *Journal of Political Philosophy*, Vol. 10, No. 3, 2002; Tom Christensen, Per Lægreid, *Trust in Government: the Significance of Attitudes towards Democracy, Public Sector and Public Sector Reforms*, Stein Rokkan Center for Social Studies and Bergen University Research Foundation, 2003; K. Newton, P. Norris, "Confidence in Public Institutions: Faith, Culture or Performance?" in S. Pharr, R. Putnam, eds., *Disaffected Democracies: What's Troubling the Trilateral Countries*, Princeton University Press, 1999.

② Margaret Levi, Laura Stoker, "Political Trust and Trustworthiness", *Annual Review of Political Science*, Vol. 3, No. 1, 2000.

③ Linda LM Bennett, Stephen Earl Bennett, *Living with Leviathan: Americans Coming to Terms with Big Government*, University Press of Kansas, 1990; Ola Listhaug, "Confidence in Political Institutions: Norway, 1982–1996", *Research Seminar at the Centre for Nordic Policy Studies*, 1998; Richard Rose, *Getting Things Done in An Anti-modern Society: Social Capital Networks in Russi*, Washington, DC: World Bank, 1998; Craig W. Thomas, "Maintaining and Restoring Public Trust in Government Agencies and Their Employees", *Administration & Society*, Vol. 30, No. 2, 1998.

④ Geert Bouckaert, Steven Van de Walle, "Government Performance and Trust in Government", *Ponencia Presentada En La Annual Conference of the European Group on Public Administration*, Vaasa (Finlandia), 2001; Tom Christensen, Per Laegreid, *Trust in Government: the Significance of Attitudes towards Democracy, Public Sector and Public Sector Reforms*, Stein Rokkan Center for Social Studies and Bergen University Research Foundation, 2003.

解政府可能面临的困难。受教育程度更高的民众对政府的态度可能更宽容、客观和公正,这表现为更信任政府。与此相反,也有研究者发现受过高等教育的民众对政府更不信任,并认为知识水平越高越倾向于批判政府,这最终会降低对政府的信任水平,这种观点也获得一些学者的认同。①

第二个因素是性别,主要研究不同性别之间的政府信任程度是否存在差异。一些研究者发现,与男性群体相比,女性对政府的态度,更加宽容更倾向于支持政府。② 其中一个潜在的原因是,世界各国政府近年来扩大了女性就业和投身事业的机会,使她们在工作中获得了被认同感和满足感。相反,男性群体却感到经济负担和社会压力过大,从而认为政府没有采取有效政策平衡其工作和生活关系,因此对政府的态度更负面、更具批判性。③

此外,现有文献也对年龄与政府信任的关系进行了大量讨论。一些研究表明,老年人往往比年轻人更信任政府④,并进一步指出,信任程度随着年龄的增长而增加,其主要原因可能是,老年人将过去较差的生活经历与当前美好的生活条件进行了比较,这增加了其对政府的满意度和信任感。与之截然相反的是,年轻人生活经历较为简单,对政府的态度更具批判性,认为政府无论是在增加民众收入还是公共设施和服务方面都显有作为,这无疑会降低他们对政府的支持与信任的程度。

## 六 对其他因素的思考

除了上述提及的政府信任的影响因素,学者们还提出其他一系列可能

---

① Robert E. Agger, Marshall N. Goldstein, Stanley A. Pearl, "Political Cynicism: Measurement and Meaning", *The Journal of Politics*, Vol. 23, No. 3, 1961; Lianjiang Li, "Political Trust and Petitioning in the Chinese Countryside", *Comparative Politics*, Vol. 40, No. 2, 2008; 刘米娜:《公民文化视野下的政府信任研究》,《上海行政学院学报》2011 年第 12 期。

② Peri K. Blind, "Building Trust in Government in the Twenty-first Century: Review of Literature and Emerging Issues", $7^{th}$ *Global Forum on Reinventing Government Building Trust in Government*, UNDESA Vienna, 2007.

③ Beate M. Huseby, "Attitudes towards the Size of Government", *The Scope of Government*, Oxford University Press, 1995, pp. 87 – 118.

④ Ronald Inglehart, *Modernization and Postmodernization: Cultural, Economic, and Political Change in 43 Societies*, Princeton University Press, 1997; Tom Christensen, Per Lægreid, "New Public Management: Puzzles of Democracy and the Influence of Citizens", *Journal of Political Philosophy*, Vol. 10, No. 3, 2002.

影响政府信任的其他因素，如社会和文化变化[1]、政府的范围和规模[2]、日益升高的犯罪率和儿童贫困等社会问题[3]、公职人员不道德的行为和风气[4]、政治意识形态和政治选择[5]以及国家威胁及其造成的不确定性和焦虑。[6]

社会文化变化往往会对政府政策产生新的挑战和要求，并提高公众对政府行为的期望，如若这些期望没有得到满足，则会削弱公众对政府的信任。[7] 奈[8]也指出，在一个政府权力过大、干预主义色彩明显且过度干涉公民私生活的社会中生活的民众往往不那么尊重和信任政府。事实上，各政府民意调查也都验证了这一观点。同样，公共官员是否遵循职业道德、公正廉洁，也对政府信任有重要意义。正如学者们预测的那样，公众对政

---

[1] Jane Mansbridge, "Social and Cultural Causes of Dissatisfaction with US Government", in Joseph S. Nye, Philip Zelikow, David C. King, eds., *Why People Don't Trust Government*, Harvard University Press, 1997, pp. 133 – 153.

[2] Joseph S. Nye, "Introduction: The Decline of Confidence in Government", in Joseph S. Nye, Philip Zelikow, David C. King, eds., *Why People Don't Trust Government*, Harvard University Press, 1997, pp. 1 – 18.

[3] Jane Mansbridge, "Social and Cultural Causes of Dissatisfaction with US Government", in Joseph S. Nye, Philip Zelikow, and David C. King, eds., *Why People Don't Trust Government*, Harvard University Press, 1997, pp. 133 – 153; Pew Research Centre, *Deconstructing Trust: How Americans View Government*, Washington, DC: Pew Research Centre for the People and the Press, 1998.

[4] R. Michael Alvarez, John Brehm, "Speaking in Two Voices: American Equivocation about the Internal Revenue Service", *American Journal of Political Science*, Vol. 42, No. 2, 1998; Marian Barnes, David. Prior, "From Private Choice to Public Trust: A New Social Basis for Welfare", *Public money & management*, 1996, 16 (4), pp. 51 – 57; Berman, Evan M., "Dealing with Cynical Citizens", *Public Administration Review*, Vol. 57, 1997; David G. Carnevale, *Trustworthy Government: Leadership and Management Strategies for Building Trust and High Performance*, Jossey-Bass, 1995; Margaret Levi, "A State of Trust", *Trust and Governance*, Russell Sage Foundation, 1998; Arthur H. Miller, "Political Issues and Trust in Government: 1964 – 1970", *American Political Science Review*, Vol. 68, No. 3, 1974.

[5] Pew Research Centre, *Deconstructing Trust: How Americans View Government*, Washington, DC: Pew Research Centre for the People and the Press, 1998.

[6] John. R. Alford, "We're All in This Together: The Decline of Trust in Government, 1958 – 1996", *What Is It about Government that Americans Dislike*, Cambridge University Press, 2001, pp. 28 – 46.

[7] Jane Mansbridge, "Social and Cultural Causes of Dissatisfaction with US Government", in Nye, Joseph S., Zelikow, Philip, David C. King, eds., *Why People Don't Trust Government*, Harvard University Press, 1997, pp. 133 – 153.

[8] Joseph S. Nye, "Introduction: The Decline of Confidence in Government", in Nye, Joseph S., Zelikow, Philip, David C King, eds., *Why People Don't Trust Government*, Harvard University Press, 1997, pp. 1 – 18.

府信任通常会因政府官员行事不端、不够公正而下降。① 此外，政治和意识形态作为影响公众信任的因素也被大量讨论，支持执政党的公民倾向于更信任政府，而支持反对派的人则不那么信任。② 国家威胁或其他导致民众焦虑和不确定的因素，例如恐怖事件或自然灾害，也是导致政府信任度下降的原因。③ 也有学者，如金（David C. King）④ 提出，国家威胁可能产生相反的效果，会使人们更爱国的同时，也更信任政府，尽管这种信任可能只是暂时的。

通过对文献的梳理发现，对政府信任水平变化的理解是一个多维度而复杂的课题，存在诸多可能的影响因素。具体如下图1—2所示。

本章对不同情境下政府信任的定义、政府信任模式、影响政府信任的因素以及这些因素如何发挥作用进行了阐述。本章基于对信任的不同含义的探讨，考察了政治信任与政府信任之间的关系，认为政府信任是指公民对政府机构及其公务人员是否充分履行职责以满足公众需要的主观判断和评价，是政治信任的一部分。

从文献中可以看出，西方国家和非西方国家中存在不同的信任模式。具体而言，主要存在三种信任模式：（1）西方国家中的随时间推移而下降的政府信任模式；（2）西方国家中对中央政府及其他高层级的政府比对地方政府更不信任的距离悖论模式；（3）以中国为代表的非西方国家存在的一种随着政府层级越高、信任水平越高的差序政府信任模式。事实

---

① Christopher J. Anderson, Yuliya V. Tverdova, "Corruption, Political Allegiances, and Attitudes toward Government in Contemporary Democracies", *American Journal of Political Science*, Vol. 47, No. 1, 2003; Evan M. Berman, "Dealing with Cynical Citizens", *Public Administration Review*, Vol. 57, 1997; Seymour Martin Lipset, *The Confidence Gap: Business, Labor, and Government in the Public Mind*, Johns Hopkins University Press, 1987.

② Pew Research Centre, *Deconstructing Trust: How Americans View Government*, Washington, DC: Pew Research Centre for the People and the Press, 1998; David C. King, "The Polarization of American Parties and Mistrust of Government", in Joseph S. Nye, Philip Zelikow and David C. King, eds., *Why People Don't Trust Government*, Harvard University Press, 1997, pp. 155 – 178.

③ John. R. Alford, "We're All in This Together: The Decline of Trust in Government, 1958 – 1996", in John R. Hibbing, Elizabeth Theiss-Morse, James H. Kuklinski, eds., *What Is It about Government that Americans Dislike*, Cambridge University Press, 2001, pp. 28 – 46.

④ David C. King, "The Polarization of American Parties and Mistrust of Government", in Joseph S. Nye, Philip Zelikow, David C. King, eds., *Why People Don't Trust Government*, Harvard University Press, 1997, pp. 155 – 178.

上，这是另一种"距离悖论"。①

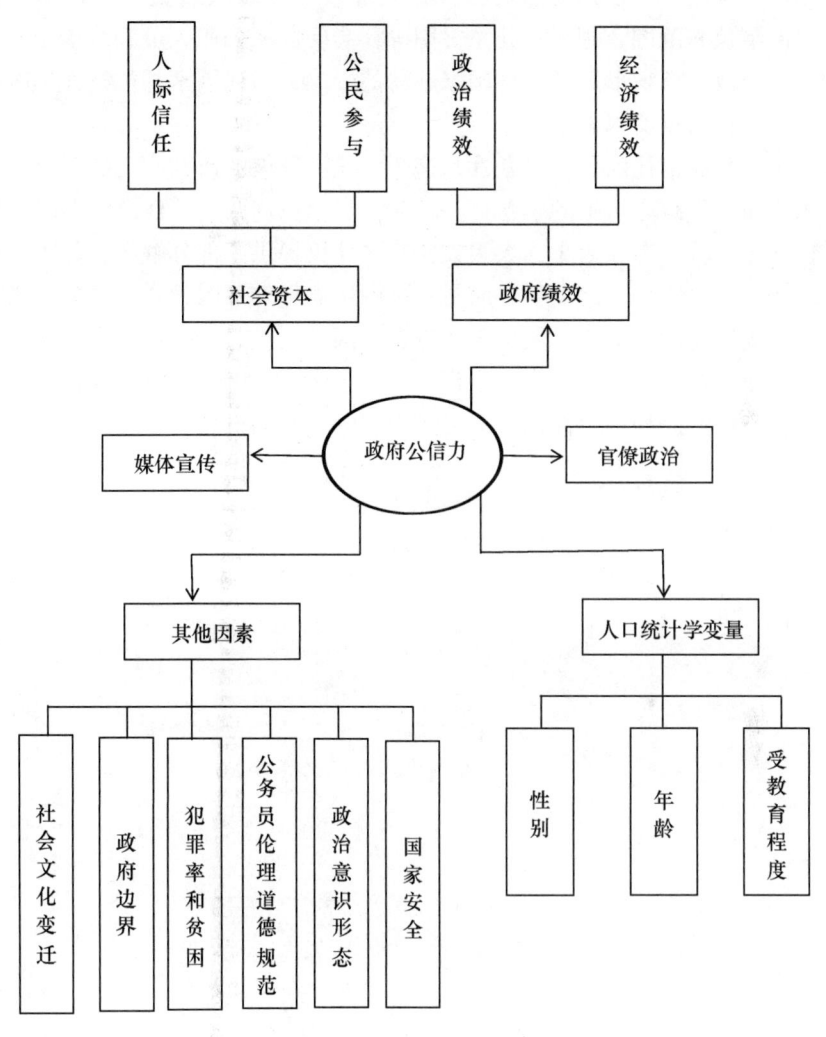

**图1—2 政府信任影响因素**

公众对政府信任水平的下降引起学界的广泛讨论和争论。为了阐明哪些因素可能会影响政府信任水平，学者们分别从以下视角进行了探索，具体包括：政府绩效（政治和经济方面）、社会资本（包括社会信任和公民

---

① 该短语由弗雷德里克森和弗雷德里克森于1995年首次使用，详见 H. George Frederickson, David G. Frederickson, "Public Perceptions of Ethics in Government", *The ANNALS of the American Academy of Political and Social Science*, Vol. 537, No. 1, 1995。

参与）、媒体宣传、官僚政治和各种社会人口统计学变量（包括性别、年龄和教育程度）。此外，还包括其他因素，如社会文化变迁、政府对公民生活的干预和范围、犯罪和儿童贫困等社会问题、公职人员和政治家的伦理道德规范、意识形态或各种国家威胁的影响，上述因素都被视作影响公众信任变化的重要因素。

  由于政府信任问题的复杂性，迄今为止已开展的研究都无法对该主题作出全面、一致、清晰的解释，并且对世界范围内政府信任总体下降的原因仍存在分歧。迄今为止，大多数研究对此仅提供了部分解释，其中一些研究侧重与政府相关的变量，而另一些则更侧重外部因素。此外，关于这一主题的经验性证据主要聚焦于西方发达国家的经验，而包括发展中国家和转型国家在内的其他文化和意识形态国家的政府信任研究则相对有限。现有研究中的此种局限性是本书关注中国的主要动机之一。

# 第二章　地方政府信任问题的田野调查：研究设计与方法

如导论所述，本书旨在探究中国地方政府的信任模式及影响地方政府信任水平变化的关键因素。在第一章中，回顾了学术界与政府信任相关的已有研究，发现政府信任研究这一研究领域已经吸引了大量国内外学者的关注，具备良好的研究基础，规范研究和经验研究都为政府信任研究提供了大量有意义的学术观点。

然而，通过总结既有研究发现，当前对于政府信任的经验研究占据主导地位，且此类经验研究大多仅局限于定量研究。此外，大多数研究都是从普通民众的角度进行分析，而忽略了另一个重要的视角，即地方政府尤其是地方政府代理人——地方政府公务员这一群体是如何看待地方政府公信力的问题。地方政府公务员作为一个数量庞大的群体，在政府政策制定和执行过程中发挥着重要的作用，他们对于地方政府公信力的理解，直接关系到地方政府公信力提升。因此，在研究政府公信力的问题时，不仅要从普通民众的角度出发，同时也不能忽视地方政府内部公务员的视角，而这正是本书试图解决的问题。基于此，作者选择"双轨并行"的混合方式进行研究设计，一方面采用基于大样本的二手数据（定量数据）对普通民众的政府信任程度进行定量分析，另一方面对来自不同政府层级的公务员进行定性访谈。

本章共分为四个部分。第一部分重新回顾了实证调查中聚焦的研究问题，并讨论了如何使用混合方法来研究地方政府信任问题。在第二部分和第三部分，具体阐述了如何使用定量与定性研究方法开展本项研究。第四部分对本项研究中的学术道德问题进行了反思，并对本章的主要观点进行了总结与讨论。

如导论所述，本书的研究设计主要是围绕以下三个问题展开的：（1）中国地方政府的信任模式是什么？（2）影响中国地方政府公信力的关键因素是什么？（3）哪些策略和措施有助于帮助提升中国地方政府的公信力水平？

本书旨在提供一份关于中国地方政府信任模式的最新图景，并从普通居民角度，以及那些处于信任或不信任"接收端"的政府公务员的角度，分析影响地方政府公信力的关键因素，进而了解地方政府公务员对地方政府公信力的认知与公众的认知是否存在差异，从而为我国地方政府公信力的提升提出具体的策略和路径。

## 第一节　政府信任研究：混合研究方法及其应用

本节详细介绍了本研究所涉及的研究设计和混合研究方法。首先介绍了混合研究方法的哲学世界观，进而解释了相关的研究数据，数据收集和分析的过程及具体研究方法。

### 一　实用主义：混合研究方法的哲学世界观

在社会科学领域，研究方法的选择、分析以及解释在某种程度上可以反映研究者潜在的认识论和哲学世界观。一个研究者的哲学世界观，既可以决定其研究问题的提出方式，也可以影响其回答研究问题时所采用的研究方法。[1] 作为"一种普遍的世界观和研究的本质"，不同立场的学者对"哲学世界观"这一概念有不同的表述方式，例如"哲学世界观"[2] "探究范式"[3] "认识论与本体论"[4] 或"研究方法论"[5]。本书决定采用克雷斯韦尔（John W. Creswell）[6] 提出的概念界定，采用"哲学世界观"一词来描述学术研究的哲学信仰。

对于哲学世界观的类别，克雷斯韦尔综合各种类型的研究提出了四种

---

[1] John W. Creswell, *Qualitative Inquiry and Research Design*, Los Angeles, California: Sage Publications, 2013.

[2] John W. Creswell, *Research Design: Qualitative, Quantitative, and Mixed Methods Approaches*, Sage Publications, 2014.

[3] Yvonna S. Lincoln, S. A. Lynham, E. G. Guba, "Contractions, and Emerging Confluences, Revisited", *The Sage Handbook of Qualitative Research*, 2011.

[4] Michael Crotty, *The Foundations of Social Research: Meaning and Perspective in the Research Process*, London: Sage Publications, 1998.

[5] Susan B. Neuman, *Changing the Odds for Children at Risk*, New York, NY: Teachers College Press, 2009.

[6] John W. Creswell, *Research Design: Qualitative, Quantitative, and Mixed Methods Approaches*, Sage Publications, 2014.

哲学世界观：后实证主义、建构主义、变革主义和实用主义。后实证主义适用于识别和评估影响结果的原因，有时也被称为"后实证主义研究或实证主义"[1]。在后实证主义世界观中，研究人员通过收集可靠的数据，建立因果解释来塑造相关知识体系。[2] 对于后实证主义研究的问题而言，定量研究方法是一个非常不错的选择。建构主义（或称解释主义）认为，个人可以基于各自文化的、历史的主观经验来理解世界[3]，这通常被视为进行定性研究的一种经典方法。[4] 相比之下，变革主义的世界观则是通过与参与者的合作，关注那些传统上被边缘化的人群在其政治和社会背景下的生活经历与可能存在的不平等状况。[5]

实用主义哲学世界观在本书所采用的混合研究方法中有所体现。作为一种主要的研究范式，实用主义为混合研究提供了一定的哲学框架支撑。[6] 根据克雷斯韦尔（John W. Creswell）和克拉克（Vicki L P. Clark）的观点，实用主义认同"运用多种形式的方法进行问题研究，同时给予主观与客观两个层面同等程度的重视"[7]。实用主义致力于"解决现实世

---

[1] John W. Creswell, *Research Design: Qualitative, Quantitative, and Mixed Methods Approaches*, Sage Publications, 2014.

[2] Egon G. Guba, Yvonna S. Lincoln, "Paradigmatic Controversies, Contradictions, and Emerging Confluences", in N. K Denzin, Y. S Lincoln, eds., *The Sage Handbook of Qualitative Research*, Thousand Oaks: Sage, 2005, pp. 191 – 215.

[3] John W. Creswell, *Research Design: Qualitative, Quantitative, and Mixed Methods Approaches*, Sage Publications, 2014.

[4] Alan Bryman, *Social Research Methods*, New York: Oxford University Press, 2008; John W. Creswell, *Research Design: Qualitative, Quantitative, and Mixed Methods Approaches*, Sage Publications, 2014.

[5] John W. Creswell, *Research Design: Qualitative, Quantitative, and Mixed Methods Approaches*, Sage Publications, 2014; Donna A. Mertens, *Research and Evaluation in Education and Psychology*, Thousand Oaks, CA: Sage, 2010.

[6] Martina Y. Feilzer, "Doing Mixed Methods Research Pragmatically: Implications for the Rediscovery of Pragmatism as A Research Paradigm", *Journal of Mixed Methods Research*, Vol. 4, No. 1, 2010; R. Burke Johnson, Anthony J. Onwuegbuzie, "Mixed Methods Research: A Research Paradigm Whose Time Has Come", *Educational Researcher*, Vol. 33, No. 7, 2004; Spencer J. Maxcy, "Pragmatic Threads in Mixed Methods Research in the Social Sciences: The Search for Multiple Modes of Inquiry and the End of the Philosophy of Formalism", in A. Tashakkori, C. Teddlie, eds., *Handbook of Mixed Methods in Social and Behavioral Research*, Sage, California. 2003., pp. 51 – 89; B. Somekh, C. Lewin, *Research Methods in Social Sciences*, London: Sage, 2005; Abbas Tashakkori, Charles Teddlie, *Handbook of Mixed Methods in Social and Behavioral Research*, Sage, California. 2003.

[7] John W. Creswell, Vicki L P. Clark, *Designing and Conducting Mixed Methods Research*, Thousand Oaks, CA: Sage, 2011.

界中的实际问题"①。从这个意义上讲，实用主义提倡"研究者应该打破传统实证主义和建构主义二分法所存在的锁链和限制"②，并建议研究人员不必成为"单一研究方法或研究技术的囚徒"③。

自20世纪60年代以来，实用主义者开始倡导使用结合定量方法和定性方法的混合研究方法。从那时起，混合研究方法在学术界得到越来越广泛的应用与越来越深入的发展。④ 根据罗尔替（Richard M. Rorty）⑤的观点，实用主义者是"反二元论者"，对实证主义和建构主义的简单二分法持质疑态度，并且呼吁定量和定性方法的融合。⑥ 而克雷斯韦尔⑦则认为，实用主义研究者关注的是研究问题"是什么"和"怎样解决"问题，实用主义范式将研究问题置于研究的中心，并使用各种研究方法来探究研究问题。奥韦格里奇（Anthony J. Onwuegbuzie）⑧也认为实用主义者是利用"归纳和逻辑演绎，选择最能产生预期结果的解释，并综合使用主观和客观的视角形成正式和非正式相结合的研究写作"。实用主义的主要目的是用最合适的研究方法来探索现实世界⑨，从而"探索形成新的更深层次的研究维度"⑩。正如克雷斯韦尔认为，"实用主义哲学世界观为不同研究方

---

① Martina Y. Feilzer, "Doing Mixed Methods Research Pragmatically: Implications for the Rediscovery of Pragmatism as A Research Paradigm", *Journal of Mixed Methods Research*, Vol. 4, No. 1, 2010.

② John W. Creswell, Vicki L P. Clark, *Designing and Conducting Mixed Methods Research*, Thousand Oaks, CA: Sage, 2007.

③ Colin Robson, *Real World Research: A Resource for Social Scientists and Practitioner Researchers*, Blakewell, Cambridge, USA, 1993.

④ Abbas Tashakkori, Charles Teddlie, *Mixed Methodology: Combining Qualitative and Quantitative Approaches*. Thousand Oaks, CA: Sage, 1998.

⑤ Richard M. Rorty, *Philosophy and Social Hope*, London: Penguin Books, 1999, p. ixx.

⑥ Barbara Hanson, "Wither Qualitative/Quantitative: Grounds for Methodological Convergence", *Quality and Quantity*, Vol. 42, No. 1, 2008; R. Burke Johnson, Anthony J. Onwuegbuzie, "Mixed Methods Research: A Research Paradigm Whose Time Has Come", *Educational Researcher*, Vol. 33, No. 7, 2004.

⑦ John W. Creswell, *Research Design: Qualitative, Quantitative, and Mixed Methods Approaches*, Sage, Thousand Oaks, 2003.

⑧ Anthony J. Onwuegbuzie, "Validity and Qualitative Research: An Oxymoron?", *Paper Presented at the Annual Meeting of the Association for the Advancement of Educational Research* (*AAER*), Ponte Vedra, Florida, November, 2000, p. 8.

⑨ M. Yvonne Feilzer, "Doing Mixed Methods Research Pragmatically: Implications for the Rediscovery of Pragmatism as A Research Paradigm", *Journal of Mixed Methods Research*, Vol. 4, No. 1, 2010.

⑩ Todd D. Jick, "Mixing Qualitative and Quantitative Methods: Triangulation in Action", *Administrative Science Quarterly*, Vol. 24, No. 4, 1979.

法、不同研究假设以及不同形式的数据收集和分析打开了新的大门"①。

对于本书而言,实用主义哲学世界观被视为是一种在中国地方政府信任研究中指导相关数据收集和分析的重要指导理念。在这种哲学世界观的指导下,本书将采用多元的研究方法来获取关于政府信任问题的数据信息,以解决前文提到的三个研究问题。因此,混合研究方法最终被采用来开展本项实证研究。

## 二 基于混合方法的研究设计

在整个 20 世纪,学术界关于定性研究和定量研究范式的激烈辩论从未停止过,这不仅促进了这两种研究范式的深入发展,并且进一步凸显出它们之间存在的巨大分歧。这也导致了一些极端化和"纯粹化"(purist)的研究者②,他们拒绝在任何研究阶段混合使用上述两种研究方法,并一致认为不同的研究问题应当针对性采用不同的研究方法。一些研究者,如布里曼(Alan Bryman)③、科林斯(Randall Collins)④、史密斯(John K. Smith)与和硕乌斯(L. Heshusius)⑤、塔莎克利(Abbas Tashakkori)和泰德列(Charles Teddlie)⑥ 等,均认为定性研究方法与定量研究方法是互不相容的。纯粹的定量主义者认为社会研究应该是客观的,观察者应该是独立的,观察者应当与他们观察的客观实体分离开,二者不应混为一谈或互相影响。⑦

---

① John W. Creswell, *Research Design: Qualitative, Quantitative, and Mixed Methods Approaches*, Sage Publications, 2014.
② Gretchen B. Rossman, Bruce L. Wilson, "Numbers and Words: Combing Quantitative and Qualitative Methods in A Single Large-scale Evaluation Study", *Evaluation Review*, Vol. 9, No. 5, 1985.
③ Alan Bryman, "The Debate about Quantitative and Qualitative Research: A Question of Method or Epistemology?", *British Journal of Sociology*, Vol. 35, 1984.
④ Randall Collins, "Statistics Versus Words", in R. Collins, eds., *Sociological Theory*, San Francisco, CA: Jossey-Bass, 1984, pp. 329 – 362.
⑤ John K. Smith, L. Heshusius, "Closing Down the Conversation: The end of the Quantitative-Qualitative Debate among Educational Inquirers", *Educational Researcher*, Vol. 15, No. 1, 1986.
⑥ Abbas Tashakkori, Charles Teddlie, *Mixed Methodology: Combining Qualitative and Quantitative Approaches*, Thousand Oaks, CA: Sage, 1998.
⑦ Alfred J. Ayer, *Logical Positivism*, New York: The Free Press, 1959; Scott E. Maxwell, Harold D. Delaney, *Designing Experiments and Analyzing Data*, Mahwah, NJ: Lawrence Erlbaum, 2004; F. Schrag, "In Defense of Positivist Research Paradigms", *Educational Researcher*, Vol. 21, No. 5, 1992.

在量化研究的范式下,将物理科学的研究方法应用于社会科学研究和人文科学研究已经变得越来越流行。相比之下,纯粹的定性主义者认为研究应当是有价值约束的,客观现实的唯一获取来源是主观的认知主体,因此研究中的观察者与被观察对象是不可割裂的,也不可能在研究中完全得出影响研究问题的全部原因与相关因素。① 根据邓金(Norman K. Denzin)和林肯(Yvonna S. Lincoln)② 的观点,定性研究者可以"在自然环境中研究事物,并尝试对普通公众反馈的信息进行分析,进而对研究现象进行解释"。

然而,其他研究者对于定性研究和定量研究之间的二分法并不认同,他们认为研究不应仅局限于这两种范式。③ 约翰逊(R Burke. Johnson)和奥韦格里奇(Anthony J. Onwuegbuzie)④ 也指出,研究方法应当是基于研究问题的实用性需要所决定的。布里曼(Alan Bryman)⑤ 认为,与纯粹的基于理论的模型建构相比,研究应更侧重于实践层面的调查。因此,随着定量研究和定性研究的发展,混合研究方法被学者广泛讨论并被视为第三种研究方法论。

在定义混合研究方法时,约翰逊(R. Burke Johnson)等学者⑥通过比较和总结19个具有代表性的、具有标准化意义的混合研究定义,为混合研究提供了一个较为明确的含义解释。即,混合研究是:

  一种研究类型,由研究人员或研究团队将定性研究和定量研究方

---

① Egon G. Guba, "The Alternative Paradigm Dialog" in E. G. Guba, eds., *The Paradigm Dialog*, Newbury Park, CA: Sage, 1990, pp. 17 – 27.

② Norman K. Denzin, Yvonna S. Lincoln, *Handbook of Qualitative Research*, Sage Handbooks, 2000.

③ Thomas D. Cook, Charles S. Reichardt eds., "Qualitative and Quantitative Methods in Evaluation Research", Beverly Hills, CA: Sage, 1979; Richard L. Daft, "Learning the Craft of Organizational Research", *Academy of Management Review*, Vol. 8, No. 4, 1983; Steven I. Miller, M. Fredericks, "Uses of Metaphor: A Qualitative Case Study", *Qualitative Studies in Education*, Vol. 1, No. 3, 1991; I. Newman, Carolyn R. Benz, *Qualitative-Quantitative Research Methodology: Exploring the Interactive Continuum*, Carbondale, IL: Southern Illinois University Press, 1998.

④ R. Burke Johnson, Anthony J. Onwuegbuzie, "Mixed Method and Mixed Model Research", *Educational Researcher*, Vol. 33, No. 7, 2004.

⑤ Alan Bryman, "Integrating Quantitative and Qualitative Research: How Is It Done?", *Qualitative Research*, Vol. 6, 2006.

⑥ R. Burke Johnson, Anthony J. Onwuegbuzie, Lisa A. Turner, "Toward a Definition of Mixed Methods Research", *Journal of Mixed Methods Research*, Vol. 1, No. 2, 2007.

法的相关要素（例如，定性和定量的观点，数据收集方法，分析方法或推理技术）结合起来，以达到研究目的，为研究提供更加深入的理解和佐证。

基于对多个混合研究定义的理解和组合，塔莎克利（A. Tashakkori）和克雷斯韦尔[1]也给出了较为明确的混合研究定义：

> 研究人员收集并分析数据，整合分析结果，并在单一研究或调研项目中同时使用定性和定量的研究方法或其方法进行分析得出研究结论。

克雷斯韦尔和克拉克[2]也认为，作为一种研究方法，混合研究主要是指"一项研究或一系列研究中定量和定性数据的收集、分析与混合"。简而言之，混合研究是一种通过采用多个研究视角、结合定性与定量方法来解释复杂社会问题的研究方法。

关于混合研究方法的功能，正如约翰逊和奥韦格里奇[3]所说，混合研究可以整合两种研究方法的优势，同时避免重叠定性和定量两种研究方法的弱点。高若得（Stephen Gorard）认为，混合研究通过采用多种研究方法，强化了研究结论的说服力，被认为是"提升社会科学研究的关键方式，可以减少对潜在有用信息的浪费"[4]。查特吉（Madhabi Chatterji）[5]也认可这一观点，即有效使用不同的研究方法对于获取研究数据和解释因果关系至关重要。泰德列和塔莎克利[6]也指出，混合研究方法与单一研究方法相比，可以"回答其他研究方法无法解释的问题，提

---

[1] A. Tashakkori, John W. Creswell, "The New Era of Mixed Methods", *Journal of Mixed Methods Research*, Vol. 1, No. 1, 2007.

[2] John W. Creswell, Vicki. L. P. Clark, *Designing and Conducting Mixed Methods Research*, Thousand Oaks, CA: Sage, 2007.

[3] Anthony J. Onwuegbuzie, R. Burke Johnson, "Types of Legitimation (validity) in Mixed Methods Research", *Research in the Schools*, Vol. 13, No. 1, 2006.

[4] Stephen Gorard, *Combining Methods in Educational and Social Research*, Berkshire: Open University Press, 2004.

[5] Madhabi Chatterji, "Evidence on 'What Works': An Argument for Extended-Term Mixed-Method (ETMM) Evaluation Designs", *Educational Researcher*, Vol. 33, No. 9, 2004.

[6] Charles Teddlie, Aabbas Tashakkori, "Major Issues and Controversies in the Use of Mixed Methods", in A. Tashakkori, C. Teddlie, eds., *Handbook of Mixed Methods in Social and Behavioural Research*, London: Sage, 2003, pp. 14 – 15.

供更丰富、更具说服力的研究推论，也可以为呈现更多不同观点提供机会"。它还可以"促进对社会问题形成更具洞察力的见解，成为探索现实差异的手段，并提供一个更好地了解不同观察方式、不同认知和评价方式的机会"①。

根据克雷斯韦尔②的研究，在混合研究的研究设计方面，存在三种类别：顺序混合研究设计，包括解释性（先定性后定量）和探索性（先定量后定性）设计，以及几种先进的混合研究设计，如嵌入式混合研究方法设计，变换型混合研究设计以及多相位的混合研究设计。每种形式的研究设计都有其优点和局限性。介于本研究的实际需要，作者决定采用平行并收敛的混合研究方法设计（见图2—1）。

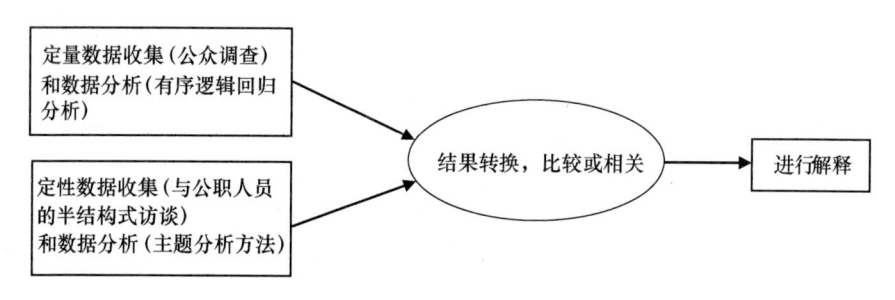

**图2—1  中国地方政府信任研究的平行收敛混合方法**

具体来说，同时采用定量数据调查与定性半结构化访谈两种研究方式，在研究设计和分析时应给予二者同等的重视程度。定量调查提供了客观数据，通过这些数据可以探索普通居民视角下不同层级的地方政府信任状况和图景，并通过多元回归分析，了解影响地方政府公信力的主要因素。另外，半结构化的定性访谈可以了解政府公务员是如何看待他们所在地方政府的公信力状况，以及他们认为影响地方政府公信力水平和模式的主要因素有哪些？两种研究方法基于同等重要的地位，各自独立运行，然后，将定量数据分析的结果转化为定性的叙述性描述，以便与政府公务员的访谈分析结果进行更加直接的比较。下节将分别详细阐

---

① J. Greene, V. Caracelli, "Making Paradigmatic Sense of Mixed Methods Inquiry", in A Tashakkori, C. Teddlie, eds., *Handbook of Mixed Methods in Social and Behavioral Research*, Sage, California, 2003, pp. 91–110.

② John W. Creswell, *Research Design: Qualitative, Quantitative, and Mixed Methods Approaches*, Sage Publications, 2014.

述研究中使用的数据收集方法和分析过程。

## 第二节 定量研究方法：对普通民众的调研

本节介绍了对普通居民数据的搜集过程与数据的初步分析，包括变量的测量和样本的描述性统计分析。本书分别在城市区域和农村区域进行了独立的调查，尽管这些问卷调查的内容非常相似，但基于不同的调查对象，问卷的设计也有所差别，问卷的内容并不完全相同。本书将分别对城市居民与农村居民的相关调研过程与相关数据进行介绍和分析。

### 一 定量数据的搜集与应用

本书采用的调查数据来自 2011 年中国社会信用制度研究的数据库。该调查获得国家社会科学基金支持，由南京大学的专业研究团队开展的全国范围内关于我国社会信用状况的问卷调查。根据严格的抽样，调查通过面对面访谈共获得 5500 份问卷，总回复率为 96.3%（5296 份），其中城市与农民样本分布率分别占 59.3%（3138 份）和 40.7%（2158 份）。基于本书的需要，两个样本的受访者中，其职业选项为"政府公务员"（即目前或曾经在中央或地方政府部门工作）的样本被排除在本次数据分析之外，整体的样本量最终为 4990 份，其中城市样本有 2915 份，农村样本有 2075 份。

具体而言，基于中国地方政府的层级架构设计（省—市—区/县—街道办事处/镇），调研团队通过"抽样概率与样本大小成正比"[①] 的方法进行了原始的田野调查。首先选取了六个中国城市（寻求样本代表性的同时还考虑到研究团队可用资源的有限性与调研结果的实用性）。这六个城市[②]分别为：深圳、天津、南京、重庆、兰州和银川。

对于城市居民样本，研究人员随机选择每个所选城市行政区划内的三个区，进而抽选每个区范围内的两个街道。再从每个街道办事处（共 6 个）

---

① "抽样概率与样本大小成正比"（PPS）是一种抽样方式，在该程序中，选择单位的概率与最终单位的大小成比例，给予数量较大的群体更大的选择概率，较小的群体伴随较低的概率。

② 这六个城市（及其周边地区）中的四个（天津、南京、重庆和兰州）用于城市样本和农村样本研究，而深圳市仅用于城市样本研究，银川市仅用于农村样本研究。

抽选一个社区，并最终从每个社区中选择110户住户。最后，通过基什法①从每个住户的家庭中选出一名受访者。最终共从六个样本城市中的五个城市②中选取了660名受访者进行调研。

对于农村居民样本的选择，采用与城市居民样本相同的筛选方法。具体而言，选择六个城市中的五个城市③周边的农村地区作为抽样范围。在上述行政区域内，首先随机选择两个县，然后在每个县内随机选择两个乡镇，进而从两个乡镇中随机选取一个村庄（共四个村庄），最后选择每个村庄中的110户家庭作为研究对象（再次使用基什法从每个家庭中选择一个受访者）。基于以上步骤，最终在五个城市中共选取440个农村居民作为被调查对象。

使用二手数据进行学术研究既有优点也有局限。第一个优势是可以为独立进行调研工作的研究人员节省大量时间和金钱；另一个优点是数据质量普遍较高，由于本书使用的二手数据大多是由专业研究团队或专业技术团队进行组织收集与编制，其专业性和涉及的知识层次与高度是初级研究者难以达到的。然而，二手数据也存在缺点，最主要的一点在于二手数据则不一定是完全聚焦于研究者的研究假设和研究问题，问卷提出的问题很大程度上不会与作者提出的研究问题完美地匹配。④ 在本书中，通过对调查问卷梳理，笔者发现这一实证调查中涉及的大多数问题非常适合本研究，能够解决研究者提出的研究问题，这有助于实现本书的最终研究目的。

## 二 自变量与因变量测量

1. 因变量：地方政府信任

如上所述，本书计划分别在中国的城市地区和农村地区展开各自独立的调查，并基于不同调查情景针对不同的研究对象提出略有区别的调查问题，以反映不同研究对象的差异性。这意味着不可能将两个调查数据集完

---

① 由Kish（1965）提出的基什法是从家庭中选择受访者时最常用的抽样方式。基什法要求首先将所有符合条件的家庭成员按性别排列，并在性别分组中按年龄从大到小进行排序。在列出所有符合条件的受访者之后，研究者使用八个选择表来辅助随机选择一个家庭受访者，其中样本家庭中应包括不止一个符合条件的成员。

② 除银川市。

③ 除深圳市。

④ Sarah Boslaugh, "An Introduction to Secondary Data Analysis", *Secondary Data Sources for Public Health: A Practical Guide*, Scopus, 2007; N. Koziol, A. Arthur, "An Introduction to Secondary Data Analysis", *Research Methodology Series*, Scopus, 2011.

全合并为反映中国整体情况的单一样本。尽管如此，两个样本中涉及的研究问题也确实存在许多共同点，包括涉及普通居民对不同层级政府公信力水平的测量（即省、市、县/区和城镇/街道办事处），即"地方政府信任"。在城市和农村问卷调查研究问题设计如下："你对×××层级政府（包括中央政府、省政府、市政府、区政府/县政府、城镇/街道办事处政府）的信任程度如何？"作为回应，被调查的城市或农村居民均被要求使用李克特五级量表（Five Likert Scale）来表达他们对地方政府的信任程度，从"强烈不信任""比较不信任""一般""比较信任"到"强烈信任"分别对应为1、2、3、4和5，得分越高意味着民众对各级政府的信任程度越高。通过对衡量地方政府信任的四个问题计算平均值（Mean），我们获得一个新的变量"地方政府信任"。

2. 相关自变量的测量

根据已有政府信任的研究文献，结合问卷调查中的数据，研究者获取了一些可能影响因变量"地方政府信任"的潜在影响因素，即自变量。这些因素主要包括公众的政治参与程度、社会信任（人际信任）、对公共服务质量的认知、对政府腐败的认知、媒体宣传的影响、对中国经济发展状况的认知以及对政府行为的认知。此外，调查数据中人口统计学因素在本书中也被作为控制变量，包括年龄、性别、受教育程度以及政治面貌。

本书中自变量的获取主要是通过因子分析方法（主成分分析法）获得。因子分析方法对来自城市和农村样本的数据进行的主要成分分析并没有发现显著差异，反映出两个数据集中包含的变量之间存在相对较高的共性。下面我们将对每一个变量分别进行阐释。

关于"公民政治参与度"变量，受访者被要求评估他们参加政治或公共事务领域的频率，选择范围包括从不、非常少、偶尔、经常、非常频繁，并被分别赋值为1、2、3、4和5分。分值越高，表明民众政治参与度越高。在城市样本中，各类政治参与活动包括：政治民意调查、社区业主委员大会、党和政府工作的民主评估会、向政府提交建议和有关社会专题问题的在线讨论（如通过微博）。而在农村样本中，各类政治活动包括参加村民代表大会、参加地区选举、参与村干部的民主评估和参与公共政策和法律相关的一系列活动等。通过因子分析方法，从上述城市和农村数据中分别提取出"公民政治参与度"这一单一因子，其中在城市和农村调查中的特征值分别为2.4和2.7。因子分析情况具体见表2—1和表2—2所示。

表2—1　　　　　　公民政治参与度的因子分析（城市样本）

| 针对城市居民样本的调查问题 | 旋转因子载荷 |
| --- | --- |
| 1. 参加各种有关党政工作的民主评议活动 | **0.815** |
| 2. 参加向政府部门进言献策等活动（包括参与政府网站的意见咨询） | **0.762** |
| 3. 参加各种政治选举（如选举人大代表）活动 | **0.744** |
| 4. 参加社区业主委员会选举活动 | **0.632** |
| 5. 在线参与社会热点讨论（如微博、论坛） | **0.421** |

注：0.40以上的载荷用粗体表示。

表2—2　　　　　　公民政治参与度的因子分析（农村样本）

| 针对农村居民样本的调查问题 | 旋转因子载荷 |
| --- | --- |
| 1. 参与村干部的民主评议活动 | **0.863** |
| 2. 参与村级基层组织选举活动 | **0.845** |
| 3. 参加村民代表大会 | **0.833** |
| 4. 参与各类政策、法律宣讲活动 | **0.747** |

注：0.40以上的载荷用粗体表示。

变量"社会信任（人际信任）"的衡量是通过一系列关于对家庭成员、亲戚、亲密朋友、一般朋友、邻居、教师、律师、学者、医生、同事、上级领导、网友和陌生人等群体的信任程度进行测量的。具体测量的问题如："您对下列对象的信任程度如何？如家庭成员、朋友、医生等。"问题的回答分别为"非常不信任""比较不信任""无所谓信任与否""比较信任"和"非常信任"李克特五个层级，分别被赋值为1、2、3、4和5分。分值越高，表明人与人之间的社会信任水平就越高。通过因子分析方法，分别从城市和农村调查中选择了16个和17个问题项，每个调查生成三个因子，并被分别定义为"亲朋信任""专家信任（如老师和医生等）"和"其他信任（如陌生人等）"（具体见表2—3和表2—4所示）。所有城乡调查中的三个组成部分的特征值均大于1.80。

表2—3　　　社会信任（人际信任）因子分析（城市样本）

| 针对城市居民样本的调查问题 | 旋转因子载荷 | | |
|---|---|---|---|
| | 对亲朋好友的信任 | 对专业人员的信任 | 对其他人的信任（商业往来或陌生人） |
| 1. 对媒体工作者的信任程度 | **0.768** | 0.048 | 0.039 |
| 2. 对专家教授的信任程度 | **0.759** | 0.043 | 0.073 |
| 3. 对法官的信任程度 | **0.749** | 0.047 | 0.069 |
| 4. 对中小学教师的信任程度 | **0.742** | 0.103 | 0.005 |
| 5. 对新闻记者的信任程度 | **0.622** | 0.116 | 0.083 |
| 6. 对企业技术人员的信任程度 | **0.620** | 0.114 | 0.079 |
| 7. 对亲属的信任程度 | 0.103 | **0.775** | 0.050 |
| 8. 对亲密朋友的信任程度 | 0.080 | **0.739** | 0.109 |
| 9. 对直系亲属的信任程度（如祖父母，祖孙等） | 0.069 | **0.701** | -0.073 |
| 10. 对一般朋友的信任程度 | 0.070 | **0.693** | 0.300 |
| 11. 对核心家庭成员的信任程度（如儿子/女儿，妻子/丈夫） | 0.058 | **0.614** | -0.105 |
| 12. 对邻居的信任程度 | 0.130 | **0.573** | 0.318 |
| 13. 对生产商的信任程度 | 0.221 | 0.014 | **0.803** |
| 14. 对销售商的信任程度 | 0.190 | 0.027 | **0.803** |
| 15. 对陌生人的信任程度 | -0.063 | 0.085 | **0.730** |
| 16. 对网友的信任程度 | -0.001 | 0.122 | **0.725** |

注：0.40以上的载荷用粗体表示。

表2—4　　　社会信任（人际信任）因子分析（农村样本）

| 针对农村居民样本的调查问题 | 旋转因子载荷 | | |
|---|---|---|---|
| | 对专业人员的信任 | 对亲朋好友的信任 | 对其他人的信任（商业往来或陌生人） |
| 1. 对专家教授的信任程度 | **0.784** | 0.104 | 0.075 |
| 2. 对媒体工作者的信任程度 | **0.775** | 0.093 | 0.079 |
| 3. 对中小学教师的信任程度 | **0.770** | 0.132 | 0.034 |
| 4. 对企业技术人员的信任程度 | **0.675** | 0.171 | 0.053 |

续表

| 针对农村居民样本的调查问题 | 旋转因子载荷 | | |
|---|---|---|---|
| | 对专业人员的信任 | 对亲朋好友的信任 | 对其他人的信任（商业往来或陌生人） |
| 5. 对法官的信任程度 | **0.672** | 0.071 | 0.093 |
| 6. 对新闻记者的信任程度 | **0.625** | 0.092 | 0.138 |
| 7. 对有血缘关系的亲属的信任程度 | 0.115 | **0.772** | 0.135 |
| 8. 对直系亲属的信任程度（如祖父母，祖孙等） | 0.148 | **0.739** | -0.056 |
| 9. 对无血缘关系的亲属的信任程度 | 0.040 | **0.730** | 0.264 |
| 10. 对核心家庭成员的信任程度（如儿子/女儿，妻子/丈夫） | 0.137 | **0.660** | -0.108 |
| 11. 对远房亲戚的信任程度 | 0.087 | **0.628** | 0.312 |
| 12. 对亲密朋友的信任程度 | 0.151 | **0.558** | 0.248 |
| 13. 对生产商的信任程度 | 0.171 | 0.080 | **0.826** |
| 14. 对销售商的信任程度 | 0.133 | 0.068 | **0.819** |
| 15. 对村干部的信任程度 | 0.240 | 0.169 | **0.640** |
| 16. 对老板的信任程度 | 0.119 | 0.266 | **0.635** |
| 17. 对陌生人的信任程度 | -0.103 | 0.012 | **0.532** |

注：0.40以上的载荷用粗体表示。

另一个变量是"公共服务质量的认知"。在城乡调查中，主要通过调查民众对政府不同种类公共服务供给的满意程度。具体测量的问题如下：您对下列公共服务的满意程度如何？包括社会救助、司法制度、环境保护、食品标准监督、医疗保险、保障性住房供应、慈善事业、赈灾救灾、劳动就业和社会保障服务、户籍制度和养老保险服务等。具体回答仍采用李克特五级量表，分别为"非常不满意""比较不满意""无所谓满意与否""比较满意"和"非常满意"，分别被赋值为1、2、3、4和5分。分值越高，民众对政府公共服务质量满意度越高。通过对上述问题做因子分析，共获得一个因子"公共服务质量的认知"，其中城市调查的特征值为6.46，而农村调查中的特征值为4.61（详见表2—5和表2—6）。

表 2—5　　　公共服务质量的认知的因子分析（城市样本）

| 针对城市居民样本的调查问题 | 旋转因子载荷 |
| --- | --- |
| 1. 对政府社会救助制度建设的评价 | **0.796** |
| 2. 对政府司法制度建设的评价 | **0.790** |
| 3. 对政府慈善事业建设的评价 | **0.784** |
| 4. 对政府养老保险制度建设的评价 | **0.782** |
| 5. 对政府医疗保险制度建设的评价 | **0.769** |
| 6. 对政府劳动就业服务的评价 | **0.734** |
| 7. 对政府环境保护职能的评价 | **0.731** |
| 8. 对政府户籍制度建设的评价 | **0.722** |
| 9. 对政府保障性住房建设的评价 | **0.721** |
| 10. 对政府义务教育职能的评价 | **0.704** |
| 11. 对政府食品监管职能的评价 | **0.649** |
| 12. 对政府抗震救灾职能的评价 | **0.592** |

注：0.40 以上的载荷用粗体表示。

表 2—6　　　公共服务质量的认知的因子分析（农村样本）

| 针对农村居民样本的调查问题 | 旋转因子载荷 |
| --- | --- |
| 1. 对政府司法制度建设的评价 | **0.745** |
| 2. 对政府养老保险制度建设的评价 | **0.734** |
| 3. 对政府医疗保险制度建设的评价 | **0.725** |
| 4. 对政府社会救助制度建设的评价 | **0.712** |
| 5. 对政府户籍制度建设的评价 | **0.702** |
| 6. 对政府环境保护职能的评价 | **0.690** |
| 7. 对政府义务教育职能的评价 | **0.688** |
| 8. 对政府抗震救灾职能的评价 | **0.655** |
| 9. 对政府慈善事业建设的评价 | **0.636** |
| 10. 对政府食品监管职能的评价 | **0.456** |

注：0.40 以上的载荷用粗体表示。

关于变量"对政府行为的认知"，主要用来测量民众对各类政府活动的认可程度，其中政府活动类型涵盖了公共政策的制定和实施，政府公务员的招聘和选拔以及公务员绩效能力的表现。对具体问题的回答采用李克特五级量表形式,从"非常不同意"到"非常同意",并被分别赋值为1、2、3、4和5分。分值越高,表明民众对政府行为的认知与评价越高。通过因子分析方法,城市数据和农村数据各获得一个因子"对政府行为的认知"(特征值都超过2.70)。(具体因子分析结果见表2—7和表2—8所示)

表2—7　　　　对政府行为的认知的因子分析(城市样本)

| 针对城市居民样本的调查问题 | 旋转因子载荷 |
| --- | --- |
| 1. 当前国家的民主建设形势比较好 | **0.796** |
| 2. 政府的工作报告是真实可信的 | **0.783** |
| 3. 大部分政府官员都是人民公仆 | **0.759** |
| 4. 政府的财政开支是按照政府的财政预算,每笔钱都花到了实处 | **0.757** |
| 5. 政府制定的政策能代表大多数人的利益 | **0.721** |

注:0.40以上的载荷用粗体表示。

表2—8　　　　对政府行为的认知的因子分析(农村样本)

| 针对农村居民样本的调查问题 | 旋转因子载荷 |
| --- | --- |
| 1. 政府的财政开支是按照政府的财政预算,每笔钱都花到了实处 | **0.823** |
| 2. 干部的选拔是公平的 | **0.787** |
| 3. 政府向老百姓公布的工作成果真实可信 | **0.778** |
| 4. 大部分干部都是为老百姓服务的 | **0.714** |
| 5. 政府制定的政策能代表大多数人的利益 | **0.590** |

注:0.40以上的载荷用粗体表示。

关于"政府腐败感知"变量,问卷中要求城乡居民回答他们在多大程度上同意以下观点:"中国大多数的政府公职人员都是腐败的"。问卷的回答采用李克特五级量表从"非常不同意"到"非常同意",并被赋值为1、2、3、4和5分。分数越高,表示受访民众认为政府公务员越不腐败。

关于变量"对中国经济发展状况的认知",受访者被要求通过评估以下问题来表明他们对中国经济形势的评价:"目前,中国的经济发展状况非常好。"问题的回答也采用李克特五级量表形式,从"非常不同意"到"非常同意",并被赋值为1、2、3、4和5分。分值越高,表明普通居民对我国经济发展情况越认可。

关于"媒体的影响"变量,在城市和农村调查中也通过一个单一问题进行测量:"您在日常生活中经常观看或阅读新闻的频率是多少?"对该问题的回答从"从不""偶尔""经常""频繁"和"每天",并被分别被赋值为1、2、3、4和5分。分值越高,表明观看和阅读新闻的频率越高,受媒体宣传影响的可能性越大。

此外,社会人口统计学变量,在本书中主要包括性别、年龄、受教育程度和政治面貌等。性别包括男性和女性两类,年龄主要包括18—40岁、41—65岁和65岁以上三个年龄组。教育程度主要包括低教育水平(高中及以下)和高教育水平(大专及以上)两个组,而政治面貌主要包括中共党员和其他群体两类(如群众、九三学社、民盟等其他民主党派)。

## 三 基于民众视角的问卷调查与定量数据分析

首先,为确保研究过程的严谨和研究结果的科学性,有必要对测量的有效性和可靠性两个方面进行反思。在本项研究中,主要检验了两种有效性类型:即内容有效性和结构有效性。内容有效性通常可以通过专家的判断来实现。在本书中,问卷项目和相关实施过程由南京大学的专家团队创建、审查并执行,研究小组成员被要求就调查项目的清晰度和关系发表意见,并对措辞、顺序、复杂程度和项目代表性进行了一些修改,具有较高的内容有效性。关于结构有效性,侧重于研究中的概念和与其相关的构造或理论之间的逻辑关系。确保结构有效性的一种方法是采用因子分析方法进行检验。它尤其适用于理解一组变量的结构,构建调查问卷以测量基础变量,以及将数据集减少到可管理的大小模式,又同时保留尽可能多的原始信息[①]。在本项关于政府信任的研究中,使用了最大方差正交旋转法的主要成分分析,并分别从城市和农村样本数据中产生了七个主要成分因子。此外,每个因子的可接受载荷为0.40或更高。

在本项政府信任的研究中,我们采用α信度系数测量数据的可靠性。具体而言,公民政治参与度、社会信任和政府公共服务供给表现的α信度系数大于0.70(城市样本为0.70,农村样本为0.84),后两者在样本中的α系数均为超过0.84,这意味着研究拥有较高的可靠性。然而,对政府活动质量评价的认知具有相对较低的可靠性,α信度系数为0.65,但基于德弗里斯(Robert F. Devellis)[②] 设计的标准,这一指标也是可接受的。

---

[①] Andy Field, *Discovering Statistics Using IBM SPSS Statistics*, Sage, 2013.

[②] Robert F. Devellis, *Scale Development: Theory and applications*, London: Sage Publications, 2003.

针对城市和农村问卷的数据，研究者将主要通过描述性统计、因子分析和有序逻辑斯蒂回归分析的方法对数据进行分析。通过对城乡总体样本进行描述性统计发现女性受访者多于男性，分别占52.2%和47.5%。调查还显示，样本中的大多数受访者的受教育程度较低（低于大专学历的受访者占比70.1%），这反映了当前的教育情况，即根据2010年的第五次全国人口普查，调查数据中的受教育程度较高（高中以上学历）的公民人数仅占总人口的8.93%。具体而言，只有3.4%的受访者拥有研究生学位，13.2%的受访者拥有本科学位。至于受访者的年龄，超过一半的样本受访者都在40岁以下。30岁以下的年轻人是最大的受访群体（31.4%），其次是31—40岁群体（23.8%）；而年龄"超过61岁"是最小受访比例的年龄组别，仅占整个样本的8.4%。在政治面貌方面，城市和农村样本的受访者根据他们目前或最近的政党隶属关系（共产党，普通民众和其他党派，如共青团，中国民主同盟等）被分为三类。其中，群众作为城乡样本中绝大多数的受访者，占比72.2%，而其他两个政治面貌类别的受访者共占27.8%。

表2—9还显示出城市和农村样本中的女性受访者略多于男性。就受教育程度而言，如表2—9所示，大部分受访者的教育水平处于普通水平，特别是农村样本中，94.4%的受访者只完成了九年义务教育，而这一情况在城市样本受访者中有约一半（52.7%）。相反，虽然47.3%的城市样本受访者接受了高等教育，但只有5.6%的农村样本接受了高等教育。在年龄方面，城市样本中30岁以下受访者的比例明显高于农村样本，而农村样本中41—50岁的受访者群体比重较大。关于样本受访者的政治面貌，属于非特定群体的普通群众在两个受访者样本中占绝大多数，分别占农村和城市样本的85.1%和63.1%，而其他两个政治面貌类别共占少数，其中包含中国共产党和其他民主党派的少数政治面貌类别的受访者在城市样本中的比例高于农村样本。相反，农村样本中的普通群众数量比例高于城市样本中的比例。

表2—9 城乡样本的社会人口统计数据

| 人口统计学特征 | | 整个样本的有效百分比（4990） | 农村样本的有效百分比 | 城市样本的有效百分比 |
| --- | --- | --- | --- | --- |
| 性别 | 男性 | 47.5 | 48.9 | 46.4 |
| | 女性 | 52.2 | 50.4 | 53.6 |

续表

| 人口统计学特征 | | 整个样本的有效百分比（4990） | 农村样本的有效百分比 | 城市样本的有效百分比 |
|---|---|---|---|---|
| 受教育程度 | 研究生学历 | 3.4 | 0.2 | 5.7 |
| | 本科学历 | 13.2 | 2.0 | 21.2 |
| | 大专学历 | 13.3 | 3.4 | 20.4 |
| | 其他 | 70.1 | 94.4 | 52.7 |
| 年龄 | 30岁及以下 | 31.4 | 23.3 | 37.1 |
| | 31—40 | 23.8 | 25.8 | 22.5 |
| | 41—50 | 22.2 | 28.0 | 18.0 |
| | 51—60 | 14.2 | 14.4 | 14.0 |
| | 61岁及以上 | 8.4 | 8.5 | 8.4 |
| 政治面貌 | 中国共产党 | 14.7 | 8.2 | 19.3 |
| | 群众 | 72.2 | 85.1 | 63.1 |
| | 其他党派 | 13.1 | 6.7 | 17.6 |

鉴于因变量"地方政府信任"的有序属性，本书采用有序逻辑回归分析来检验影响不同层级政府（特别是地方政府）信任水平的因素。从分别针对城市居民和农村居民的两个独立数据库中提取自变量和控制变量分别被放入有序逻辑回归模型进行分析。

## 第三节 定性研究：基于公务员的访谈

作为混合方法设计的第二个组成部分，本书采用定性研究方法探究地方政府公务员对地方政府公信力模式的方法，并探讨他们对地方政府公信力影响因素的态度，从而回答本研究中要解决的地方政府信任模式与影响因素的两个研究问题。涉及的详细数据收集和数据分析方法将在本节一一进行描述。

### 一 数据收集：场域、访谈设计与访谈实践

1. 数据收集的场域

在理想的情况下，地方政府公务员的数据收集应当同样在收集普通居民定量数据的六个城市中进行，从而保证公务员的调查观点反馈与普通居

民的调查数据相匹配。然而，对于单个研究者来说，进行上述理想状态下、覆盖如此广阔的中国地区的调研是几乎不可能完成的。因此，本书选择一个特定城市——Q 市进行地方政府公务员访谈数据的收集。选择 Q 市做调研的另一个原因是基于受访政府公务员的可及性与可获得性。公众对政府信任的话题被看作是一个相对敏感的话题，政府公务员通常不愿意接受访谈，这在我国政府内部是一种普遍现象。怎样获得采访地方政府公务员的机会是作为博士生的初级研究者面临的重大挑战，特别是对于地方政府公众信任的研究。因此，本着数据的可获得性原则，能通过个人关系网络获得地方政府公务员的认可并接受访谈也是在 Q 市进行实证调研的重要途径。

2. 地方政府公务员的筛选、访谈过程及注意的问题

本研究主要选取了 Q 市政府的六个部门，具体包括：信访局、纪检局、教育局、文化局、公共卫生事业局和住房管理局的公务员作为访谈对象。这些部门都是我国地方政府的主要机构，且与普通居民的生活息息相关。研究对象涉及三个层级的地方政府公务员，包括城镇/街道办事处层级，市政府的区/县层级和市级政府。在熟人的帮助下，笔者联系并获得 Q 市副市长在内的市政府高层领导对研究主题的认可和支持。然后，笔者联系了不同层级政府的六个抽样政府部门的相关负责人，与每个部门负责人之间就可能的受访公务员数量和具体访谈情况进行了深入的讨论，并最终确定了被访谈的对象、访谈地点和访谈日期。

面对面的半结构化访谈方法被认为是本研究收集所需信息的最合适方法。通过采用半结构式访谈法，可以通过深入交流不断完善访谈的提纲和内容，深入地了解政府公务员对政府公众信任问题的看法，以更好地解决研究问题。有目的性的抽样选择是基于研究人员对相关部门和个人的评价判断形成的——符合帕顿（Michael Q. Patton）[1] 对研究抽样设计的建议。抽样过程起始于对地方政府部门的选择抽样，然后对每个部门的公职人员个体进行选择性、目的性抽样。

在进行正式访谈之前，为每一位受访者分发了一份关于本项研究介绍的知情同意书和承诺书，向受访者解释研究的保密性和其他可能涉及的道德因素等。正式访谈之前还为受访者提供了访谈提纲，向受访者详细介绍所涉及的问题。

---

[1] Michael Q. Patton, *Qualitative Research and Evaluation Methods*, Thousand Oaks, CA: Sage, 2002.

为了确保受访公务员的舒适度、安全感以及访谈内容保密性,以便受访者能够更加坦率地表达他们的观点,我们把访谈地点定在受访公务员的办公室。在上级领导者的许可下,所有受访政府公务员都表示愿意积极参与访谈,并同意对地方政府公信力相关话题展开探讨。受访公务员从他们的直接经验或发生的事件为访谈提供了丰富的案例资料。尽管一些访谈持续时间较长,但是大多数受访者都很高兴有这次机会与研究者分享他们的经验和观点,并且乐于在这一研究主题投入时间并分享想法。总的来说,受访公务员都认为这一研究主题对于中国地方政府的未来发展十分重要,这一系列的访谈结果比预期情况更好。

研究者在每次访谈开始前都会向受访公务员明确说明访谈都采取匿名形式——既不记录受访者的姓名,也不记录他们所属政府部门的名称。访谈之前正式告知被访谈人出于信息搜集的需要,访谈过程全程录音,25名受访者同意接受录音,5名受访公务员拒绝录音,只能通过现场记录的形式获取有效信息。每个访谈大约持续60—90分钟,每次访谈结束之后研究者都会把录音转成文字,并对文字内容进行编码,以便进行后期的数据分析。

最终共有30名政府公务员接受了本项研究的访谈,其中7名是城镇和街道办事处的公务员,15名是区县层级的公务员,8名是市级政府的部门公务员。数据饱和度是我们决定访谈是否进行的重要标准。从时间上来说,整个访谈数据收集过程共花费三个月的时间(2012年9月2日到2012年12月2日)。

在中国,上述30位受访者都经常被描述为精英阶层人员,即指"一群在社会中拥有或享有特权地位并且可能比一般民众对政治结果产生更大影响的人"[1]。正如布祖克(Bozoki)所说,这样的精英阶层包括那些接近并掌握行政权力并能决定或影响政策制定过程的人。对此类精英人群的访谈一般被认为是有利于获得对政府运作原理更深刻的理解,进而对没有被广泛讨论或研究过的事物和问题得出新的见解。精英阶层的访谈还可以帮助提供对正式出版的文件或政策提案的更丰富的见解,特别是在特定政策的背景下对政府内部某些关键公职人员的潜在态度、价值观和信条等方面的理解。然而,这种访谈也存在潜在的问题,不仅在于获得访谈的途径问题[2],并且还在于访谈者与受访者之间的地位不平等性。

---

[1] D. Richards, "Elite interviewing: Approaches and pitfalls", *Politics*, Vol. 16, No. 3, 1996.
[2] Ibid..

而对于 Q 市的实地访谈来说，如何与被访谈政府公务员建立联系确实也是实际研究中需要正视的重要问题。鉴于中国普遍存在的威权文化和政治环境，特别随着互联网时代的到来，在未经上级领导事先许可的情况下，地方政府公务员通常不会公开向公众表达自己的观点，这对于本研究的定量调研数据的获取着实是一项重大挑战。在这种情况下，与政府官员建立融洽的关系并获得相关许可对于实地调查的顺利进行来说至关重要。也就是说，在中国，正如许徐（Madeline Y. Hsu）[1]认为的那样，人际关系和关系网络在实践中经常被发现是比官方渠道更重要的获取信息的方式。

此外，研究者与受访者的地位不平等是本项研究面临的另一个重大挑战。本项研究中的地方政府公务员代表的这一类群体，他们可以决定是否接受访谈，是否继续或终止访谈，或者拒绝回答某些特定问题。因此，研究者必须非常注意与每位受访公务员建立并维持良好的关系，这种关系的建立与维持不仅要在访谈之前，而且更重要的是在每次访谈期间。根据奥斯特兰特（Susan A. Ostrander）[2]的观点，在这种研究背景下潜在的风险是访谈者失去对访谈方向和范围的控制，而受访者开始主导并决定访谈覆盖的问题范围和重点。为了避免这样的问题，访谈人员需要向受访者展示他们在该研究领域的能力和专业知识，展示对访谈对象、访谈部门与访谈主体的理解情况，并赢得受访者对研究者在专业知识储备和访谈相关准备的认可，以增强其对研究课题的信心。能够清晰简明地阐释研究目的对于建立研究可信度并吸引受访者的兴趣和关注度来说至关重要。[3]

由于受访者和访谈员之间可能存在的地位不平等，另两个可能产生的潜在问题也需要被提前考虑。其一，受访者存在说谎话的可能，比如采用更理想化或更官方的词语来回答访谈问题[4]；其二，受访者回应访谈问题

---

[1] Madeline Y. Hsu, *Dreaming of Gold, Dreaming of Home: Transnationalism and Migration between the United States and South China, 1882 – 1943*, Stanford, CA: Stanford University Press, 2000.

[2] Susan A. Ostrander, "Surely You're Not in This Just to Be Helpful: Access, Rapport, and Interviews in Three Studies of Elites", *Journal of Contemporary Ethnography*, Vol. 22, No. 1, 1993.

[3] G. Rivera, S. Elliott, L. S. Caldas, G. Nicolossi, V. T. Coradin, R. Borchert, "Increasing Day-length Induces Spring Flushing of Tropical Dry Forest Trees in the Absence of Rain", *Trees*, Vol. 16, No. 7, 2002.

[4] Jeffery M. Berry, "Validity and Reliability Issues in Elite Interviewing", *Political Science and Politics*, Vol. 35, No. 4, 2002.

时的肢体语言和仪态表现（比如简短的回复、表现出不适、热情的或沮丧的仪态表现）可以对研究问题或精英阶层的普遍观点和态度提供重要的补充线索。① 如何对受访者的访谈内容进行辨识及正确理解与解读访谈过程中的肢体行为对研究者来说也是一个挑战。

## 二　访谈数据的主题分析

主题分析，作为一种被广泛使用的定性数据分析方法，是指按主题对访谈中获得的定性数据进行识别、分析和报告的研究方法②，是一种试图从复杂的访谈数据中揭示更微妙、更细致的关系的研究方法。③

除了统计特定的词汇和短语之外，主题分析还提供了一种更严格的方法来识别和探索数据中那些明显和潜在的观点。主题分析被定义为一种信息分析模式，最简单的可以被用作描述可能的研究结果，而最复杂的可以做到解释被调查现象的各方面信息。④ 它由一组相关联的主题类别组成，即由在特定研究问题的定性数据中表现出的相似观点和回应模式组成。一般来说，主题可以从原始数据中归纳而来⑤或者从理论或已存在的研究中产生。⑥

为了从政府公务员的访谈记录中抽取出有意义的主题，本研究借助 Nvivo 9 分析软件进行数据编码和分析——这是一个综合性定性数据分析软件包。该软件可用于梳理和分析访谈内容、田野调查记录、文献资料文本和其他类型的定性数据，包括图像、音频和视频文件等。更具体地说，使用 Nvivo 9 需要生成项目，导入文档和节点以及对属性进行编码，形成

---

① G. Rivera, S. Elliott, L. S. Caldas, G. Nicolossi, V. T. Coradin, R. Borchert, "Increasing Day-length Induces Spring Flushing of Tropical Dry Forest Trees in the Absence of Rain", *Trees*, Vol. 16, No. 7, 2002.

② Virginia Braun, Victoria Clarke, "Using Thematic Analysis in Psychology", *Qualitative Research in Psychology*, Vol. 3, 2006; Mohanmmed I. Alhojailan, "Thematic Analysis: A Critical Review of Its Process and Evaluation", in *WEI International European Academic Conference*, 2012, pp. 8–21.

③ Richard E. Boyatzis, *Transforming Qualitative Information: Thematic Analysis and Code Development*, Thousand Oaks, London, and New Delhi: SAGE Publications, 1998.

④ Ibid..

⑤ Hannah Frith, Kate Gleeson, "Clothing and Embodiment: Men Managing Body Image and Appearance", *Psychology of Men and Masculinity*, Vol. 5, No. 1, 2004.

⑥ Richard E. Boyatzis, *Transforming Qualitative Information: Thematic Analysis and Code Development*, Thousand Oaks, London, and New Delhi: SAGE Publications, 1998; N. Hayes, "Theory-led Thematic Analysis: Social Identification in Small Companies", in N. Hayes, Ed. *Doing Qualitative Analysis in Psychology*, Hove, UK: Psychology Press, 1997, pp. 93–114.

关系网络、主题模型、相关问题并最后进行报告。

具体而言，本研究遵循布朗（Virginia Braun）和克拉克（Victoria Clarke）提出的主题分析六个阶段程序进行数据分析。[1] 在第一阶段，"数据熟悉阶段"中，访谈资料被转录为书面文本形式并以 Microsoft Word 的格式进行保存。正如里斯曼（Catherine K. Riessman）所提到的那样，这是研究人员熟悉数据的一种特别有效的方法。[2] 为此，笔者重复阅读了四遍访谈资料并进行整理，以便更好地理解访谈数据，并且在阅读的同时通过做笔记写下一些关键的观点和想法，并对访谈问题的回答进行总结和反思，尤其是与本研究的特定研究问题有关的数据。

正式编码过程是主题分析的第二阶段，也被称为"初始代码的生成"。布朗和克拉克依认为，这一分析阶段主要是指从转录的访谈数据中产生初始代码——每个代码都与原始数据的基本元素相对应。[3] 根据这种方法，将所有与地方政府信任模式有关以及公信力影响因素相关的词汇、句子或者段落逐一进行编码。这是一个系统的过程，在初始代码的生成阶段，各方面的数据都得到同等程度的关注。作为主题分析的基石，大量初始访谈数据被进行了命名和标注，并根据 Nvivo9 软件的帮助，在此阶段生成了大量的自由节点。

在编码过程之后，主题分析进入下一阶段，即"主题的搜索"。这涉及将不同的代码归类成潜在的主题，并在所识别的主题内提取并整理所有相关的编码数据。[4] 基于概念之间的关系将各种概念或代码分组为不同的解释类别。一些代码被分类为主要主题，一些代码被分为二级子主题，还有一些与本次研究问题没有明显关系的编码。在这一分析阶段所有的编码都将被保留，并被视为临时代码。虽然某些代码有可能最终被证明不适合本研究主题，但是有些代码最后却被发现可以跟别的代码合成本书需要的主题。根据本书中各问题回应类别的特点，在此阶段将进一步通过梳理类别形成相关主题。在 Nvivo9 软件中，树节点以分层结构的形式被生成，并清晰展示了在各种主题、子主题和一些代码之间存在的关系。

---

[1] Virginia Braun, Victoria Clarke, "Using Thematic Analysis in Psychology", *Qualitative Research in Psychology*, Vol. 3, No. 2, 2006.

[2] Catherine K. Riessman, *Narrative Analysis*, Newbury Park, CA: Sage, 1993.

[3] Virginia Braun, Victoria Clarke, "Using Thematic Analysis in Psychology", *Qualitative Research in Psychology*, Vol. 3, No. 2, 2006.

[4] Ibid..

下一阶段涉及对编码数据的提取和对整个数据集的"审查主题并进一步完善"。此外,正如帕顿(Michael Q. Patton)所论述,为了获得简洁和连贯的主题,一个关键问题在于"内部和外部的同质性"①。这意味着要将主题内的数据有意义地凝聚在一起,而不同主题之间需要明确区分彼此。当将这一客观要求应用于本书时,一些最初确定的主题需要进一步的思考和改变。有些主题被分解为两个或更多的独立主题,而另一些主题则被合并为一个。这一阶段最终形成了一个连贯的主题图,突出了各项主题与次主题之间的关联。

紧接着在主题分析的下一阶段"主题的定义与命名"中,主要是简明扼要地捕捉每个主题的本质并进行相应的命名。正如布朗和克拉克所强调的那样,主题的定义与命名需要与研究问题密切相关。② 最后一个阶段是"主题分析与报告",将对所有产生的主题以及主题之间的逻辑联系进行汇报并展出,形成最终的分析报告。总之,本书最终共形成九个主题,其中三个主题与地方政府的信任模式相关,另外六个主题主要关注影响地方政府公信力的因素。具体内容将在第四章中进行详细介绍。

虽然主题分析通常被认为是一种线性的、循规蹈矩的分析程序,但它也被认为是一个不断迭代和反思的分析过程,特别是在研究编码和主题生成阶段。正如布朗和克拉克所论述的那样,在产生连贯和简洁的主题的过程中,需要对编码、子主题和主题的异同进行不断的比较分析③,其中研究者对数据的思考、解释、疑惑等相关的笔记和备忘录在分析过程中发挥重要作用。

## 第四节 学术研究中的道德问题:反思与实践

在本项研究中,与所有社会科学的研究一样,应该对可能涉及的各种道德伦理问题进行讨论。④ 显然,在涉及人类或动物的任何研究中,避免对研究对象造成伤害是一个明确的道德要求,但更常见的是在社会科学研

---

① Michael Q. Patton, *Qualitative Evaluation and Research Methods*, Newbury Park, CA: Sage, 1990.
② Virginia Braun, Victoria Clarke, "Using Thematic Analysis in Psychology", *Qualitative Research in Psychology*, Vol. 3, No. 2, 2006.
③ Ibid..
④ A. Bryman, *Social Research Methods*, New York: Oxford University Press, 2008.

究中（包括本书）需要着重关注访谈过程的开放性与诚实性，确保对受访者的保护，并且向受访者清晰表述本书的目的，以保证受访者参与研究的自愿性。

在这种情况下，访谈开始之前应保证所有受访者的知情权，获得受访者的同意，并且每次访谈都应以口头介绍研究目的作为访谈的开始，同时向受访者保证访谈者信息的匿名性和个人隐私的机密性[1]，向被访者保证所有个人数据的安全性，并且在研究形成的包括本书在内的所有出版物中，都不可能泄露任何受访者的个人信息。[2] 为了更好地落实参与者的知情权，调研者应向参与者提供尽可能多的前瞻性信息，以便他们做出是否参与本项研究的决定。[3] 此外，被访谈对象还应了解他们所涉及的研究的性质和后果。[4] 因此，在本研究中，笔者为每一位潜在的访谈参与者设计了对应的研究信息介绍表和知情承诺书，同时也向受访者表明研究者希望进行访谈录音的愿望，并给予受访者在访谈过程的任何阶段都可以拒绝的权力。

除了上述道德考虑外，迪纳（Edward Diener）和克兰德（Rick Crandall）还强调了在数据收集过程中避免使用欺骗性做法的重要性。[5] 如果要以合乎道德的方式设计和开展研究，也需要避免任何可能存在的欺骗可能性。通过坦诚沟通，研究人员应逐步与受访者建立融洽的关系，从而获得研究所需的高质量数据。

除此之外，本研究使用的二手的问卷调查数据中存在两个需要讨论的伦理问题。其一是关于使用二手数据作为研究来源的问题。[6] 正如约翰逊（David H. Johnson）和萨布林（Michel E. Sabourin）所论证的那样，只要

---

[1] A. Bryman, *Social Research Methods*, New York: Oxford University Press, 2008; David A. De Vaus, *Research Design in Social Research*, Thousand Oaks: Sage, 2001; Norman K. Denzin, Yvonna S. Lincoln, *Handbook of Qualitative Research*, Thousand Oaks, CA, Sage, 2011; Edward. Diener, Rick Crandall, *Ethics in Social and Behavioral Research*, University of Chicago Press, Chicago, 1978.

[2] Norman K. Denzin, Yvonna S. Lincoln, *Handbook of Qualitative Research*, Thousand Oaks, CA: Sag, 2011.

[3] A. Bryman, *Social Research Methods*, New York: Oxford University Press, 2008.

[4] Norman K. Denzin, Yvonna S. Lincoln, *Handbook of Qualitative Research*, Thousand Oaks, CA: Sag, 2011.

[5] Edward Diener, Rick Crandall, *Ethics in Social and Behavioral Research*, University of Chicago Press, Chicago, 1978.

[6] Margaret Law, "Reduce, Reuse, Recycle: Issues in the Secondary Use of Research Data", *IASSIST Quarterly*, Vol. 29, No. 1, 2005.

二手数据被正确地匿名化处理并且所有二手数据中的个人可识别特征都进行了删除处理，这些二手数据就可以被研究者正常使用。① 在本书中，研究者获得的数据涵盖城市和农村样本的完整数据集，并已经删除了被调查对象的姓名和其他可识别的身份信息。另外一个需要考虑的问题是，数据进一步传播而可能泄露参与者信息而对参与者造成伤害。研究者已经向提供该二手数据的研究团队保证，未经事先许可，不会进一步向其他个人或组织传播所获得的二手数据，并始终由研究者安全地保存。二手数据的伦理问题在本项研究中被得到极大的重视。

本章详细阐述了为解决研究问题而选择的混合研究方法和相关设计，其中重点讨论并介绍了数据收集方法、数据分析方法和涉及的道德伦理问题。具体来说，本章讨论了基于实用主义哲学世界观的混合研究方法的设计与选择。一方面，使用一份来自中国城市地区和农村地区的大规模公共调查的二手定量数据（研究样本数量超过 5000 个）；另一方面，来自中国 Q 市地方政府不同层级的 30 名政府公务员的半结构化访谈的定性数据。然后，本章分别介绍了定量数据与定性数据的分析方法。最后，本章讨论了访谈的研究方法和使用二手数据所涉及的主要道德伦理问题。本书第三章和第四章分别介绍定量研究和定性访谈的实证研究结果。

---

① David H. Johnson, Michel E. Sabourin, "Universally Accessible Databases in the Advancement of Knowledge from Psychological Research", *International Journal of Psychology*, Vol. 36, No. 3, 2001.

# 第三章　谁更信任，谁更可信：农村、城市居民视角及其对比

本章关注普通民众对于地方政府的信任问题，其数据来源于中国国家社科基金资助项目"中国社会信用制度研究的调查"。建立在二手数据的基础上，本章对我国六个不同城市的普通民众受访者样本的数据进行了分析。具体来说，本章提出了三个研究目标：一是探讨我国四个层级地方政府的公信力模式（包括省、市、区/县和街道办事处/镇政府）；二是从普通民众视角出发，研究作为总体的地方政府的公信力影响因素；三是从普通民众视角出发，探究各层级地方政府信任变化的影响因素。

为了回答以上三个问题，本章将关注并探索以下三个问题：（1）普通公众对我国地方政府（总体）以及各层级地方政府的信任模式是什么？（2）哪些因素影响了普通公众对我国地方政府信任程度？（3）普通公众对不同层级地方政府持不同信任水平的主要影响因素是什么？

本章分为三个部分。第一部分通过描述性统计分析方法，探讨了公众对我国地方政府以及多层级地方政府的信任模式。第二部分采用有序逻辑斯蒂回归分析方法，对我国地方政府整体公信力的影响因素展开探究。此外，在本章的最后一个部分，我们讨论了为什么不同层级的地方政府的公信力模式存在差异，并从农村居民与城市居民的视角来分别讨论这个问题。在这一章的讨论中，我们不仅仅展示了我国普通公众对地方政府的普遍信任水平，也分别讨论了我国城市居民、农村居民的地方政府信任水平问题，并对二者进行了比较分析。这种城乡居民的对比研究在目前政府信任研究中较少涉及，而由于我国城市与农村居民之间在政治文化、经济收入、社会关系网络等方面所存在的巨大差异，讨论对城乡居民信任水平所产生的影响因素的异同，则对中国情景下地方政府信任研究有重要意义。

## 第一节 不同层级，不同信任：各级政府的信任模式

我国地方政府包含省、市、区/县和街道办事处/乡镇等四个层级。在政治权力、治理能力、经济资源等各个方面，不同层级的地方政府具有较大的差异性。其中，由于信息沟通的便捷性以及政府层级的不同，导致不同层级的地方政府与居民的政治互动能力及其对公众的回应和动员能力都存在差异性。受其影响，我国不同层级的地方政府信任水平与信任模式是否具有差异性？在这一部分，我们首先将城市和农村样本作为整体，讨论我国普通民众（包含城市与农村群体）对地方政府的总体信任模式。

### 一 多层级地方政府公信力模式

在4990名受访者中，有2915名城市居民以及2075名农村居民。为确保样本的纯粹，我们选择了那些没有公职经验或对政府公共事务内情没有深入了解的公众——即普通民众。在样本筛选的过程中，我们将那些曾任或正在任职于政府部门的公职人员排除在外，以确保该样本尽可能地以公众为中心，并且不受组织内专业视角的影响。在第四章中，我们会专门以地方政府公务员群体作为调查对象，从地方政府的公务员为视角，探究我国地方政府公信力的现状，以期与本章的研究群体与相应的研究结果对比分析。

在问卷调查中，针对城市和农村民众的调研都包含他们对五个不同层级政府（即中央、省、市、区/县和街道办事处/镇政府）的信任情况。调查采用李克特量五级量表来表达城市居民和乡村居民对政府的信任态度，从"非常不信任"到"不信任""无所谓信任不信任""信任"到"非常信任"，并将其分别赋值为1、2、3、4和5分。

表3—1展现了我国普通公众对不同层级政府信任状况的描述性统计分析。从表中可以看到，由于平均值的标准误差很小（接近于零），因此样本在很大程度上具有代表性。值得注意的是，数据显示，地方政府层级越高，公众信任的平均值就越高。无论在城市居民样本中还是在农村居民样本中，省政府信任水平的平均分值均高于其他三个层级，而层级最低的一级地方政府（街道办事处/镇政府）的信任水平的平均值却是最低的。

具体来说，城市居民对于街道办事处的信任水平平均值为 3.35，农村居民对于镇政府的信任水平平均值为 3.64，而对作为整体性的普通民众样本来说，其对最基层地方政府信任水平的平均值为 3.47。这一数据表明了在地方政府各层级中，省政府在城乡居民中具有最强的公信力，其次是市级政府，而最基层政府的公信力最低。此外与城市居民样本相比较，农村居民样本的政府信任平均值得分显著高于城市样本，这说明相比于城市居民而言，农村居民对我国各层级地方政府的信任水平更高。

表 3—1    我国多层级地方政府公信力的描述性统计：基于城乡居民样本

| | 中央政府公信力 | 省政府公信力 | 市政府公信力 | 区/县政府公信力 | 街道办事处/镇政府公信力 |
| --- | --- | --- | --- | --- | --- |
| 总体样本 | | | | | |
| 有效样本数量 | 4990 | 4987 | 4989 | 4984 | 4981 |
| 平均值 | 4.24 | 3.97 | 3.74 | 3.60 | 3.47 |
| 均值标准误差 | 0.013 | 0.014 | 0.015 | 0.016 | 0.016 |
| 标准差 | 0.930 | 1.002 | 1.084 | 1.116 | 1.122 |
| 方差 | 0.864 | 1.005 | 1.076 | 1.245 | 1.260 |
| 城市样本 | | | | | |
| 有效样本数量 | 2915 | 2913 | 2914 | 2911 | 2908 |
| 平均值 | 4.08 | 3.81 | 3.60 | 3.43 | 3.35 |
| 均值标准误差 | 0.018 | 0.019 | 0.020 | 0.020 | 0.019 |
| 标准差 | 0.966 | 1.012 | 1.062 | 1.079 | 1.044 |
| 方差 | 0.933 | 1.024 | 1.128 | 1.164 | 1.090 |
| 农村样本 | | | | | |
| 有效样本数量 | 2075 | 2074 | 2075 | 2073 | 2073 |
| 平均值 | 4.47 | 4.21 | 3.95 | 3.83 | 3.64 |
| 均值标准误差 | 0.018 | 0.021 | 0.024 | 0.025 | 0.026 |
| 标准差 | 0.824 | 0.939 | 1.083 | 1.126 | 1.205 |
| 方差 | 0.679 | 0.881 | 1.172 | 1.269 | 1.451 |

为了更形象地展示数据结果,我们将数据进行整合,将"非常不信任"和"不信任"的两级进行合并成为"不信任",将"信任"和"非常信任"的两级合并为"信任",保留"无所谓信任不信任",这样就形成三级量表"不信任""无所谓信任不信任"和"信任",并分别赋值1、2和3分。其中,获得的分值越高,表明民众对地方政府的信任程度就越高。

## 二 多层级政府信任模式探索:基于民众总体样本的分析

从图3—1所展示的数据中可以发现,包括中央政府以及地方各级政府在内,政府的层级越高,公众对其信任程度就越高。这一状况可以概括为我国公众对各级政府的差序信任模式。具体来说,约有55.7%的受访者表示信任最低层级的政府(镇政府或街道办事处),而对区/县级、市级、省级和中央等较高层级政府的信任水平更高,分别有60.1%、65.6%、75.1%和83.9%的受访者对其表示出了较高程度的信任感。这一结果与其他国际性的、全国性和区域性对中国居民信任状况的调查结果与发现并无相左。例如,世界价值观调查(2000年)、亚洲晴雨表调查(2002年、2006年和2008年)以及中国价值观和道德调查(2004年)对中国民众的信任状况的数据分析结果,也指向了这种差序政府信任模式。[1] 此外,图3—1也呈现出不信任度强度与不同政府层级之间的关系:普通公众对越低层级的政府表现出了越不信任的态度。具体来说,约20%的民众表示不信任街道办事处/镇政府,相比之下,只有9.3%的人对省政府表示了不信任。这一现象也与李连江关于我国地方政府的"差序信任模式"的理论主张是一致的,即中国民众更倾向于信任高层级的政府而非为他们直接提供公共服务、信息更加透明的低层级政府。[2]

---

[1] Jie Chen, *Popular Political Support in Urban China*, Stanford, CA: Stanford University Press, 2004; Lianjiang Li, "Political Trust in Rural China", *Modern China*, Vol. 30, No. 2, 2004; Lianjiang Li, "Rights Consciousness and Rules Consciousness in Contemporary China", *China Journal*, Vol. 64, 2010; Qing Yang, Wenfang Tang, "Exploring the Sources of Institutional Trust in China: Culture, Mobilization, or Performance?", *Asian Politics and Policy*, Vol. 2, No. 3, 2010.

[2] Lianjiang Li, "Hierarchical Government Trust in China", Paper Prepared for the *IIAS Study Group Workshop on Trust in Public Administration and Citizen Attitudes*, held in Seoul, Korea, December 11 – 12, 2012.

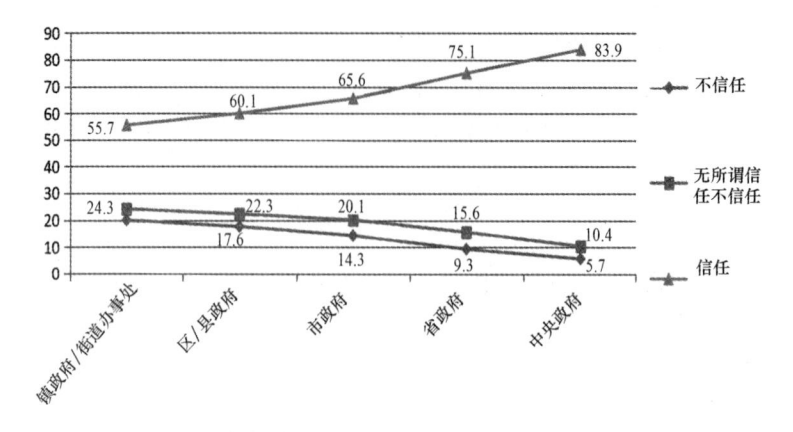

图 3—1  中国多层级政府信任模式

地方政府的差序信任模式在我国具有普遍适用性和解释力。然而，这一发现却展现了我国的独特性。基于日本、美国以及其他发达资本主义国家的研究表明，人们更加倾向于相信"近距离"的基层地方政府，而对于较高层级的政府的信任水平要远远低于低层级的政府。[①] 这一结论可能更加符合我们的普遍认知：毕竟低层级的政府的透明度与可接近性要远远高于高层级政府，而基于低层级政府的信息公开和共享以及与低层级政府的互动都会使公众产生对低层级政府的信任。然而我们的研究却揭示了中国与这些国家的不同之处：中国的公众更加信任"远距离""难接近"的高层级政府，而这一研究结果与中国的政治文化和制度惯性是密不可分的。

### 三 谁更信任地方政府：基于城市和农村居民的对比分析

我国的城市居民与农村居民谁更信任地方政府？由于制度传统与地理差异所带来的经济、文化与社会认同，可能会极大地影响两者的信任状况。图 3—2 与图 3—3 展现了两者对地方政府的信任模式。在城市居民样本中，只有 49.6% 的受访者对最低层级的地方政府（街道办事处）表示出信任态度，但有 68.9% 的受访者表示信任省政府，而高达 79.3% 的城

---

① Tyler Schario, David M. Konisky, "Public Confidence in Government: Trust and Responsiveness", *Public Policy Publications* (*MU*), 2008; R. L. Cole, J. Kincaid, "Public Opinion and American Federalism: Perspectives on Taxes, Spending and Trust", *Publius: Journal of Federalism*, Vol. 30, No. 1–2, 2000.

市居民表示信任中央政府。另外，近20%的城市受访者（即19.8%）表达了对街道办事处的不信任，但仅有11.1%的受访者对省政府表示出不信任。从最低层级的街道办政府到最高层级地方政府，即省级政府，其政府公信力水平稳步提升，呈现出清晰的直线上升态势。

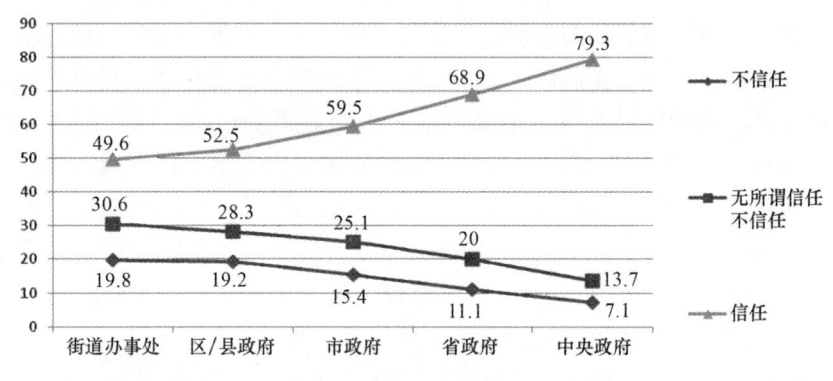

图3—2 多层级政府信任模式：基于城市样本

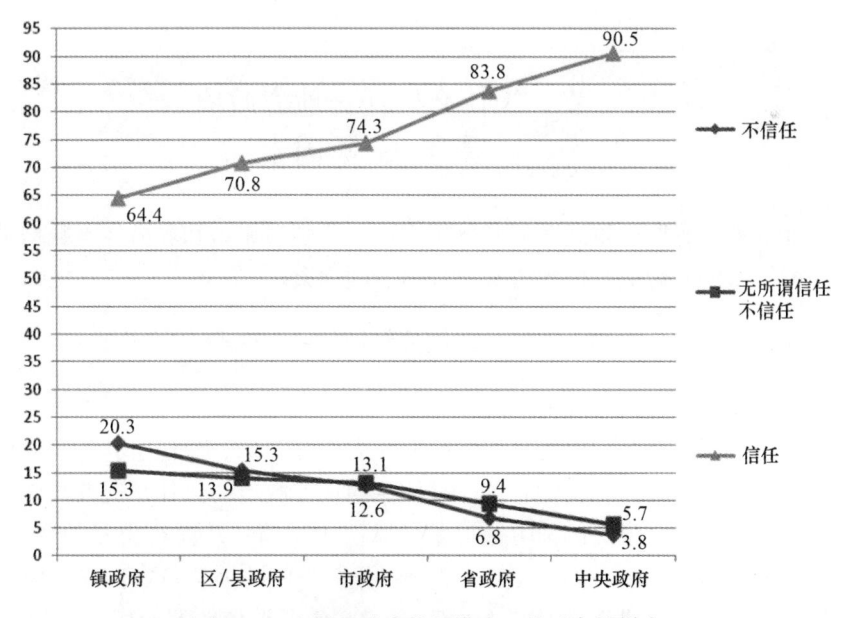

图3—3 多层级政府信任模式：基于农村样本

而农村样本也表现出与城市样本相似的地方政府信任模式。具体来说，64.4%的农村受访者表示信任镇政府，而相比之下，有83.8%的农村居民表达了对省政府的信任。地方政府的层级越高，农村居民对其的信任程度就越高。相比而言，随着政府层级的提高，表达对政府不信任态度的受访者从20.3%（镇政府）下降到3.8%（中央政府）。我国城市居民与农村居民对地方政府信任模式的分析结果，与总体人群样本的结果基本一致，即差序政府信任模式。在我国，拥有更多资源、更高权威影响力和更多政治权力的高层级政府，往往可以获得更多来自公众的信任。

此外，将城市居民与农村居民进行对比，还会发现二者的信任程度与信任模式的差异性。正如图4—2和图4—3间所展现的那样，相对于城市居民而言，农村居民对各个层级的政府往往呈现出较高的信任程度（包括中央政府）。具体来说，只有68.9%的城市居民表示信任省级政府，但与此相比，83.8%的农村受访者信任省政府；同时，不到50%的城市受访者对最低层级政府（街道办事处）表达了信任，而在农村样本中则超过60%的民众信任镇政府。这意味着农村居民对各层级地方政府的信任程度普遍高于城市居民。这一现象也与胡荣等通过纵向实证调查的研究得出的结论相一致。① 那么，哪些因素影响了我国普通民众对地方政府的信任？

## 第二节　为什么信任：地方政府公信力的影响因素

本节采用有序逻辑斯蒂回归分析方法，分别对城市和农村样本数据进行分析，以探究影响我国地方政府公信力的因素。

### 一　相关变量

1. 因变量：地方政府信任

在前一部分，我们以各个层级政府作为研究对象，探讨了其各自的信任水平。在这一部分，我们将关注整体性的地方政府的信任状况及其影响因素。我们将四个层级的地方政府信任状况求均值，从而得出新的变量，即"地方政府信任"。这一新变量是回归分析当中的因变量。同时，我们也将五级量表（"非常不信任""不信任""无所谓信任不信任""信任"和"非常信任"）重新编码为三级量表，即"不信任""无所谓信任不信任"和"信任"，并分别赋值为1、2和3分。

---

① 胡荣：《农民上访与政治信任的流失》，《社会学研究》2007年第3期。

表 3—2　　　　　我国地方政府公信力的描述性统计

| | 有效样本数量 | 平均值 | 标准差 | 方差 | 均值标准误差 |
|---|---|---|---|---|---|
| 城市居民信任 | 2915 | 2.41 | 0.657 | 0.432 | 0.012 |
| 农村居民信任 | 2075 | 2.60 | 0.608 | 0.369 | 0.013 |

如表 3—2 所示，城市样本中因变量的平均值（2.41）相对低于农村样本（2.60），这表明农村居民对地方政府整体的信任程度高于城市居民。并且，相较于农村样本，城市样本的标准差和方差较小，数据的离散程度也较低。这与上文所述的城乡居民信任模式相验证。

2. 影响地方政府信任水平的自变量

正如第一章所提到的，大量研究表明政府的公信力与一系列因素之间存在着复杂的内在关联性。这些因素包括政府绩效、社会资本、媒体宣传、官僚政治以及人口统计学考量等（详见第一章文献综述）。基于已有研究和定量数据，我们选定了一系列影响地方政府信任水平的因素，并通过因子分析法对其进行测量（关于自变量与因变量的定义与内涵，参见第二章）。下表（表 3—3）中展现了我们所选取的自变量。

表 3—3　　　　基于城乡居民数据的自变量汇总

| | 影响因子（城乡样本） | 城市样本特征值 | 农村样本特征值 |
|---|---|---|---|
| 对政府行为的认知 | 对政府行为品质的积极评价 | 3.437 | 2.761 |
| 社会信任（人际信任） | 亲朋信任 | 2.38 | 2.26 |
| | 专家信任（如医生、教师） | 4.17 | 4.93 |
| | 其他信任（如生意伙伴、陌生人） | 2.11 | 1.89 |
| 对公共服务质量的认知 | 对公共服务质量的认知 | 6.46 | 4.61 |
| 公民政治参与度 | 公民政治参与度（如政治或公共事务参与） | 2.4 | 2.7 |
| 其他变量 | | | |
| 媒体影响 | | | |
| 政府腐败感知 | | | |
| 对中国经济发展状况的认知 | | | |
| 人口统计学变量（如性别、年龄、受教育程度和政治面貌） | | | |

## 二 地方政府公信力的影响因素探析：有序逻辑回归分析

基于因变量的有序属性，为明确上述自变量在多大程度上可以解释地方政府信任程度的变化，本章分别针对城市和农村样本采用有序逻辑斯蒂回归模型来检验其在城乡差异中的解释能力。表3—4列出影响城市样本和农村样本中地方政府信任程度存在差异的主要因素，并归纳出了回归分析的结果。

回归模型显示，城市样本和农村样本两类群体的回归模型与数据的逻辑性拟合度较好 [Model $x^2$ = 1682.88，p < 0.001；Model $x^2$ = 909.28，$p < 0.001$]。虚拟判定系数值（Pseudo $R^2$）分别为0.462（Nagelkerke = 0.462）和0.368（Nagelkerke = 0.368），这在一定程度上反映了各自变量对因变量"地方政府信任"具有较好的解释能力，并且关于平行性检验的检测表明上述两个模型接受了关于比例比数的零假设（$p > 0.05$）。具体结果如表3—4所示。

据表3—4的数据显示，不论在城市还是农村，影响公众对地方政府信任水平评价的一系列因素具有相似性。这些因素包括我们所测量的核心变量，如"对政府行为的认知""对公共服务质量的认知""专家信任""亲朋信任""其他信任"以及"对政府的腐败感知"。有序逻辑回归分析的结果还表明，除了以上六个核心变量，人口统计学变量中的性别变量可以用来解释农村居民对地方政府信任水平的差异（$p < 0.05$）。而对于城市居民来说，除了六个核心变量，年龄变量则发挥着重要影响（$p < 0.001$）。

1. 城乡居民有何相似？影响城市与农村居民政府信任水平的共性因素

通过对比城市样本和农村样本可以发现，以下六个变量对两者的地方政府信任态度都产生了重要影响。这些变量包括："对政府行为的感知"（如公共政策制定和实施的熟练程度、在推进民主进程和加强法律体系方面的表现）、"专家信任"（如医生、教师）、"亲朋信任""其他信任（如生意伙伴和陌生人）""对公共服务质量的认知"和"对政府腐败感知"。总体而言，前两个因素的影响最大，对城乡居民的信任态度有着更强的解释力，比值比都大于1.9。并且，城乡民众对政府行为的感知及其对专业人士的信任与对地方政府信任呈现正相关，即城乡居民对政府行为的评价越积极、对专业人士的信任度越高，则他们对地方政府信任感就越强烈（$p < 0.001$）。

表 3—4　地方政府信任的有序逻辑回归模型

| | | | 城市样本 | | 农村样本 | |
|---|---|---|---|---|---|---|
| | | | 估值（标准误） | 比值比 | 估值（标准误） | 比值比 |
| 阈值 | 地方政府信任＝1.00 | | －5.567（0.416）*** | | －4.428（0.568）*** | |
| | 地方政府信任＝2.00 | | －2.938（0.405）*** | | －2.246（0.557）*** | |
| | 对政府行为的认知 | | 0.769（0.063）*** | 2.158 | 0.827（0.062）*** | 2.287 |
| | 社会信任 | 专家信任（如医生和教师） | 0.749（0.045）*** | 2.115 | 0.681（0.056）*** | 1.976 |
| | | 亲朋信任 | 0.299（0.039）*** | 1.349 | 0.428（0.049）*** | 1.534 |
| | | 其他信任（如生意伙伴和陌生人） | 0.134（0.038）*** | 1.143 | 0.413（0.050）*** | 1.511 |
| | 对公共服务质量的认知 | | 0.394（0.055）*** | 1.483 | 0.272（0.058）*** | 1.313 |
| | 政府腐败感知 | | －0.273（0.037）*** | 0.761 | －0.163（0.044）*** | 0.850 |
| | 对经济发展状况的认知 | | －0.008（0.048） | 0.992 | －0.097（0.061） | 0.908 |
| | 公民政治参与度（如政治或公共事务） | | －0.033（0.044） | 0.968 | 0.035（0.055） | 1.036 |
| 赋值 | 年龄1＝0 | | －0.475（0.089）*** | 0.622 | －0.087（0.103） | 0.917 |
| | 年龄1＝1 | | 0ᵃ | | 0ᵃ | |
| | 年龄2＝0 | | －0.681（0.227）*** | 0.506 | 0.482（0.250） | 1.619 |
| | 年龄2＝1 | | 0ᵃ | | 0ᵃ | |
| | 性别＝0 | | 0.021（0.076） | 1.021 | －0.242（0.100）* | 0.785 |
| | 性别＝1 | | 0ᵃ | | 0ᵃ | |
| | 受教育程度＝0 | | －0.085（0.088） | 0.919 | －0.085（0.088） | 0.919 |

续表

| | | 城市样本 | | 农村样本 | |
|---|---|---|---|---|---|
| | | 估值(标准误) | 比值比 | 估值(标准误) | 比值比 |
| 赋值 | 受教育程度=1 | 0$^a$ | | 0$^a$ | |
| | 政治面貌1=0 | 0.037(0.105) | 1.038 | 0.351(0.202) | 1.420 |
| | 政治面貌1=1 | 0$^a$ | | 0$^a$ | |
| | 政治面貌2=0 | 0.058(0.126) | 1.06 | 0.474(0.266) | 1.606 |
| | 政治面貌2=1 | 0$^a$ | | 0$^a$ | |
| | 媒体宣传 | -0.033(0.044) | 0.968 | -0.100(0.052) | 0.905 |
| 有效样本量 | | 2915 | | 2075 | |
| 伪R方 | Nagelkerke | 0.462 | | 0.368 | |
| | Cox and Snell | 0.449 | | 0.389 | |
| 模型卡方 | | 1682.88*** | | 909.28*** | |

注:a. 因为该参数是冗余的,所以将其置为零。b. * $p<0.05$, ** $p<0.01$, *** $p<0.001$。c. 连接函数:Logit。d. 性别:男性是控制组;年龄:18—40岁是控制组;受教育水平:低教育水平是控制组;政治面貌:共产党员是控制组。

首先，在所有变量中，城乡公众对政府行为的认知是影响其信任态度的最为重要的因素，比值比分别为 2.158 和 2.287 [Exp(0.769) = 2.158，$p < 0.001$；Exp(0.827) = 2.287，$p < 0.001$]，即城市民众和农村居民对政府行为的满意度每增加一分，其对政府的信任水平就分别提高 2.158 倍和 2.287 倍。这表明，提高政府在公共政策制定和实施方面的熟练程度、推动民主进程以及完善法律体系等一系列政府行为，将对地方政府公信力产生积极影响。除此之外，地方政府在其他方面的绩效也将帮助政府建立良好的公众形象，从而提高其受信任的程度。因此，在中国背景下，促使地方政府更好地履行职能与高效行政，是改善地方政府公信力水平的重要举措。

其次，对地方政府信任影响力排名第二位的因素则是城乡居民对专家信任情况，比值比分别为 2.115 和 1.976 [Exp(0.749) = 2.115，$p < 0.001$ 和 Exp(0.681) = 1.976，$p < 0.001$]，即城市居民和农村居民对专家群体的信任水平每增加一分，其对地方政府的信任水平分别会增加 2.115 倍和 1.976 倍。在中国背景下，地方政府公务员作为具有高学历的社会精英，也往往被居民视为专业人士。尽管公务员和其他专业人士在工作性质、社会功能上存在显著差异，但对于大多数中国公众而言，他们的共同之处似乎更明显：可观的收入、较高的社会地位与相同的社会阶层。因此，那些倾向于信任医生和教师等专业人士的公众，对公务员也抱以同样的较高程度的信任。另外，对专家群体的不信任的民众则有可能将这种不信任转移到政府公务员及政府机构身上。

再次，亲朋信任以及对其他联系人（如陌生人）的信任也同样影响了城乡居民对地方政府的信任，并与政府信任呈现出正负相关关系，比值比超过 1.1 [Exp(0.299) = 1.349，$p < 0.001$；Exp(0.428) = 1.534，$p < 0.001$；Exp(0.134) = 1.143，$p < 0.001$ 和 Exp(0.413) = 1.511，$p < 0.001$]。无论在城市还是农村，那些在社会中对朋友、亲戚甚至是陌生人都保持良好信任关系的人，往往会更加信任地方政府。

此外，城乡居民对"公共服务质量的认知"也对两类群体地方政府信任态度产生影响，居民在主观意识上对这些公共服务的满意程度与其对地方政府的信任态度之间存在明显的正向相关性，比值比超过 1.3 [Exp(0.394) = 1.483，$p < 0.001$；Exp(0.272) = 1.313，$p < 0.001$]，即城市和农村居民对地方政府公共服务供给方面的满意度每增加一分，其对地方政府的信任水平则分别提升 1.483 和 1.313 倍。在这里，公共服务包括义

务教育、医疗保健、住房供应、环境保护和食品安全监管等方面，提供与监管这些公共服务是地方政府的基本职责，而这些服务与城乡居民的日常生活息息相关。如果公共服务实现有效供给，符合民众的需求和期望，那么地方政府的声誉和信任水平往往会得以提升。相反，城乡民众对某些关键的、对人民生活幸福感产生极大影响的公共服务领域的不满或批评往往是普通民众对地方政府不信任的重要原因之一。

除了以上对地方政府信任存在正向相关的变量以外，公众的"对政府腐败感知"与其对地方政府信任存在着显著的负相关关系，比值比为 0.761 和 0.850 [$Exp(-0.273) = .761$, $p < 0.001$; $Exp(-0.163) = .850$, $p < 0.001$]，即城市和农村居民对政府腐败的感知每增加 1 分，其对地方政府的信任水平就会降至 0.761 和 0.850 倍。也就是说，普通民众如果对地方政府及其公务员腐败越认同，则他们就越不信任地方政府。因此，采取行动遏制政府公职人员的腐败行为，严厉打击腐败，就成为提高地方政府诚信的声誉和建立公众对地方政府信任的有效方式。

然而，无论在农村还是城市群体中，"公众政治参与程度（政治或公共事务）""媒体宣传的影响"，以及"对中国经济发展的认知"三个变量都对地方政府信任水平变化无解释力（$p > 0.05$）。此外，人口统计学变量，尤其是受教育程度和政治面貌，也无法对政府信任水平的变化产生显著的影响。有趣的是，这一结果与其他国家的研究发现截然相反——尤其在西方国家，公众政治参与是建立民众对政府以及其他公共部门信任的有效手段。[1] 这一中西差异也许可以通过公众预期来解释：在我国，由于城市居民或农村居民参与公共活动的机会或渠道相对有限，从而降低了其对参与的期望，从而导致普通民众参与与政府质量感知和政府可信度感知的关联性变弱。

尽管当前中国社交媒体发展迅速，但媒体宣传的影响这一变量并未对地方政府信任变化造成影响。这在一定程度上一方面体现了我国城乡居民对社会现象的独立性判断，另一方面也表明了公众对媒体宣传报道的冷静

---

[1] Leslie A. Duram, Katharin G. Brown, "Insights and Applications Assessing Public Participation in US Watershed Planning Initiatives", *Society & Natural Resources*, Vol. 12, No. 5, 1999; Kathleen E. Halvorsen, "Assessing the Effects of Public Participation", *Public Administration Review*, Vol. 63, No. 5, 2003; Renee A. Irvin, John Stansbury, "Citizen Participation in Decision Making: Is It Worth the Effort?", *Public Administration Review*, Vol. 64, No. 1, 2004; Lawrence C. Walters, James Aydelotte, Jessica Miller, "Putting More Public in Policy Analysis", *Public Administration Review*, Vol. 60, No. 4, 2000.

不盲信，甚至是不信任的态度。的确，我国媒体的公信力一直存在问题。作为政府喉舌的媒体在为政府发声的时候，一方面试图通过官媒角色和发布官方消息的行为构建其媒体的可信度，而另一方面却也因此而饱受质疑。

此外，数据分析的结果显示，对经济发展状况的认知和地方政府信任之间并不存在相关性。随着市场经济改革的推进，中国地方政府在经济发展中扮演着愈加重要的角色。然而，由于传统制度与政治文化的惯性，中国城乡居民依旧将中央政府视为促进经济发展的首要或唯一主体，认为中央政府的正确决策和引导是我国经济快速发展的原因。因此，经济发展很快成为构建地方政府绩效认可度与公信力的有效因素。

城市和农村样本的相似之处也在于社会人口统计学变量（如受教育程度、政治面貌）并没有对其的政府信任态度产生有效影响。这一结论也进一步证实了史天健关于我国社会人口因素与政治信任关系微弱的研究结果。①

2. 城乡居民有何相异？影响城市与农村居民地方政府信任水平的差异性因素

尽管影响城乡居民信任水平的因素展现出极大的相似性，但两者也存在着一定的差异（详见表3—4）。总的来说，"专家信任"和"对公共服务质量的认知"两个因素对城市居民的地方政府信任的影响（两个因素的比值比分别为2.115和1.483）要大于农村居民（两个因素的比值比分别为1.976和1.313）。而农村受访者的地方政府信任态度更易受"对政府行为的认知"（2.287）、"亲朋信任"（1.534）、"其他信任"（1.511）以及"对政府腐败的认知"（0.850）等变量的影响，并且上述变量对地方政府信任的影响要高于其城市居民群体（变量的比值比分别为2.158，1.349，1.143和0.761）。

在社会人口统计学变量（如性别和年龄）与地方政府信任水平的关系上，城乡居民也存在一定的差异。对农村居民群体而言，年龄因素并没有影响他们对地方政府的信任态度。然而对于城市居民而言，41—65岁年龄组和65岁以上年龄组对地方政府信任的变化解释力较低，且明显低于18—40岁年龄组。这与美国及西方国家的情况截然相反——据

---

① Tianjian Shi, "Cultural Values and Political Trust: A Comparison of the People's Republic of China and Taiwan", *Comparative Politics*, Vol. 33, No. 4, 2001.

已有研究表明，美国年龄较大的公民往往比年轻群体（18—40 岁）更信任政府。[1] 此外，性别因素显著影响了农村居民的信任感，农村男性群体更倾向于信任地方政府，而对女性民众的地方政府信任却没有产生影响。

## 第三节　行政层级与信任逻辑：各级政府公信力影响因素分析

为什么较高层级的政府会获得更多的信任？影响不同层级地方政府信任度的因素有哪些？这些因素是否相似/相异？在这一部分，我们将讨论不同层级地方政府信任水平的影响因素。这一部分同样将测量地方政府信任度的李克特五级量表重新整合为"不信任""无所谓信任不信任"和"信任"三级量表，并分别编码为 1 分、2 分和 3 分。同时，这里将继续采用前文同样的因变量，并使用有序逻辑斯蒂回归分析方法。唯一的区别在于因变量的选择，前一部分将地方政府作为一个整体，而在这里，我们将分别考察影响四个层级的地方政府信任影响因素（即"省政府""市政府""区/县政府"以及"街道办事处/镇政府"），每一个层级的地方政府的信任状况将分别作为我们的讨论对象。表 3—5 展现了对这些因变量的描述性统计分析结果。

表 3—5　不同层级地方政府的描述性统计分析：基于城市样本和农村样本

|  | 对省政府的信任 | 对市政府的信任 | 对区/县政府的信任 | 对街道办事处/镇政府的信任 |
| --- | --- | --- | --- | --- |
| 城市样本 | | | | |
| 有效样本数量 | 2913 | 2914 | 2911 | 2908 |
| 平均值 | 2.58 | 2.44 | 2.33 | 2.30 |
| 均值标准误差 | 0.013 | 0.014 | 0.014 | 0.014 |

---

[1] Lester W. Milbrath, "Political Participation", in Samuel Long, ed. *The Handbook of Political Behavior*, Springer, Boston, MA, 1981, pp. 197 – 240; Tom Christensen, Per Lægreid, "*Trust in Government: the Significance of Attitudes towards Democracy*, *Public Sector and Public Sector Reforms*", Working Paper 7, Stein Rokkan Center for Social Studies and Bergen University Research Foundation, 2003.

续表

| | 对省政府的信任 | 对市政府的信任 | 对区/县政府的信任 | 对街道办事处/镇政府的信任 |
|---|---|---|---|---|
| 城市样本 | | | | |
| 标准差 | 0.68 | 0.75 | 0.78 | 0.78 |
| 方差 | 0.47 | 0.56 | 0.61 | 0.61 |
| 农村样本 | | | | |
| 有效样本数量 | 2074 | 2075 | 2073 | 2073 |
| 平均值 | 2.77 | 2.62 | 2.55 | 2.44 |
| 均值标准误差 | 0.012 | 0.015 | 0.016 | 0.017 |
| 标准差 | 0.56 | 0.70 | 0.74 | 0.81 |
| 方差 | 0.31 | 0.49 | 0.55 | 0.65 |

## 一 各级地方政府公信力的影响因素：基于城市居民的视角

通过对城市样本进行回归分析，回归模型显示城市样本的回归模型与数据的逻辑线性拟合度较好 [Model $x^2$ = 1248.72，$p < 0.001$；Model $x^2$ = 1321.36，$p < 0.001$；Model $x^2$ = 1327.93，$p < 0.001$；Model $x^2$ = 1104.63，$p < 0.001$]。虚拟判定系数值（Pseudo $R^2$）分别为 0.444（Nagelkerke = 0.444），0.441（Nagelkerke = 0.368），0.433（Nagelkerke = 0.433）和 0.372（Nagelkerke = 0.372），这在一定程度上反映了各自变量分别对因变量省级、市级、区县级以及街道办事处四级地方政府信任具有较好的预测能力，并且关于平行性检验的检测表明上述四个模型接受了关于比例比数的零假设（$p > 0.05$）。具体结果如下表3—6所示。

研究发现，诸多因素都对不同层级地方政府的公信力产生显著影响，对较高层级地方政府信任水平的解释力度也略强于低层级的政府。具体来说，对政府行为的认知、亲朋信任、专家信任、对公共服务质量的认知、对政府腐败的认知以及年龄变量会影响城市居民不同层级地方政府的信任态度（$p < 0.05$），而其他信任变量则仅仅影响城市居民对区和街道办事处两个低层级政府的信任（$p < 0.01$）。同时，人口统计学变量中的性别变量仅对最高层级地方政府（省级政府）的信任水平产生影响（$p < 0.05$）。

表3—6 不同层级政府信任的有序逻辑回归分析：基于城市样本

| | | 省级政府 | | 市级政府 | | 区级政府 | | 街道办事处级政府 | |
|---|---|---|---|---|---|---|---|---|---|
| | | 估值（标准误） | 比值比 | 估值（标准误） | 比值比 | 估值（标准误） | 比值比 | 估值（标准误） | 比值比 |
| 阈值 | 地方政府信任=1.00 | −5.082 (0.572)*** | | −4.271 (0.493)*** | | −4.431 (0.462)*** | | −3.346 (0.437)*** | |
| | 地方政府信任=2.00 | −3.134 (0.564)*** | | −2.319 (0.487)*** | | −2.462 (0.456)*** | | −1.531 (0.432)*** | |
| 赋值 | 政府行为的认知 | 0.946 (0.081)*** | 2.575 | 0.769 (0.073)*** | 2.158 | 0.735 (0.070)*** | 2.086 | 0.512 (0.067)*** | 1.669 |
| | 社会信任 专家信任（如医生和教师） | 0.838 (0.057)*** | 2.312 | 0.696 (0.052)*** | 2.006 | 0.669 (0.050)*** | 1.952 | 0.626 (0.067)*** | 1.870 |
| | 亲朋信任 | 0.234 (0.048)*** | 1.264 | 0.273 (0.045)*** | 1.314 | 0.266 (0.043)*** | 1.305 | 0.304 (0.048)*** | 1.355 |
| | 其他信任（如生意伙伴和陌生人） | −0.049 (0.050) | 0.952 | 0.082 (0.045) | 1.086 | 0.150 (0.043)** | 1.162 | 0.199 (0.042)*** | 1.220 |
| | 对公共服务质量的认知 | 0.201 (0.069)** | 1.223 | 0.345 (0.063)*** | 1.412 | 0.416 (0.061)*** | 1.516 | 0.419 (0.059)*** | 1.521 |
| | 政府腐败感知 | −0.268 (0.048)** | 0.765 | −0.267 (0.044)*** | 0.766 | −0.251 (0.041)*** | 0.778 | −0.219 (0.040)*** | 0.803 |

续表

| 赋值 | 省级政府 估值(标准误) | 省级政府 比值比 | 市级政府 估值(标准误) | 市级政府 比值比 | 区级政府 估值(标准误) | 区级政府 比值比 | 街道办事处级政府 估值(标准误) | 街道办事处级政府 比值比 |
|---|---|---|---|---|---|---|---|---|
| 年龄1=0 | -0.464 (0.116)*** | 0.629 | -0.597 (0.105)*** | 0.550 | -0.479 (0.099)*** | 0.619 | -0.308 (0.095)** | 0.735 |
| 年龄1=1 | 0 | | 0 | | 0 | | 0 | |
| 年龄2=0 | -1.017 (0.387)** | 0.362 | -0.880 (0.303)** | 0.415 | -0.803 (0.267)** | 0.448 | -0.567 (0.243)* | 0.567 |
| 年龄2=1 | 0 | | 0 | | 0 | | 0 | |
| 性别=0 | 0.221 (0.098)* | 1.247 | 0.022 (0.089) | 1.022 | -0.051 (0.084) | 0.950 | -0.013 (0.081) | 0.987 |
| 性别=1 | 0 | | 0 | | 0 | | 0 | |
| 媒体宣传 | 0.024 (0.056) | 1.024 | 0.049 (0.051) | 1.050 | -0.050 (0.049) | 0.951 | -0.031 (0.047) | 0.970 |
| 对经济发展状况的认知 | 0.039 (0.058) | 1.040 | 0.077 (0.054) | 1.080 | -0.028 (0.053) | 0.972 | -0.005 (0.052) | 0.995 |
| 公民政治参与度(如政治或公共事务) | 0.027 (0.056) | 1.027 | 0.036 (0.051) | 1.037 | 0.019 (0.047) | 1.019 | 0.027 (0.045) | 1.027 |

续表

| | | 省级政府 | | 市级政府 | | 区级政府 | | 街道办事处级政府 | |
|---|---|---|---|---|---|---|---|---|---|
| | | 估值（标准误） | 比值比 | 估值（标准误） | 比值比 | 估值（标准误） | 比值比 | 估值（标准误） | 比值比 |
| 赋值 | 受教育程度=0 | -0.012 (0.113) | 0.988 | -0.121 (0.103) | 0.886 | -0.106 (0.098) | 0.899 | -0.097 (0.094) | 0.908 |
| | 受教育程度=1 | 0 | | 0 | | 0 | | 0 | |
| | 政治面貌1=0 | 0.032 (0.135) | 1.033 | -0.021 (0.123) | 0.979 | -0.020 (0.117) | 0.980 | 0.146 (0.113) | 1.157 |
| | 政治面貌1=1 | 0 | | 0 | | 0 | | 0 | |
| | 政治面貌2=0 | 0.018 (0.159) | 1.018 | -0.013 (0.146) | 0.987 | -0.020 (0.140) | 0.980 | 0.088 (0.137) | 1.092 |
| | 政治面貌2=1 | 0 | | 0 | | 0 | | 0 | |
| 样本 | | 2915 | | 2915 | | 2915 | | 2915 | |
| 伪$R^2$ | Nagelkerke | 0.444 | | 0.441 | | 0.433 | | 0.372 | |
| | Cox and Snell | 0.358 | | 0.374 | | 0.376 | | 0.325 | |
| 模型卡方 | | 1248.72*** | | 1321.36*** | | 1327.93*** | | 1104.63*** | |

注：a. 因为该参数是冗余的，所以将其置为零。b. 连接函数：Logit。c. 性别：男性是控制组；年龄：18—40岁是控制组；受教育水平：低教育水平是控制组；政治面貌：共产党员是控制组。d. *p<0.05，**p<0.01，***p<0.001。

为什么城市居民对较高层级的地方政府展现出了更高的信任水平？根据表3—6的数据，"对政府行为的认知"和"专家信任"两个因素对省级政府、市级政府信任水平的影响更大，比值比都大于2，而在区级和街道办事处等低层级地方政府的信任影响相对较低，比值比基本上小于2。首先，公众对高层级地方政府的信任更多地受到政府宏观层面成就的影响——如政府效率、公共政策制定与实施、法律体系的完善和政府回应性等方面。对政府行为的认知对省级和市级政府信任水平的影响更大，比值比分别为2.575、2.158［Exp(0.946)＝2.575，$p<0.001$；Exp(0.769)＝2.158，$p<0.001$］，而在区级和街道办事处这两个低层级地方政府的回归模型中比值比为2.086和1.669［Exp(0.735)＝2.086，$p<0.001$；Exp(0.512)＝1.669，$p<0.001$］。此外，对专家（如医生和教师）的信任与不同层级地方政府的信任存在正相关关系（$p<0.001$）。有趣的是，虽然专家信任对不同层级政府公信力的影响都是正向的、较为显著的关系，但是这种影响力随着政府层级的下降而逐渐减弱，比值比分别为2.312、2.006、1.952和1.870［Exp(0.838)＝2.312，$p<0.001$；Exp(0.696)＝2.006，$p<0.001$；Exp(0.669)＝1.952，$p<0.001$；Exp(0.626)＝1.870，$p<0.001$］，即城市市民对专家的信任增加一分，其对省级政府的信任会提高2.312倍，对市级政府的信任水平会提高2.006倍，而对区级政府和街道办事处的信任水平只会提升1.952倍和1.870倍。其背后的原因有可能是公众对不同层级公务员的一种刻板印象。具体来说，中国民众更倾向于将较高层级地方政府的官员视为专业人士，认为他们是熟知政治事务与公共事务的、具有较高素质的精英人士。相比之下，较低层级地方政府（街道办事处或区级政府）的官员整体上被认为缺乏此类素质，并被居民认为/误认为缺乏公共服务动机：即出于自身利益而非利他性动机而行动。此外，由于公众更多地接触到基层政府公务员，而与较高层级政府公务员缺乏接触与了解，从而产生了一种"距离美"。而与基层官员打交道所形成的各种负面经历，反过来更加深了城市居民对基层官员的不好印象，进而影响到对低层级地方政府信任的评价。

在有序逻辑斯蒂回归分析中，其他四个变量——即"对公共服务质量的认知""亲朋的信任""其他信任（如生意伙伴和陌生人）"以及"对政府腐败的认知"——对最低层级地方政府（街道办）信任的解释力要高于较高层级政府（市与省）。具体来说，"对公共服务质量的认知"对街道办事处和区级政府的信任水平评价影响更大，比值比为1.521和1.516［Exp(0.419)＝1.521，$p<0.001$；Exp(0.416)＝1.516，$p<$

0.001〕，而对市级政府和省级政府公信力影响较小，比值比为 1.412 和 1.223〔Exp(0.345) = 1.412，p < 0.001；Exp(0.069) = 1.223，p < 0.01〕。为什么城市居民对于公共服务的质量的满意程度比对较低层级的政府而非较高层级政府的公信力产生更大影响？这与我国公众对政府权责的认知及其对于政府绩效的主观性分配是相关的。在感知和评价政府绩效和公共政策时，我国公众依旧倾向于向下"追责"和向上"赋功"。如果基层治理有效、公共服务完善，公众更倾向于将这一切视为是省级、市级政府的宏观调控有效。相反，如果公共服务供给层面问题频发，那么较低层级地方政府的声誉（和信任）会比较高层级更容易受到损害。换句话说，与较高层级政府相比，基层地方政府的信任更为脆弱，更容易受公共服务供应和绩效波动的影响。

此外，亲朋信任和其他信任两个变量都对低层级政府如街道办和区级政府信任产生正向解释力，并且数据显示对低层级政府公信力的解释力比高层级政府公信力更强。亲朋信任变量对省级、市级、区级和街道办事处的公信力的比值比分别为 1.264、1.314、1.305 和 1.355〔Exp(0.234) = 1.264，p < 0.001；Exp(0.273) = 1.314，p < 0.001〕〔Exp(0.266) = 1.305，p < 0.001；Exp(0.304) = 1.355，p < 0.001〕，而其他信任变量只对街道办事处和区级政府信任评价产生影响，比值比为 1.220 和 1.162〔Exp(0.199) = 1.220，p < 0.001；Exp(0.150) = 1.162，p < 0.01〕。整体社会信任水平（体现为亲朋信任以及对陌生人的信任）的下降将会对较低层级地方政府公信力造成更大的冲击。事实上，城市居民更容易将他们在日常生活中和人际交往中失望和不满归咎于较低层级的地方政府而非高层级政府。这也与中国公众对于基层政府与高层级政府的角色认知有关：在居民看来，较低层级政府应该更加"接地气儿"，维持社区秩序、人际信任和生活幸福感等日常事务是基层政府的责任，而省、市级政府则高高在上，与"日常生活"无关。

此外，"对政府腐败的认知"变量对政府信任水平负相关，并且对较低层级地方政府信任的影响更大。具体来说，对省级、市级、区级和街道办事处信任的比值比分别为 0.765、0.766、0.778 和 0.803〔Exp( - 0.268) = 0.765，p < 0.01；Exp( - 0.267) = 0.766，p < 0.001〕〔Exp( - 0.251) = 0.778，p < 0.001；Exp( - 0.219) = 0.803，p < 0.001〕，即城市居民对政府腐败程度的认知每增加一分，其对省级政府和实际在政府的信任度降低 0.765 和 0.766 倍，而对区级政府和街道办事处的信任度降低 0.778 倍和 0.803 倍。这也在一定程度上体现了我国城市居民对于"越基

层越腐败"的认知。

## 二 各级地方政府公信力的影响因素分析：基于农村居民的视角

通过对农村居民样本进行有序逻辑斯蒂回归性分析，回归模型显示农村样本的回归模型与数据的逻辑线性拟合度较好 [Model $x^2 = 506.44$, $p < 0.001$; Model $x^2 = 588.20$, $p < 0.001$; Model $x^2 = 685.50$, $p < 0.001$; Model $x^2 = 765.57$, $p < 0.001$]。虚拟判定系数值（Pseudo $R^2$）分别为 0.338（Nagelkerke = 0.338）、0.332（Nagelkerke = 0.332）、0.365（Nagelkerke = 0.365）和 0.386（Nagelkerke = 0.386），这在一定程度上反映了各自变量分别对因变量省级、市级、区县级以及镇政府等四级地方政府信任具有较好的预测能力，并且关于平行性检验的检测也表明上述两个模型接受了关于比例比数的零假设（$p > 0.05$）。具体结果如下表 3—7 所示。

农村样本回归模型发现，各自变量对不同层级地方政府公信力的解释力要弱于城市样本。其中，对政府行为的认知、对公共服务质量的认知、专家信任（如医生和教师）、亲朋信任和其他信任（如生意伙伴和陌生人）等变量对农村居民的各层级地方政府信任变化有统计显著性（$p < 0.05$）。此外，也存在着一些对不同层级政府信任水平影响力较弱的因素。具体来说，对镇与县级政府而言，农村居民对政府的腐败感知变量是对各层级地方政府信任影响力较低的因素；而对经济发展状况的认知变量则对镇政府的公信力没有十分显著的影响（$p > 0.05$）；在人口统计学变量中，年龄对于省级政府信任而言、性别对于县和镇政府信任而言解释力不显著（$p > 0.05$）。

如前文的图 3—2 所示，差序政府信任模式在农村居民中普遍存在，即层级越高的地方政府的信任水平越高。根据表 3—7 回归分析结果，可以在一定程度上对这一现象进行解释。总体来说，三个因素最具有解释力度，包括"对政府行为的认知""对公共服务质量的认知"和"社会信任"。其中，"对政府行为的认知"与地方政府信任具有正向关系，且与高层级地方政府相比，对基层地方政府公信力的影响力相对较大。具体来说，从省级政府到镇级政府比值比逐渐增大，分别为 1.305、2.052、2.261 和 2.430 [Exp(0.266) = 1.305, $p < 0.001$; Exp(0.719) = 2.052, $p < 0.001$; Exp(0.816) = 2.261, $p < 0.001$; Exp(0.888) = 2.430, $p < 0.001$]。这体现了农村居民对于基层政府行为的敏感性要强于较高层级

表3-7　不同层级地方政府信任的有序逻辑回归分析：基于农村样本

|  |  | 省级政府 | | 市级政府 | | 区/县级政府 | | 镇级政府 | |
| --- | --- | --- | --- | --- | --- | --- | --- | --- | --- |
|  |  | 估值（标准误） | 比值比 | 估值（标准误） | 比值比 | 估值（标准误） | 比值比 | 估值（标准误） | 比值比 |
| 阈值 | 地方政府信任 = 1.00 | -2.341(0.781)** |  | -3.049(0.660)*** |  | -3.038(0.645)*** |  | -2.926(0.616)*** |  |
|  | 地方政府信任 = 2.00 | -1.049(0.777) |  | -1.891(0.657)** |  | -1.880(0.642)** |  | -1.821(0.614)** |  |
| 赋值 | 对政府行为的认知 | 0.266(0.086)*** | 1.305 | 0.719(0.073)*** | 2.052 | 0.816(0.071)*** | 2.261 | 0.888(0.069)*** | 2.430 |
|  | 社会信任　专家信任（如医生和教师） | 0.772(0.077)*** | 2.164 | 0.622(0.066)*** | 1.863 | 0.613(0.064)*** | 1.846 | 0.552(0.062)*** | 1.737 |
|  | 　亲朋信任 | 0.414(0.066)*** | 1.513 | 0.377(0.057)*** | 1.458 | 0.371(0.056)*** | 1.449 | 0.268(0.054)*** | 1.307 |
|  | 　其他信任（如生意伙伴和陌生人） | 0.312(0.069)*** | 1.366 | 0.384(0.058)*** | 1.468 | 0.342(0.057)** | 1.408 | 0.420(0.055)*** | 1.522 |
|  | 对公共服务质量的认知 | 0.276(0.079)** | 1.318 | 0.203(0.067)** | 1.225 | 0.300(0.067)*** | 1.350 | 0.296(0.064)*** | 1.345 |
|  | 政府腐败感知 | -0.119(0.066) | 0.888 | -0.137(0.053)* | 0.872 | -0.192(0.052)*** | 0.824 | -0.243(0.049)*** | 0.784 |

续表

| 赋值 | 省级政府 估值（标准误） | 省级政府 比值比 | 市级政府 估值（标准误） | 市级政府 比值比 | 区/县级政府 估值（标准误） | 区/县级政府 比值比 | 镇级政府 估值（标准误） | 镇级政府 比值比 |
|---|---|---|---|---|---|---|---|---|
| 年龄1＝0 | −0.267(0.152) | 0.766 | −0.390(0.125)** | 0.677 | 0.015(0.120) | 1.015 | 0.205(0.114) | 1.228 |
| 年龄1＝1 | 0 | | 0 | | 0 | | 0 | |
| 年龄2＝0 | 1.000(0.328)** | 2.718 | 0.499(0.290) | 1.647 | 0.496(0.290) | 1.642 | 0.480(0.277) | 1.616 |
| 年龄2＝1 | 0 | | 0 | | 0 | | 0 | |
| 性别＝0 | 0.030(0.143) | 1.031 | −0.099(0.119) | 906 | −0.244(0.115)* | 0.783 | −0.353(0.110)** | 0.703 |
| 性别＝1 | 0 | | 0 | | 0 | | 0 | |
| 媒体宣传 | −0.010(0.074) | 0.990 | −0.068(0.062) | 0.934 | −0.091(0.060) | 0.913 | −0.105(0.057) | 0.900 |
| 对经济发展状况的认知 | 0.039(0.058) | 1.040 | −0.038(0.071) | 0.963 | −0.131(0.070) | 0.877 | −0.178(0.069)* | 0.837 |
| 公民政治参与度（如政治和公共事务） | 0.123(0.080) | 1.131 | 0.070(0.067) | 1.073 | 0.020(0.065) | 1.020 | 0.078(0.061) | 1.081 |

续表

| 赋值 | 省级政府 估值(标准误) | 省级政府 比值比 | 市级政府 估值(标准误) | 市级政府 比值比 | 区/县级政府 估值(标准误) | 区/县级政府 比值比 | 镇级政府 估值(标准误) | 镇级政府 比值比 |
|---|---|---|---|---|---|---|---|---|
| 受教育程度=0 | -0.511(0.315) | 0.560 | -0.091(0.257) | 0.913 | -0.073(0.251) | 0.930 | 0.233(0.239) | 1.262 |
| 受教育程度=1 | 0 | | 0 | | 0 | | 0 | |
| 政治面貌1=0 | 0.340(0.306) | 1.405 | 0.196(0.242) | 1.217 | 0.241(0.236) | 1.273 | 0.261(0.221) | 1.298 |
| 政治面貌1=1 | 0 | | 0 | | 0 | | 0 | |
| 政治面貌2=0 | 0.809(0.379)* | 2.246 | 0.237(0.315) | 1.267 | 0.510(0.307) | 1.665 | 0.253(0.296) | 1.288 |
| 政治面貌2=1 | 0 | | 0 | | 0 | | 0 | |
| 样本量 | 2075 | | 2075 | | 2075 | | 2075 | |
| 伪$R^2$ Nagelkerke | 0.338 | | 0.332 | | 0.365 | | 0.386 | |
| 伪$R^2$ Cox and Snell | 0.226 | | 0.257 | | 0.293 | | 0.321 | |
| 模型卡方 | 506.44*** | | 588.20*** | | 685.50*** | | 765.57*** | |

注：a. 因为该参数是冗余的，所以将其置为零。b. 连接函数：Logit。c. 性别：男性是控制组；年龄：18—40岁是控制组；受教育水平：低教育水平是控制组；政治面貌：共产党员是控制组。d. $^*p<0.05$，$^{**}p<0.01$，$^{***}p<0.001$。

地方政府。农村基层政府是农村居民与国家权力实现直接互动的纽带。如果农村居民对较低层级地方政府的工作及公共政策比较认可，不认为其存在滥用职权的问题，那么居民可能会更加信任基层政府。同时，基层政府想要真正获得居民的信任也是十分艰巨的。一方面，良好的政府绩效和服务性政府的推进可能会提高基层地方政府的公信力；另一方面，农村居民固有的、难以改变的认知——基层政府腐败、低效和不作为等——也会使得农村基层政府的公信力受到难以扭转的损耗。

同时，与较高层级地方政府相比，"对公共服务质量的认知"对较低层级地方政府公信力的影响要高于其对高层级地方政府信任的影响。具体来说，农村居民对镇级政府和县级政府公信力的比值比为 1.345 和 1.350 [$\mathrm{Exp}(0.296) = 1.345$，$p<0.001$；$\mathrm{Exp}(0.300) = 1.350$，$p<0.001$]，而对市级政府和省级政府公信力的比值比为 1.225 和 1.318 [$\mathrm{Exp}(0.203) = 1.225$，$p<0.01$；$\mathrm{Exp}(0.276) = 1.318$，$p<0.01$]。这主要是因为较低层级政府如县级政府或镇级政府是公共服务的直接提供者，农村居民对公共服务供给质量的主观认知极大地影响了对基层政府整体性品质和可信度的认知。相比而言，农村居民也对较高层级地方政府持有这样一种认知：它们应该更多地关注公共政策的战略设计和公共服务的规划而非提供。低水平的公共服务供给经常被居民归咎为基层执行的问题而非高层级政府的规划问题。

与城市居民相类似，农村居民也同样将社会信任作为影响多层级政府公信力的重要因素（$p<0.001$），且呈现出正向相关性，即随着民众社会信任水平的增加，其对地方政府的信任水平也会随之提升，这体现了社会信任对政府信任的溢出效应。

变量"对政府腐败的感知"对较低层级地方政府的公信力具有更强的影响。农村居民对政府腐败感知并没有对省级政府公信力产生影响（$p>0.05$），对其他三个层级地方政府公信力则产生负向关系，即农村民众认为政府越腐败，其对较低层级地方政府的信任水平会相应降低，比值比分别为 0.872、0.824 和 0.784 [$\mathrm{Exp}(-0.137) = 0.872$，$p<0.001$；$\mathrm{Exp}(-0.192) = 0.824$，$p<0.001$；$\mathrm{Exp}(-0.243) = 0.784$，$p<0.001$]。政府公职人员腐败情况只会对较低层级政府公信力产生影响。这表明，农村居民更倾向于认为较低层级政府及其官员易于腐败，并最终影响到其对较低层级地方政府的信任度的评价（参见表3—7）。

本章研究了我国地方政府信任的模式，探讨了导致地方政府信任存在差异的因素。在讨论中，本章不仅仅关注地方政府总体性的信任问题，也关注了不同层级地方政府的信任问题，并分别从城乡居民的视角展开了讨论与分析。

在地方政府信任模式上，本章验证了城乡居民差序政府信任模式的存在，即随着行政管理权威和行政层级的递升，地方政府的公信力也会相应增强。因此，在我国各级地方政府中，省一级政府的公信力水平最高，而相比之下，最低层级政府如城镇/街道办事处通常被居民认为是所有层级地方政府中最不可信的。这一信任模式不仅适用于城市居民，也适用于农村居民。这一发现与其他关于我国地方政府公信力的研究所得出的结论也大体一致。

此外，本章的第二个发现是关于我国地方政府整体性的信任模式及其影响因素问题。我们采用了主成分分析和有序逻辑斯蒂回归分析来进行定量数据分析。虽然一系列因素都可以用来解释政府信任水平的差异性，但其中两个因素的影响最大：即"对政府行为的认知"和"专家信任"（如医生和教师）的信任。两者与我国地方政府信任水平呈现正相关，即居民对政府行为的评价越积极（如发展民主、完善法律制度、制定和实施公共政策的熟练程度、政府透明性）、对专家群体越信任，公众对地方政府的信任水平也越高。

此外，这一章也进一步探索了导致不同层级地方政府信任模式差异的影响因素。研究发现，城乡居民的信任在一定程度上是相似的：对政府行为的认知、专家信任、亲朋信任以及对公共服务质量的认知对二者的地方政府信任产生了显著影响。另外，城乡居民的信任状况也存在着一定的差异。虽然对于陌生人的信任会影响农村居民的政府信任状况，但是对城市居民而言，陌生人的信任仅仅会影响他们对最基层的两级政府（区和街道办）的信任态度；同时，城市居民对政府腐败的感知会降低他们对所有层级政府的信任，而在农村样本中，省级政府的公信力却不受这种腐败感知的影响。下一章将从地方政府公务员的视角分析我国地方政府信任模式以及探究影响地方政府信任水平变化的重要因素。

# 第四章 感知信任：公务员视角下的地方政府信任模式及其影响

作为政府的重要组成部分，也作为很多情景下的政府代言人，地方政府官员如何感受与评价公众对于政府的信任态度？本章将从地方政府公务员的感知角度来探讨他们对于地方政府公信力的理解，具体包括他们对地方政府信任模式及影响地方政府公信力的相关因素的看法。我们主要以Q市作为案例，通过访谈Q市各个层级与不同职能部门官员，收集到了地方政府官员关于地方政府公信力的主观评价。

通过对访谈过程以及访谈内容的分析，我们主要有以下两点发现。首先，Q市公务员普遍认同我国地方政府具有以下信任模式：（1）地方政府的依附信任模式，即权威主义价值观影响下的民众服从与顺从式信任；（2）地方政府的信任日趋下降模式（至少在过去的十年地方政府公众信任呈下降趋势）；（3）地方政府的差序信任模式，即越高层次的地方政府获得的公众信任越高。其次通过分析访谈数据得出，关于影响地方政府公信力的因素方面，Q市公务员普遍认为以下六个因素影响了我国地方政府公信力水平：地方政府官僚体制问题、媒体报道与政府形象（再）生产、批判性民众的出现、政治参与的双刃剑作用、地方财政困难与地方政府的形象负债问题。本章也讨论了以上这些被公务员所感知到的影响因素是如何相互影响、相互作用并如何形成地方政府信任的三种模式。

## 第一节 地方政府信任模式："虽然依附，但在下降，并且差序"

### 一 依附性信任模式：政治文化与制度惯性下的"被动信任"

在Q市的30名受访公务员中，有多名受访者认为中国地方政府的信任度尚可，而这主要是因为受权威主义价值观的影响。政治文化是影响地方政府信任的重要因素，而这里所说的权威主义价值观则会在很大程度上维系着政府公信力水平。换句话说，公众之所以信任政府，可能并不是因为政府提供公共服务的可靠性和有效性，而是出于对权威的尊重、服从与依附。这一观点反映了中国情景下地方政府信任模式的重要特征。对此，一位公务员指出，虽然分权改革与"小政府、大社会"的改革已经被倡导和推进了多年，但是这并没有从根本上影响中国政府的权威性：

> 不管现在也好，还是在以后短期内，都不可能有哪个机构可以代替政府的公信力……这跟中国政府的权威性是分不开的，（这种权威性）已经延伸到社会的各个部门和领域。（镇长）

另一位公务员对这一观点进行回应，并指出，中国民众依旧没有从计划经济的"依赖性"中解放出来，而这种依赖性直接或间接地增强了他们对政府的依赖性信任：

> 计划经济时期的老思想，有事找政府，万事找政府，所以不信政府还能信谁呢？（街道办事处副处长）

而这一观点在 Q 市官员中极具代表性。更加有趣的是，这一观点也受到了市级这一较高层级政府官员的认可。Q 市的一位副市长指出，中国公众不得不信任地方政府，很大程度上是因为地方政府在公共服务提供与居民日常生活中所扮演的关键角色：

> 公众必须信任地方政府，因为他们也没有别的选择了。即使他们不信任地方政府，他们也必须依靠政府的力量来解决他们面临的社会问题。（副市长）

以上这些话语表明，在地方政府公务员的感知中，公众对政府的信任是一种政治文化与制度惯性影响下的"既定事实"。在地方公务员的观念中，地方政府是被信任的，但这种信任在一定程度上是一种"被动信任"，是建立在市民羸弱社会基础之上的依附性信任，也是建立在公共部门对于资源、话语、权力与决策的垄断基础之上的权威性信任。

## 二 下降信任模式：市场改革背景下的地方政府信任危机

虽然Q市的公务员普遍认为地方政府受到居民"依附性"的信任，但是他们同时指出，随着我国市场改革的推进和政府—社会关系的变化，政府的信任水平也在近年来呈现出一种下降趋势。其中，有一些长期在政府部门任职的公务员表示，他们能够明显感到公众对地方政府的信任状况正在恶化。对此，一位街道办事处的公务员说道：

> 近年来，老百姓对地方政府的信任度可能降下来了……更形象一点，如果打分的话，（地方政府公信力）已经从90分下降到60分。（街道办事处公务员）

而另外一些官员也指出，在"信任政府这件事儿上"，官员自身与居民之间的感受存在着很大的差异。虽然官员普遍对政府抱以一贯的信任态度，但是公众近年来却越来越不信任政府，尤其是地方政府。

> 20年前，我在下边（基层政府）工作，我当时就很相信我的部门，相信组织……我现在到区里来了，依旧相信政府是好的。至少初衷是好的。为人民服务并不是一句空话，可能有时候执行起来并不完美……（区政府副局长）

很多Q市的官员认为，人们之所以不如以前那样信任政府，很大程度上是因为社交媒体的"不实"报道，其扩散、放大并再生产了政府的负面形象。很多Q市的官员都表示，他们在日常生活中也可以明显感受到来自公众的不信任与批评态度。而近一半的受访官员回应道，正因为这种"对政府和公务员"的"敌视"态度，他们平日里都不愿意向市民透露他们作为政府公职人员的身份。Q市的纪委副主任对此进一步说道：

> 几年前，政府和公众的关系可以说十分密切。你看现在，老百姓不信任我们……这对我们（公务员）的影响挺大，有时打车的时候，我不敢跟别人说我是政府的（公务员），因为人们讨厌官员，不信任政府。（市纪委副主任）

许多Q市的官员也指出，在最直观、最现实的层面，下降的公信力会导致行政成本的上升：

> 在人们认为地方政府不值得信任的情况下，我们很难推行政策，尤其是那些需要公众合作的政策。没有公众的支持，我们的工作就只能事倍功半了。（市政府房屋管理处处长）

根据以上话语，我们可以看出，Q 市的官员对地方政府信任度下降的趋势有达成共识，并有着较为深刻的感知和体会。很多官员对此进行了一定程度上的反思，指出这是中国地方政府面临的一场"信任危机"，并有可能进一步导致地方政府的"合法性"危机与"治理危机"。然而，大多数官员却依旧对于未来的政府信任发展态势抱有较为乐观的态度，认为有效的改革将会提升地方政府公信力：

> 我认为，人们对地方政府的信任已经到了历史最低点。这主要是因为整体的社会信任都在下滑，然而，我个人觉得，在地方政府为提高人民生活水平采取了更积极的措施之后，最终地方政府的信任会有所增加。（县教育局副局长）

## 三 差序政府信任模式：地方政府的"信任魔咒"

在接受采访的 30 名地方政府公务员中有 29 人指出，他们感受到一种多层级政府间的差序信任模式：地方政府层级与公众信任程度之间存在着正相关联系，即地方政府层级越高，公众对其信任程度越高。有些受访的 Q 市公务员明确将其称为"等级决定的信任"。很多 Q 市公务员指出，这种差序信任模式是可以从日常工作中明显体会到的，而且是长期以来一直存在的事实。采访中的一些评论恰如其分地说明了这一点：

> 一般来说，政府层级越高，人们就越相信它。（县政府文化局副局长）
>
> 层级越高，可能信任就越多吧。大众最信任的一般是中央政府，但是另一方面，到我们基层这儿，比如区和镇一级，可能信任就不那么多了。（镇政府官员）

也有官员对公众的这种信任态度表示理解和共鸣，政府 Q 市教育局

局长指出:

> 人们更倾向于信任上边（更高层级的政府）而不是下边（更低层级的政府）。这可以理解，因为我自己也这样……如果让我来评价的话，那么在政府当中，我也会最信赖中央政府，然后是省政府，下边的政府可能问题要更多，（信任的）情况更差一些。（市政府教育局局长）

虽然很多地方政府官员对这一现象表示理解，但是却感到苦恼，他们认为这种差序信任是地方政府难以摆脱的"治理魔咒"。无论地方政府如何努力提升绩效、完善公共服务供给、摒除贪污腐败现象，他们似乎都无法改变这种差序信任格局。对此，一位官员指出，无论地方政府的官员治理如何、个人行为和绩效如何，都难以让他的受信任程度超过上级政府乃至上级单位的领导：

> 越大的领导越被信任，这是老百姓一贯的想法。我们这里也有很多优秀的人才，也取得了很多成就，但是老百姓会一直觉得地方不如中央，低层级政府不如高层级政府，其实对这个事儿我们也挺不解、挺苦恼的。（市政府卫生局副局长）

同时，超过半数的受访官员认为，地方政府理应获得相较于其目前处境而言更高的信任水平。这一观点在较低层级（街道办事处和区级政府）的政府公务员中尤其显著。他们认为，地方政府在治理改革和成效上已经取得了很大的进步，其中许多改变是为了满足市民的需要和期望而做出的。Q市的公务员期待这种努力可以得到居民的认可——即获得更多的来自普通民众的支持和信任。然而，公众对地方政府持续的低信任让许多受访的公务员感到失望，尤其是那些在基层工作的公务员更能体会到这种感受。对此，一位在区政府工作的公务员进一步说道：

> 我和同事每天都在努力工作，周末没有额外的工资也在加班工作。对于我自己来说我尽我最大的努力工作，甚至有时牺牲我的家庭时间投入工作当中。此外，地方政府也采取了一些措施来满足公众的需求，使他们对政府工作感到满意。在此基础上，我认为地方政府理应获得人们更多的信任。（区政府公务员）

## 第二节 地方政府信任的影响因素探索：公务员视角

在公务员的感知中，哪些因素影响了公民对地方政府的信任？在这一部分，我们将基于半结构式访谈的数据，来讨论公务员理解中的那些影响地方政府信任水平的关键因素。这些因素包括：官僚主义问题、媒体对地方政府的负面报道、难以满足的批判性民众、政治参与的双刃剑作用、地方政府的资金不足和长期以来地方政府的信誉亏损问题。

### 一 越官僚的政府，越稀薄的信任？

> 现在地方政府最大的问题是官僚，我可以肯定地说，政府和公务员越官僚，老百姓的信任就越稀薄。（Q市某区副区长）

在访谈中，许多官员并不避讳谈到中国地方政府所面临的"官僚倾向问题"。这其中包含着两层意思：一是指公务员个人行为与心理层面的官僚作风，二是指政府纵向层级结构所带来的组织结构与组织机制等方面的问题。在Q市公务员的意识中，这两方面的"官僚问题"都会在不同程度上影响地方政府的公信力水平（见图4—1）。

许多受访的公务员纷纷指出，我国地方政府官员通常受到传统的官本位政治文化的影响，从而表现出"官僚主义"的作风。我们对访谈中所有观点进行了总结，发现Q市公务员将以下三点"官员不当行为"看作是影响地方政府公信力的主要因素：官员腐败、自大倾向与履责失信。首先，约有80%（23人）的受访公务员认为公众对腐败行为所产生的不良印象是导致民众对地方政府信任度低的根本原因。对此，一位任职于县政府的官员说道：

> 与我提到的其他因素相比，我认为腐败可以被视为影响地方政府信任度的最重要因素。

这一观点也得到了其他公务员的赞同。其中，许多Q市公务员进一

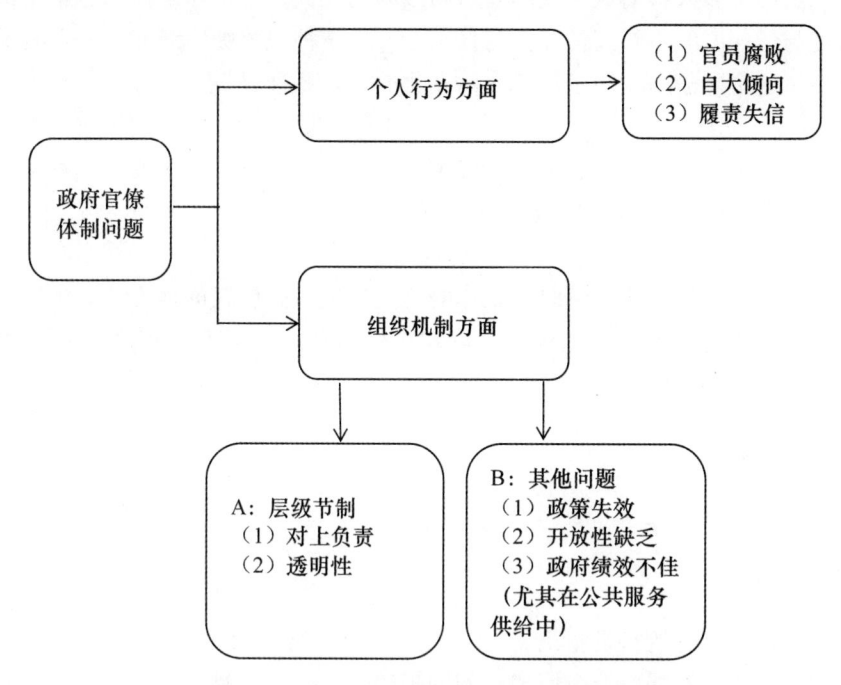

## 第四章 感知信任：公务员视角下的地方政府信任模式及其影响

```
政府官僚体制问题
├── 个人行为方面
│   ├── (1) 官员腐败
│   ├── (2) 自大倾向
│   └── (3) 履责失信
└── 组织机制方面
    ├── A：层级节制
    │   ├── (1) 对上负责
    │   └── (2) 透明性
    └── B：其他问题
        ├── (1) 政策失效
        ├── (2) 开放性缺乏
        └── (3) 政府绩效不佳（尤其在公共服务供给中）
```

**图 4—1　公务员视角下的"政府官僚体制问题"**

步指出，腐败问题是一直以来与地方政府的信任危机相伴相生的：

> 腐败是世界任何一个国家都存在的问题，腐败问题始终是降低地方政府信任程度的最关键原因。（区政府副区长）

在地方政府的四个层级当中，哪一个层级的公务员的腐败问题更加严重？对此，Q市的公务员给出了截然不同的观点。其中一小部分人认为，越高层级的地方政府腐败问题越发严重，因为与资源较丰富的高层级地方政府相比，基层政府获得资源和机会的可能性较少。在这些受访者看来，省、市等较高层级的地方政府因为更为严重的腐败问题而应该面临更加严峻的信任危机。

> 基层地方政府，比如我们街道办，其实除了做事情，没有什么（贪污腐败）空间。我觉得要是比较的话，可能我们（腐败）问题更少一些。（街道办事处副局长）

虽然很多人认为低层级的政府腐败问题更少一些，但是他们也指出清廉度与信任度的不匹配情况。为什么会产生这种现象呢？对此，一位官员指出，这主要是因为基于传统政治文化的"刻板印象"：

> 中国老百姓一直觉得大官是正直清廉的，我们传统的文化就是这样的，（老百姓总觉得）上边的官要比下边的官好。（街道办副主任）

同时，另外一位在镇政府工作的官员指出，高层级的地方政府虽然并不比低层级的地方政府更清廉，但却更受信任，这主要是因为公众"对党的信任"的一种溢出：

> 老百姓都会觉得，升上去的官员都是经过党的监督的，都是党组织严格考核过的……相信党，所以相信上边的官员。（区政府副局长）

此外，还有的官员指出，"清廉程度"与"信任程度"的不匹配主要是因为媒体对不同层级政府腐败问题报道的"不均衡性"：

> 而且现在传播便利，一个人、两个人的（腐败）问题很快都被大众知道，那么个案就会对一个政府的信誉造成非常大的影响，好多年都不能恢复……但是你可以看到，被报道的都是县里边的，下边的，市里边的和省里边的（腐败问题）可不会随意报道。（县政府副主任）

除了腐败问题，官员个人层面的官僚主义作风也包括官员的自我中心意识和自大倾向，其具体表现为政府公职人员在日常工作中高人一等的工作态度。在访谈中，有20名官员提及，在他们的同事中有许多人没有表现出对公众的充分尊重。

这种心理状态在很多情况下会影响公务员的行政行为，包括轻视民众、回应性差、服务意识淡薄等。这些日常行政行为不可避免地招致公众的不满和失望，并进一步对地方政府声誉和公信力造成损害。对此，一位官员评论道：

> 很多当官的并没有认真对待公众的需要。……更不要提什么服务

## 第四章 感知信任:公务员视角下的地方政府信任模式及其影响

精神了,他们会觉得是老百姓在求他们办事儿,没有意识到责任,感觉是在(向群众)施舍。(区政府副区长)

履责失信也是地方政府官员"官僚主义倾向"的表现之一,并严重影响着地方政府的公信力水平。在我们的访谈中,有15位Q市的官员指出,地方政府"喜承诺"但"轻兑现"的问题正在侵蚀着政府的形象与权威。尤其是一些行政层级较高的政府官员,他们的履责失信对于地方政府公信力的影响要更大。一位官员这样评论道:

说了就要算数,这不仅仅是当官的要做到的事儿,也是做人诚信的基本原则……但是现在,当官的愿意画饼,老百姓很失望,当然就不信任政府,但是这都是后任的问题了……我坐公交车,打车和在公园遛弯的时候,我不敢说我的真正职业是什么,老百姓都把政府的人看成是骗子。如果知道我是公务员,都会想来和我说道说道。(区政府主任)

除了公务员个人层面的行为之外,我国地方政府在组织机制方面的设计也无时无刻不影响着地方政府公信力。中国地方政府的纵向层级符合韦伯对典型官僚制的基本设想:各级政府的权力结构呈金字塔式分布的,低级别结构从属于上一级别,并且低层级的政府的资源与权力是自上而下赋予的,并且相对稀缺。这种纵向层级结构导致了"对上负责"机制和基层政府对民众来说"相对透明"两个问题,而后者进一步引发了差序信任格局——即越高层级的政府公信力越高,而越基层的政府信任水平越差。

在访谈中,有近三分之一的公务员表示,由于资源、权力与晋升机会被上级政府所垄断,基层公务员出于一种"经济人理性"而不得不将"对上负责"置于"对下负责"之前。而这种对公众不负责的态度损害了地方政府的形象,降低了其公信力水平。对此,一位官员说道:

在这种(对上负责)制度的压力下,如果没有上级的许可,下级政府就无能为力。

在"对上负责"的压力之下,基层政府是否可以提高其公众形象与公信力呢?对此,一些基层官员指出,可以通过自上而下的压力来迫使基层政府改善工作态度和行为，改善基层政府的形象，从而提高基层政府的公信力。这一观点也得到了 Q 市其他官员的赞同，他们认为，来自高层级政府的关注已经成为一种外在压力机制，可以在一定程度上迫使较低层级的地方政府迎合民众的需要，以此改善基层政府的公信力；并且，通过基层形象的改善，民众可以看到高层级政府为民负责的形象，这也可以一并提升高层级政府的信任状况：

> 只有当它（基层政府公信力问题）获得上级的关注时，我们下级政府才会对地方政府的公信力问题重视起来……下边的运作是靠上边推动的，在中国一直是这样。（镇政府副局长）

另一位官员进一步解释道：

> 其实基层的形象特别重要，这关系到老百姓对政府这个整体怎么看。我觉得我们应该把改善基层的公信力作为工作的重中之重。下边好了，老百姓满意了，不光我们基层好做了，上级政府的形象可能更好……但是这一切的前提都是，上级觉得这是个事儿，决心做这个事儿。（区政府办公室公务员）

除了对上负责问题，基层过度曝光、相对更加透明的问题也影响了政府公信力。在访谈中，来自街道办和区一级政府的官员普遍认为，基层的"透明性"是导致其受信任程度更低的主要原因之一。具体来说，由于高层级政府的官员与公众日常接触较少，所以可以保持相对"完美的形象"。相比之下，基层政府的公务员的态度和行为往往更容易受到公众的监督和批判。尤其当居民有过"到政府办事不愉快的经历"时，则更容易对承办具体事务的基层政府部门和公务员产生"官僚主义""不负责任"和"敷衍了事"的印象。一位镇政府主任用"距离产生美"来解释这一现象：

> 距离产生美。我们当地政府在某种程度上失去了大众的信任，因为我们离他们太近了，天天接触……老百姓能接触到中央政府么？一般接触不到……所以，即使我们干得和中央一样好，在老百姓那儿，我们的可信任度还是会比中央政府要低得多。这种现状，短期内不易改善。（镇政府主任）

对此，另外一位地方政府公务员补充道，公众对于基层政府的"凝视"作用可能在一定程度上放大了基层的问题，从而导致其公信力下降：

> 地方政府，尤其是最基层的政府，更有可能与普通民众发生冲突，因为他们在为人民服务方面处于第一线。普通人在跟基层政府公务员面对面打交道的时候，可以直接观察到地方政府公务员的一些不良行为，比如傲慢的工作态度，自我为中心以及低效的工作方式……而且，现在老百姓很关注政府，很多老百姓有了批判意识，就等着基层政府出错，然后给你指出来……因为基层跟他们的关系最密切，越关心越糟糕……所有这些因素都导致地方政府丧失公信力。（县政府信访局副局长）

在Q市公务员的感知中，除了政府的纵向层级结构会影响不同层级地方政府公信力，地方政府组织层面上也存在着其他影响政府信任度的因素。这些因素包括政策失效，政府缺乏开放性以及政府绩效不佳等。首先，超过一半的公务员受访者一致认为，政策制定和实施的失效首先表现为"背离公共利益"，而这一问题会损害地方政府公信力：

> 地方的公共政策制定很多时候反映了地方政府自身的利益。现在一般都是领导拍脑袋决定，公众参与很少……所以最后出台的政策可能并不是老百姓想要的，没有反映公共诉求……这样的政策多了，老百姓就会觉得政府没在办实事儿，就不信任政府了。（区政府教育局副局长）

除此之外，公共政策失效也可能表现为执行过程中的基层解读偏差与落实偏差。在访谈中，有些公务员指出，即使中央政府制定了好的政策，地方政府部门在执行这些政策的过程中也可能出现执行无力的情况。而民众会敏感地捕捉到这一现象，他们会意识到"好的政策"没有被"好好地执行"。有些居民会认为这是地方政府官员出于私利，从而刻意扭曲政策，而有些民众也会将其解读成地方政府的无能与低效。无论是哪种认知，都会导致地方政府——尤其是基层政府的公信力损耗。一位区级政府的官员对这种政策实施有效性与地方政府公信力的关

系做出了如下评论:

> 政府部门有很多问题……其中一个重要因素是实施公共政策的能力较低,有些政策得不到贯彻执行,这样最终损害了地方政府的信任程度。(区政府纪律检查委员会副主任)

同时,另一位镇政府的受访官员也给出了类似的观点:

> 老实说,一些公共政策对普通民众有好处。但是,正确实施它们对地方政府来说确实是一个值得重视的问题。如果能够高效实施公共政策,那将是一件好事。在当下政府执行政策中出现的问题来看,失去普通群众的信任是正常的。(镇长)

根据Q市公务员们的理解,政府公开性不足也是公民对地方政府产生不满和不信任的主要根源之一。近年来,虽然我国地方政府在公开性和信息共享等方面做出了一系列改革并取得了较大进步,但是例如公务员个人财产等某些敏感信息和涉及公众痛点的信息依旧没有实现公开透明。对此,一位在Q市公共卫生局工作的公务员评论道:

> 现在,咱们国家的政府信息公开只是迈出了一小步……那些公众最关心的问题可能还没有做到完全公开……这种公开一半遮掩一半的做法,老百姓可能会觉得有问题,不利于增强政府信任水平。(市卫生局公务员)

政府绩效一直是影响地方政府公信力的重要因素。根据Q市官员的个人感知,在所有领域中,公共服务供给方面的政府绩效对基层政府的公信力印象最大。改革开放以后,地方政府官员更加关心经济发展绩效,而相对忽视了以公众为中心和以生活为中心的公共服务能力建设。这一政策倾向的后果是发展成果的均等性较差,尤其在教育、公共卫生和住房等关系到民生的基本公共服务方面,地方政府表现不佳。在访谈中,至少有一半的官员认为,地方政府在公共服务方面的绩效低下是导致政府公信力缺失的首要因素:

> 生活好了,老百姓才会信任你,这是地方治理的基本逻辑……

现在基层在提供公共服务方面存在一些严重问题,政府表现得相当糟糕,这已成为影响当今中国地方政府公众信任的最严重问题……物质生活都不理想,光喊口号,谁还会信你呢?(区政府副局长)

## 二 媒体报道与政府形象(再)生产

中国背景下的媒体与地方政府的关系引发了许多学者的关注。一些研究表明,地方政府对媒体具有很强的引导和监督作用。① 的确,对于地方性的传统媒体,地方政府在一定程度上可以掌控其发声,关于政府的负面消息和报道也可以在一定程度上得到遏制。然而,地方政府对于高层级的官方媒体和新媒体却存在着引导失效或无效的问题。例如,省电视台和其他省级官方媒体在报道市、区等层级政府的腐败或者不作为问题时,会体现一定程度的自由度。同时,随着社会发展和技术进步,基于互联网的新媒体力量越发强大并更多地溢出了政府的监管视野。对新媒体的监管需要更多的人力、财力和技术资源投入,这导致越基层的政府越难以阻止负面信息的流动。新媒体之所以享有较高程度的自由度,除了监管困难,也是因为当今的政府对网络媒体采取了更加包容与开放的态度。因此,虽然地方政府掌控着部分地方媒体,但是关于地方政府的负面的新闻正在通过高层级的官方媒体和网络媒体而传播,并影响着公众对地方政府的形象和公信力。

在访谈中,Q市的官员指出,媒体报道的确对地方政府的公信力产生了极大的影响。其中,最能够对地方政府公信力造成负面影响的因素包括"媒体的不实报道"和"政府的回应不当"两个方面(如图4—2)。前者指媒体对政府行为报道中存在虚假的、不实的、歪曲的信息,这会导致地方政府声誉受损。而后者是指地方政府对媒体的负面报道应对不力,在政府形象受损后没有及时有效地采取相应措施。

大多数公务员受访者认为媒体对地方政府的报道过于消极,而这是近

---

① Tianjian Shi, "Cultural Values and Political Trust: A Comparison of the People's Republic of China and Taiwan", *Comparative Politics*, Vol. 33, No. 4, 2001; Anne-Marie Brady, "Mass Persuasion as A Means of Legitimation and China's Popular Authoritarianism", *American Behavioral Scientist*, Vol. 53, No. 3, 2009; Yanqi Tong, "Morality, Benevolence, and Responsibility: Regime Legitimacy in China from Past to the Present", *Journal of Chinese Political Science*, Vol. 16, No. 2, 2011; Jiangnan Zhu, Jie Lu, Tianjian Shi, "When Grapevine News Meets Mass Media: Different Information Sources and Popular Perceptions of Government Corruption in Mainland China", *Comparative Political Studies*, Vol. 46, No. 8, 2013.

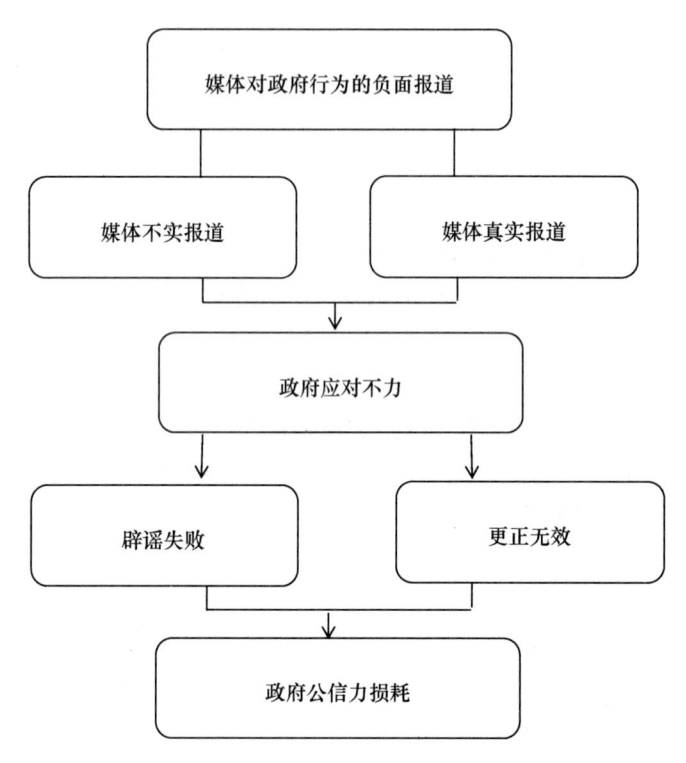

```
                    ┌─────────────────────┐
                    │  媒体对政府行为的负面报道  │
                    └──────────┬──────────┘
                    ┌──────────┴──────────┐
            ┌───────┴──────┐      ┌───────┴──────┐
            │  媒体不实报道  │      │  媒体真实报道  │
            └───────┬──────┘      └───────┬──────┘
                    └──────────┬──────────┘
                    ┌──────────┴──────────┐
                    │     政府应对不力     │
                    └──────────┬──────────┘
                    ┌──────────┴──────────┐
            ┌───────┴──────┐      ┌───────┴──────┐
            │   辟谣失败    │      │    更正无效    │
            └───────┬──────┘      └───────┬──────┘
                    └──────────┬──────────┘
                    ┌──────────┴──────────┐
                    │    政府公信力损耗    │
                    └─────────────────────┘
```

**图 4—2　媒体负面报道与政府公信力损耗的演进路径**

年来地方政府公信力呈现下降趋势的主要原因之一。正如一位官员所说，

> 大众媒体倾向于报道地方政府的负面活动，忽视其积极的活动或方面，这是一个不好的趋势。这在传统媒体和现代媒体中都非常流行……比如说，媒体总是爱报道廉租房中停着豪车的新闻，但是他们却很少报道我们每年建成了多少保障性住房，解决了多少低收入家庭的住房问题……这种媒体关注的失衡问题，它一定导致地方政府形象受损，人们对地方政府的信任程度降低。（市政府住房管理局局长）

媒体之所以更倾向于报道政府的负面新闻，其中一个重要原因是由于媒体言论自身的逻辑：吸引关注、引发舆论是媒体追求的目标。很多 Q 市的公务员指出，正因为媒体的这种报道倾向，最近这些年来，地方政府和媒体之间的关系远不如以前那么和谐。其中，一位区政府的官员讲述了其所在的部门与媒体之间的冲突：

> 我们部门和××报社关系一直很好，以前有官方消息也第一时间找他们（报道）……所以我们对他们（报社的记者）基本是很坦诚，不设防的……但是前一阵子，有名记者来办公室和我们聊，结果偷偷录音，很多我们不会对外人讲的话被录下来，公布出来，造成了很不好的影响……这种事情绝对非常影响地方政府公信力……从那以后，我们不准记者随便出入，也不太愿意接受采访了。（区政府办公室）

除了媒体的自我发展逻辑以外，也有官员更尖锐地指出，媒体人的职业道德问题导致了他们倾向于报道有关地方政府的虚假负面新闻，"一切都是为了阅读量和利益"。对此，一位 Q 市官员进一步解释道：

> 有时，一些记者为了追求自己的利益，会报道一些负面消息，老百姓爱看……有时候会有更过分的事儿，你都想象不到……（镇长）

导致地方政府公信力下降的原因不仅仅在于媒体，也在于其政府自身的应对能力。许多 Q 市的官员指出，地方政府往往在应对媒体负面报道方面表现不佳。这首先是因为公众的选择性偏见——大众意识更容易留下负面消息的烙印。因此，即使地方政府努力去及时回应、驳斥不实媒体报道，也很难改变"已被媒体负面信息俘获的公众"。同时，也有官员指出，政府回应媒体报道的"方式"存在严重问题：防御性语气、傲慢的态度、官僚的语言。相比媒体的"接地气儿"的语言，尤其是网络媒体的"时髦"语言，政府缺乏回应的语言技巧，这也导致了公众对政府的回应与辟谣持有怀疑态度。对此，一位受访官员进一步评论道：

> 但是我们最大的问题是，宣传部门的报道风格不利于拉近与民众的距离……我们需要提高政府宣传的技巧，这样才能和传统媒体和新媒体 PK。（区政府官员）

### 三 批判的公众，难做的政府

自 20 世纪 60 年代以来，包括美国在内的许多西方发达国家开始面临日益严重的公众信任危机。而诺里斯（Pippa Norris）用"批判性公民"

这一理论来对这一现象进行解读。① 随着西方社会进入"后物质主义"阶段,公众日益追求价值观的实现和民主参与、赋权等政治诉求。在这一背景下,公众开始对政府行为提出了越来越严苛的要求。基于对美国的实证研究,诺里斯将"批判性公民"定义为:对西方的民主体制非常认可,但对政府行为越发批判、越发不满的公民。

随着我国经济社会的发展,我国也出现了与美国"批判性公民"相类似的群体:对政府行为越来越具有批判意识的公众。一方面,随着互联网的发展以及高等教育的普及,建立在信息共享与知识传递基础上的批判意识、参与意识逐渐苏醒。另一方面,由于市场改革所带来的贫富悬殊、社会阶层分化等问题,对政府行为的批判声音也越发强烈。这种批判性意识的出现为我国地方政府公信力在一定程度上带来了挑战。

在我们所采访的30位官员中,有25位回应了我们关于公众批判性意识的观点。他们指出,中国民众对地方政府抱以越发苛刻的、不满的情绪。用他们的话来说,地方政府"需要为所有社会问题背黑锅"。具体来说,中国的批判性民众对地方政府的(不)信任逻辑分为三个层面:在宏观社会层面,表现为整体的社会不信任溢出至地方政府及公务员群体;在政府行为层面,表现为对地方政府行为抱以较高期待但期待失验;在个人层面,则体现为经济收入的对比性失落与不满情绪(图4—3)。

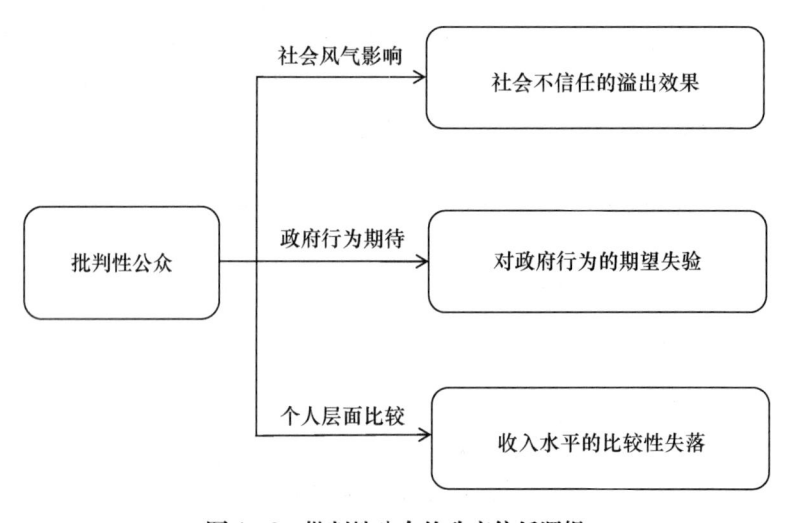

图4—3 批判性公众的政府信任逻辑

---

① Pippa Norris, *Critical Citizens: Global Support for Democratic Government*, OUP Oxford, 1999.

## 第四章 感知信任:公务员视角下的地方政府信任模式及其影响

首先,中国的改革与转型在一定程度上造成了总体社会信任水平的下降。随着市场经济取代了计划经济体制与单位制,集体主义精神逐渐消逝,这直接导致了社会凝聚力与集体信任水平的下降。同时,随着我国城市化进程加速,相对封闭的和熟人网络的社会逐渐转型为多元的、流动性的社会,而后者由于多样性和复杂性,必然导致人际信任薄弱。除此之外,社会主义市场经济改革带来了物质以及精神层面的显著变化。市场精神和消费主义理性孕育了理性自利的个人,而与此相伴的则是更少的信任和更多的审慎。在访谈中,许多Q市的公务员都赞同了以上观点。在他们看来,社会信任水平的下降是近20年来的总体趋势。正如一位卫生局的官员在访谈中指出,个性化和经济驱动的民众将会带来任何人之间的不信任问题,而这种不信任也将蔓延到地方政府及其公务员群体中:

> "现在社会的大环境发生了变化",以前一个单位的同事之间就像一家人,而且还敢在街上把孩子交给陌生人临时照看一下,现在谁敢这么做呢?犯罪率升高,人跟人之间没法相互信任,这是经济发展和社会转型的必经阶段……所以在这样的整体风气之下,老百姓谁也不相信,不相信政府和公务员也不奇怪。(市政府卫生局公务员)

很多Q市的受访公务员也指出,公众对于地方政府行为抱有较高的期待。对这一现象,不同的官员持有不同的态度。一部分人认为居民的"高期待"意味着社会整体素质的提升,这也将是政府改革的鞭策和动力所在。然而,另外一部分公务员却指出,公众对政府的日常行政依旧不够了解,也因此经常提出一些不切实际的要求,这表明中国公众依旧不够成熟。对此,一位来自街道办事处的官员评价道,由于政府难以满足公众"过高"的期待,因此"期待失验"将会导致政府形象与可信度受损:

> 随着经济的发展,公众对地方政府的期望越来越高,其中一些期望或需求地方政府无法实现。即使我们尽力满足普通群众的需求,我们仍然无法得到他们的信任,因为他们总是对我们所做的事感到失望。这并不公平,不是吗?(街道办事处主任)

同时,来自市信访局的公务员指出,许多居民上访事件尤其显现了这种由于"过高期待"所导致的"政府被动失信"问题:

> 我们局日常接触的上访群众对政府提出了各种各样的要求，这些要求当然有合理的，但是也有离谱的……比如，有的老百姓希望政府给他找工作……现在百姓对政府可谓是双重标准，一方面要求政府公开、透明、有效率，是市场经济的那一套，另一方面又要求政府像家长，什么都管，还是计划经济的老思想。这种双重标准可能是很不切合实际的，要求过高，地方政府达不到，这种情况下有些老百姓就觉得政府不可信。（市信访局公务员）

一般来说，满意度、幸福感与公平感等居民的主观感知更多来自于与他人的比较。在很多情况下，收入水平较低的民众会产生基于相互比较的不公正感与不满情绪。很多Q市的官员指出，低收入群体的民众很多时候会和政府公务员进行经济收入和福利待遇方面的比较。这种比较经常会导致低收入群体对政府公务员个人产生不满与愤恨的情绪，而这种情绪又会进一步产生对公务员个人的不信任感。对此，一位官员解释道：

> 有些老百姓，尤其是收入水平比较低的，认为公务员收入水平较高会产生对比的落差，然后会对公务员这个群体产生看法。他们会觉得，凭什么公务员收入这么高，他们肯定都是中饱私囊。这种没有根据的猜测最后会导致老百姓不信任公务员也不信任政府。（街道办副主任）

### 四 提升地方政府公信力：政治参与是柄双刃剑

在西方国家，政治参与被看作是提高居民生活满意度及其对政府信任水平的重要影响因素[1]。我国地方政府的公务员如何看待公民参与？他们是否将公民参与看作是提升政府公信力的有效方式？根据我们对Q市官员的访谈，我们发现大多数公务员认为公民参与对地方政府公信力来说是一柄双刃剑：

---

[1] John Helliwell, Haifang Huang, "How's Your Government? International Evidence Linking Good Government and Well-being", *British Journal of Political Science*, Vol. 38, No. 4, 2008; Christopher Anderson, Yuliya Tverdova, "Corruption, Political Allegiances, and Attitudes toward Government in Contemporary Democracies", *American Journal of Political Science*, Vol. 47, No. 1, 2003.

## 第四章 感知信任:公务员视角下的地方政府信任模式及其影响

参与得好了,可能老百姓更加相信政府,也看到政府想努力改革,更加开放透明,但是如果参与得不好,效果不好,又看到了政府低效、官僚主义的一面,参与可能会对地方政府形象产生极大的负面效果。(区政府办公室公务员)

这一观点得到了许多受访者的赞同。在积极方面,他们指出,公众参与是一种重要的治理工具,可以使公众了解政府公共政策过程和行政过程,在一定程度上理解政府工作的"难处"。而基于了解和共情基础之上则会产生彼此的信任:

公众参与给普通民众了解政府活动提供了一个绝佳的机会……他们会更了解政府的运作,看到政府工作积极的一面。如果政府对自己的工作有自信,就让老百姓参与进来,这肯定会让老百姓更高兴,更信任。(街道办主任)

另有受访公务员指出,公民参与会提升政府公信力不仅仅是基于以上这种"情感"因素,也是因为参与会带来切实的效果,即自下而上的政策影响力和对政府改革的推动:

因为他们的意见可以在一定程度上影响政府的决策……感觉自己的意见有用,老百姓肯定会更信任政府。(县政府信访局副局长)

公众参与政府活动会迫使政府进行改革,变得更加透明,更有效率。所以说,参与是推动政府改革的有效方式,这一切最终会提高地方政府的效率和可信度。(区政府主任)

同时,Q市的受访官员也表示出对公民参与所带来的后果的担忧。一部分人表示,我国地方政府还没有"做好准备"迎接公众参与。这一方面是由于参与制度尚不完善,另一方面是由于地方政府的很多行为"经不起监督"。对此,Q市的官员进一步解释道:

参与当然是好事,但是该怎么参与?制度和规则可能还没有确定……所以你可以看到,现在很多参与是流于形式的……很多情况下,来参与的百姓代表都是政府和官员来指任的……这种参与,让别的老百姓看到,只会觉得政府更虚伪,更官僚。(区政府纪律检查委

员会副主任)

　　我觉得咱们还没到接受公众参与和监督的那一步。现在一些基层政府的管理不到位,老百姓如果真参与了,看到这些问题,可能一下子就再也不相信当官的了。(街道办公务员)

除了来自政府自身的原因,也有公务员指出,公众自身的"参与能力"问题也会影响参与的效果。对此,来自市住房管理局的公务员评论道:

　　与公务员相比,老百姓肯定不能理解政府的工作,因为他们不了解规章制度或政府政策,而且大多数人的教育水平较低……很多情况下,老百姓可能更关心自己的个人利益……但是参与这种事可能涉及公共利益。如果到时候参与搞得不好,搞不起来,一盘散沙,那参与不仅没有起到正面效果,反而是反面效果了。(市政府住房管理局长)

既然公民参与对地方政府公信力来说是柄双刃剑,那么,政府是否还应该继续推进公众参与的进程?我们在访谈中问及了这一问题,而Q市的官员普遍表示应该推进公众参与,但是这也应该是一种渐进式的、中国特色的参与。只有这种参与方式才能对地方政府公信力产生积极作用:

　　西方的经验也不一定适合我们……咱们国家的参与已经取得了一定的成效,比如,在基层,社区参与现在如火如荼地搞着……我们应该探索适合自己的参与机制,先开放那些涉及基本民生的公共服务领域……比如市长信箱和信息公开,我觉得这都是参与的眼前形势,比较适合现在的阶段……以后,等我们的体制机制完善了,老百姓参与意识都提高了,可以逐渐开放……我觉得现阶段的各种参与形式还是温和的,而且也提高了老百姓的信任。(市政府办公室公务员)

## 五　财政资本决定政府信用资本?

　　没有钱就搞不好服务,搞不好服务老百姓就对我们失望。(Q市副市长)

1994年推行的分税制在很大程度上改变了我国地方政府的治理格局。财政权的向上集中和服务职能的向下推放使得许多地方政府陷入了财政困境。在公共服务领域，地方政府的财政短缺问题最为严重。虽然有转移支付和专项资金来支持地方发展基本公共服务，但是财政资源与服务责任之间不对等的困境依旧没有得到根本的解决。Q市的一些受访官员表示，正是因为财政资源与公共服务供给责任之间的不匹配，才导致了地方政府公信力下降：

> 当前我们的日常管理有一个悖论，那就是地方上钱少事儿多……很多公共服务各方面都缺钱，所以可能干不好……你说的参与还有服务意识可能也很重要，但是都不如搞好物质条件（对地方政府公信力）重要。因为老百姓很实际，他们首先看物质生活有没有保障，有没有收到切实的利益。所以地方上没钱，直接导致了我们公信力下降。（区政府办公室公务员）

除此之外，分税制改革与地方财政能力不足也导致了中央与地方之间的差序信任模式。虽然中央经常推出好的政策，但是由于地方财政紧缺，使得这些政策很难在地方得到有效落实。很多Q市官员指出，这种情况会给公众留下这样一个印象：从中央政府出来的政策都是好的，只是地方政府执行不力。对此，区政府一名主任具体说道：

> 地方上没钱，这是最大的问题。不管多好的政策，很多时候都没法具体落实……所以很多时候老百姓会觉得，你看中央天天推出那么多好的政策思路，地方上怎么这么疲懒，什么都不具体落实……其实我们也是有口难言……所以老百姓只看到了其中一面……大家现在就只相信中央政府是好的，觉得地方上的官都不办事儿……但资金配套的问题不是一蹴而就的。（区政府主任）

## 六 负债的政府形象建设

2005年以后，政府形象和公信力建设成为了地方政府重要的治理议题。各地的电视问政、12345热线、市长信箱等举措逐一推出，从而来增强地方政府的回应性。同时，近年来所开展的反腐运动也在一定程度上重构了政府的廉洁形象。然而，许多 Q 市的公务员指出，虽然地方政府推出了一系列有效的改革措施，却依旧很难在短期内重塑政府公信力。20 世纪 80 年代以后所累积的一系列问题依旧给公众造成了有关政府的刻板印象：官僚作风、不作为、滥用职权、寻租腐败。而这种消极印象依然造成了政府信任负债与公信力赤字，对此，一位 Q 市受访公务员进一步解释道：

> 许多问题导致公众对地方政府的信任程度低，例如，从上一届政府那里继承的不良信誉，如腐败的官员，对老百姓缺乏责任……以前政府的形象不好，靠我们这一任短短几年很难转变……公众的不信任也是一种惯性，在一定程度上是由前几届（地方）政府的负面行为造成的。(镇政府主任)

## 第三节　主观感知因素的综合分析

在上一部分，我们分析了地方政府公务员所感知的影响地方政府公信力的因素。这些因素包括政府官僚体制问题、媒体（不实）报道、批判性公众、大众参与、地方财政短缺，以及地方政府形象负债。我们将以上六个因素分为政府、制度、社会与媒体四个层面。政府层面的影响因素包括由中央改革所引发的地方财政危机、作为历史遗留问题的政府形象负债以及地方政府自身的官僚体制问题；制度层面的因素即公众参与制度的状况；社会层面的因素主要指批判性民众的觉醒；而媒体层面主要指媒体报道与地方政府形象的再生产。

这些因素分别对地方政府公信力产生直接、积极或消极的影响。同时，这些影响因素彼此之间也形成了一种更加复杂的关系模式。通过彼此影响、共同作用的方式决定并重塑着地方政府公信力（图4—4）。首先，政府层面的因素或通过媒体报道或进入批判性市民的视野，而影响地方政府公信力。此外，公众参与可能会重构批判性民众对于地方政府的认知，从而增强或降低他们对政府的信任。

公务员群体如何理解地方政府的信任问题？在这一章中，通过对 Q 市官员的半结构式访谈，笔者试图回答这一问题。我们的发现主要包括两个方面，一是地方政府公务员对于地方政府信任模式的理解，我们将其总

## 第四章 感知信任:公务员视角下的地方政府信任模式及其影响

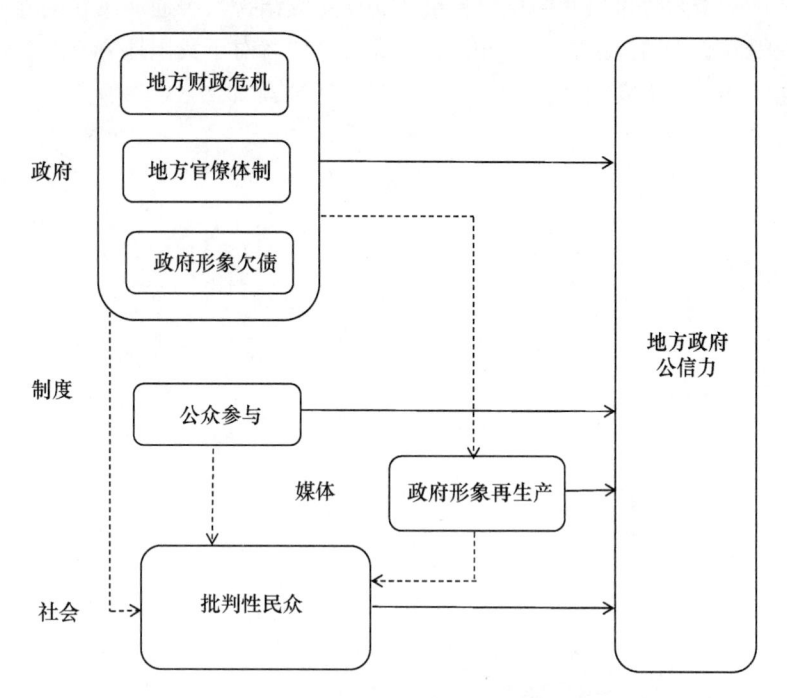

**图 4—4　公务员感知因素的关系网络**

结为"虽然依附,但在下降,并且差序"。具体来说,公务员群体认为,由于依附性公民的存在,我国地方政府的公信力依旧保持较高水平;但与此同时,经济改革与社会转型背景下我国地方政府公信力却呈现出一种下降趋势;而且地方政府公信力要远远低于中央政府公信力。这一观点与我们第三章中基于普通民众的调查数据基本一致。我们的第二个发现则是公务员视角下的六个影响地方政府公信力的核心因素,包括地方政府官僚体制问题、媒体报道与政府形象(再)生产、批判性民众的出现、参与的双刃剑作用、地方财政困难与地方政府的形象负债问题。

在公务员的理解中,地方政府的公信力不仅仅是地方政府"做得好不好"所能决定的。在他们看来,地方政府面临着"主动不被信任"和"被动不被信任"的双重困境。前者代表着地方政府不可推卸的责任:例如官僚主义作风、效率低下和腐败问题;而后者则是地方政府无法避免的外在因素所导致的信任危机:例如前任留下的政府欠账形象、不可能使其满意的批判性民众,以及由于宏观制度设计所导致的地方财政短缺。

在下一章中,我们将从两类群体对比的视角来对地方政府公信力问题展开进一步的探讨。我们将公务员的访谈研究结果与普通居民在问卷调查中获得的研究结果进行比较分析,从而考虑二者对于我国地方政府公信力问题的共识与不同之处。

# 第五章 地方政府信任的"外部解读"与"内部感知":基于民众与公务员视角

前面我们讨论了普通公众以及地方政府公务员视角下的地方政府的信任模式与公信力的影响因素。前者所体现的是对于来自公众的、对地方政府公信力的外部解读;而后者则是政府内部人员对于地方政府信任水平的自我感知。此外,针对普通公众与公务员两个群体,我们分别采用了定量与定性研究方法。在本章我们将对二者的观点进行对比分析,从而揭示外部解读与内部感知之间的异同。

在本章,我们首先对混合研究方法的应用做出了反思与讨论。第二节对公众调查的结果与公务员访谈的结果进行对比分析,并在此基础上探讨二者的共性与差异性。我们总结了两者在溯源地方政府信任中的共性认知与在追责失信中的差异性认知。在第三节进一步总结了主要的研究发现,并深入分析了地方政府公务员与普通公众两者在政府信任模式和地方政府信任水平变化因素的差异性原因——即基于价值观差异的防卫性诠释以及基于专业性知识的认知差异。在最后一部分,对如何在中国情境下提升地方政府公信力进行了讨论与反思。

## 第一节 基于混合研究方法的对比分析

许多学者就如何在研究中融合定量与定性数据展开了讨论。桑德洛夫斯基(Margarete Sandelowski)等人提出了合成性混合研究方法(mixed research synthesis),力求对于不同性质的数据进行整合与有机合成。[①] 合

---

① Margarete Sandelowski, Corrine I. Voils, Julie Barroso, "Defining and Designing Mixed Research Synthesis Studies", *Research in the Schools: A Nationally Refereed Journal*, Vol. 13, No. 1, 2006.

成（synthesis）这一概念意味着在混合研究中处理数据的基本逻辑，即对定量与定性数据的吸纳、组合与整合。也有学者提出了类似的观点，认为合成性混合研究在本质上是一个同化的过程（assimilation），或者说是不同来源的数据相互吸纳的过程。① 同化既可以表现为数据间的彼此印证，也可以体现为同一方向上的聚集趋势。运用以上方法，不同来源的数据及其分析结果可以得出更具可靠性、更显著的研究发现。在这一意义上，数据合成比定性或定量的单一来源数据分析更具优势。

在此基础上，蒲柏（Catherine Pope）等②进一步区分了四种类型的合成性混合研究方法，即叙事性合成研究（narrative）、定性合成研究（qualitative）、定量合成研究（quantitative）和贝叶斯合成研究（Bayesian）。具体来说，叙事性合成研究主要通过使用文字和文本来总结、解释定量与定性数据的合成结果。因此，如何构建和讲述故事是叙事性混合研究所面临的主要挑战。定性合成研究则通过将定量数据转化为文本等形式的定性数据来进行数据合成，而与之相对的定量合成研究则是通过将所有数据转换为具有统计学意义的数字来进行合成分析。

鉴于我们的研究目的与数据性质，本书将采用定性合成研究方法。由于我们对普通公众这一群体采用大样本调查问卷并通过多变量统计分析方法如描述性统计、因子分析和有序逻辑斯蒂回归分析等获得了定量数据结果。通过定性合成研究方法，我们将首先把这一部分定量数据转化为文本形式的定性数据。在进行了数据转化以后，我们将进一步对比基于普通公众与公务员两者的数据，并综合分析二者对于地方政府公信力的观点与评价。

## 第二节　立场影响信任：民众与公务员视角对比

在影响普通民众和公务员的地方政府信任态度的一系列因素中，有哪

---

① Corrine I. Voils, Margarete Sandelowski, Julie Barroso, Victor Hasselblad, "Making Sense of Qualitative and Quantitative Findings in Mixed Research Synthesis Studies", *Field Methods*, Vol. 20, No. 1, 2008.

② Catherine Pope, Nicholas, Jennie Popay, "How Can We Synthesize Qualitative and Quantitative Evidence for Healthcare Policy-makers and Managers?", *Healthcare Management Forum*, Sage CA: Los Angeles, CA: SAGE Publications, Vol. 19, No. 1, 2006.

第五章 地方政府信任的"外部解读"与"内部感知":基于民众与公务员视角

些具有共性,又有哪些具有差异性?这些共性和差异性是否具有更深层面的理论内涵?这又会对我们进一步解读地方政府公信力问题有哪些启示?在这一部分,我们将通过对比研究来对这一系列问题进行探索。

在第三章中,通过对普通民众调查数据进行有序逻辑斯蒂回归分析,作者从以下七个方面检验其对地方政府公信力的影响,具体包括:对政府腐败感知、对公共服务质量的认知、对政府行为的认知、社会信任(人际信任)、媒体宣传、公众参与程度以及对中国经济发展状况的认知。在第四章中讨论了地方政府公务员对地方政府公信力模式及影响因素的态度和观点。通过主题分析,我们将公务员感知中的主要影响因素归类为六个主题,即:政府官僚体制问题、批判性公众、媒体报道与政府形象再生产、公民参与的"双刃剑"效应、地方财政资本与信用资本、负债的地方政府形象建设。表5—1中列举了基于公务员视角分析的6大主题以及基于普通公众视角分析的7个变量,并将两组中的相似维度进行了对比展现。

表5—1 数据转换后的地方政府影响因素比较

| 公务员 | | 普通民众 | |
|---|---|---|---|
| 主题 | 具体要点 | 主题(变量) | 具体要点 |
| 政府官僚体制问题 | 1. 官员腐败 | 政府腐败感知 | 与地方政府信任呈负相关关系 |
| | 2. 政府绩效不佳(尤其在公共服务供给中) | 对公共服务质量的认知 | 与地方政府信任呈正相关关系 |
| | 3. 政策失效<br>4. 履责失信<br>5. 对上负责<br>6. 透明性<br>7. 自大倾向<br>8. 开放性缺乏 | ② | |
| | ① | 对政府行为的认知 | 与地方政府信任呈正相关关系 |
| 批判性公众 | 1. 社会不信任的溢出效应 | 社会信任(人际信任) | 与地方政府信任呈正相关关系 |
| | 2. 对政府行为的期望失验<br>3. 收入水平的比较性失落 | ② | |

续表

| 公务员 | | 普通民众 | |
| --- | --- | --- | --- |
| 主题 | 具体要点 | 主题（变量） | 具体要点 |
| 媒体报道与政府形象再生产 | 由于媒体的不实报道和政府应对不力而导致地方政府声誉受损 | 媒体宣传 | 无影响 |
| 公民参与的"双刃剑"效应 | 参与会带来情感信任与基于改革成果之上的信任；参与也会引发基于机制缺陷和参与能力欠缺之上的不信任。 | 公众参与程度 | 无影响 |
| 地方财政资本与信用资本 | 地方政府财政困境对地方政府信任水平产生负面影响 | ② | |
| 负债的地方政府形象建设 | 地方政府长期以来的形象不佳和信誉亏损对当前地方政府信任度产生负面影响 | ② | |
| ① | | 对中国经济发展状况的认知 | 无影响 |

注：①公务员的定性分析没有提供此类数据，假设相关数据对政府信任没有影响。
②全国性问卷调查未提供有关政府信任原因的数据。

## 一 溯源"信任"：普通公众与公务员的共性认知

一般来说，如果政府本身做得好，社会整体风气好，大家肯定都会更信任政府。对老百姓也好，对我们（公务员）也好，都是这个道理。(Q市某区副区长)

公众为什么信任政府？或者说，地方政府在什么情况下才能获得公众的信任？在我们的访谈中，Q市某位副区长表达了上述观点。他提出，地方政府公信力构建在两块基石之上，即积极的政府行为和良好的社会风气。这一观点在访谈中被许多官员反复提及。许多Q市的官员纷纷表示赞同，认为地方政府公信力是"内部"与"外部"两方面因素的合力——只有政府自身做得好，并且社会整体氛围好，公众才能信任地方政府。这一观点与表5—1所展现的数据分析结果是否相契合？

在表5—1中所展现的所有影响因素中，有三个因素表现出重合性。进一步来说，地方政府公务员群体认为官员清廉、良好的政府绩效（尤其在公共服务供给方面）以及社会信任的溢出都会增强地方政府公信力。同时，政府清廉感知、对公共服务质量的认知和社会总体信任水平也会对地方政府的信任水平产生积极影响。基于此，我们可以看出，对地方政府公务员和普通公众两个群体来说，影响地方政府公信力的三个共性因素包括政府清廉感知、政府公共服务绩效以及社会信任。其中，前两者属于构成地方政府公信力的内部因素，后者则属于外部因素。

许多实证研究的结论都表明，政府清廉/腐败是影响地方政府公信力的重要因素。[①] 这一发现也与我们的数据分析结果相符。我们对普通民众（特别是针对城市样本）的调查结果显示，民众对政府的清廉感知对地方政府公信力具有正向相关性，即民众认为地方政府官员越清廉，越能够增强其对地方政府的信任态度。公众的这一内心动态被公务员群体敏锐地捕捉到了。在访谈中，许多公务员坦诚地谈论了政府腐败问题及其对地方政府公信力的腐蚀作用，并强调了政府反腐运动和保持政府官员的清廉是获得民众信任的"最佳途径"。

在地方政府绩效方面，普通公众与公务员的观点也趋于相同。具体来说，地方政府在公共服务供给中的绩效水平是影响其信任水平的重要因

---

① Christopher J. Anderson, Yuliya V. Tverdova, "Corruption, Political Allegiances, and Attitudes toward Government in Contemporary Democracies", *American Journal of Political Science*, Vol. 4, No. 1, 2003; Shaun Bowler, Jeffrey A. Karp, "Politicians, Scandals, and Trust in Government", *Political Behavior*, Vol. 26, No. 3, 2004; Eric CC Chang, Yun-han Chu, "Corruption and Trust: Exceptionalism in Asian Democracies?", *The Journal of Politics*, Vol. 68, No. 2, 2006; Donatella Della Porta, "Social Capital, Beliefs in Government, and Political Corruption", in Susan J. Pharr, Robert D. Putnam, eds., *Disaffected Democracies: What's Troubling the Trilateral Countries*, Princeton University Press, 2000; Alan Doig, Robin Theobald, *Corruption and Democratization*, London, UK: Frank Cass, 2000; Robert Harmel, Yao-Yuan Yeh, "Corruption and Government Satisfaction in Authoritarian Regimes: The Case of China", *Paper of APSA 2011 Annual Meeting Seattle*, 2011; 倪星、陈兆仓：《寻找新的方向：当代中国廉政研究回顾与展望》，《天津行政学院学报》2011年第5期；高学德、翟学伟：《政府信任的城乡比较》，《社会学研究》2013年第2期；Mitchell A. Seligson, "The Impact of Corruption on Regime Legitimacy: A Comparative Study of Four Latin American Countries", *The Journal of Politics*, Vol. 64, No. 2, 2002.

素。在本书中，定量数据和定性数据的分析结果都指向了这一结论，即地方政府提供高质量、充足的公共服务的能力将极大地提升其公信力水平（对城市居民的影响大于农村居民）。在访谈中，许多公务员指出，我国民众对高质量公共服务的期望逐年增长，特别是与食品安全、环境保护、教育、交通、医疗保障和文化等有关的公共服务领域。因此，在提供公共服务时出现的任何不良表现，都会损害地方政府相关部门的公信力。我们的这一结论也与其他研究结果存在一致性。[①]

影响普通民众和公务员对地方政府信任的另一共同变量是社会的普遍信任程度，也可称为"社会信任"或"人际信任"。在普通民众问卷调查中，这一变量体现为其对专业人士（如教师、医生）、亲朋以及其他人（例如生意伙伴和陌生人）的信任。对于公务员群体，许多地方政府公务员指出，社会普遍信任程度与地方政府信任之间呈现正相关关系，即那些难以对其他社会人，如对陌生人或者熟悉的人予以信任的人通常也不会信任地方政府。这一结论不仅与其他有关我国政府信任的实证研究结果相契合，也同时与其他国家背景下的研究结论呈现出一致性。[②]

除了以上三个影响显著的共性因素以外，我们对于两个群体的对比研究也得出了其他值得注意的结论。首先，中国的经济发展状况对普通公众和公务员的信任态度并无明显影响。许多公务员指出，这主要是由于公众的"潜意识"造成的。具体来说，虽然地方政府在经济发展、招商引资和城市基础设施建设中发挥了越来越重要的作用，但是公众却往往倾向于将经济的繁荣归功于中央政府。与此同时，这一潜意识倾向也影响着公务

---

[①] Virginia A. Chanley, Thomas J. Rudolph, Wendy M. Rahn, "The Origins and Consequences of Public Trust in Government: A Time Series Analysis", *Public Opinion Quarterly*, Vol. 64, No. 3, 2000; Marc J. Hetherington, "The Political Relevance of Political Trust", *American Political Science Review*, Vol. 92, No. 4, 1998; Lawrence E. Rose, Per Arnt Pettersen, "The Legitimacy of Local Government—What Makes A Difference? Evidence from Norway", *Citizen Responsive Government*, Emerald Group Publishing Limited, Amsterdam: Elsevier Science, 2000; Mark A. Glaser, Bartley W. Hildreth, "Service Delivery Satisfaction and Willingness to Pay Taxes", *Public Productivity & Management Review*, Vol. 23, No. 1, 1999.

[②] Luke Keele, "Social Capital and the Dynamics of Trust in Government", *American Journal of Political Science*, Vol. 51, No. 2, 2007; Kenneth Newton, "Trust, Social Capital, Civil Society, and Democracy", *International Political Science Review*, Vol. 22, No. 2, 2001; Robert D. Putnam, *Making Democracy Work: Civic Traditions in Modern Italy*, Princeton, NJ: Princeton University Press, 1993; Robert D. Putnam, *Bowling Alone: The Collapse and Revival of American Community*, Simon and Schuster, 2000.

员的主观感知，很多地方政府的公务员也认为，中国经济发展主要是由于中央政府的政策有力和领导有方。

其次，对于我国地方政府公信力模式问题，公务员与普通公众两个群体也具有相同的观点。具体来说，两者都认为，地方政府层级越低，其受信任的程度就越低，即两者都持有一种差序政府信任态度。这一结论与其他有关我国地方政府公信力的研究结果是一致的。① 而这与西方发达国家背景下的研究结果恰好相反——在这些国家，民众往往对距自身更近的基层政府更为信任，如美国和日本。②

## 二 归咎"失信"：普通公众与公务员的感知差异

通过对比研究我们发现，对于地方政府为什么缺乏公信力这个问题，两个群体也持有不同的观点。具体来说，对于民众参与和媒体报道是否会影响地方政府公信力，地方政府官员与普通民众持有相左的观点，并且政府官员也从宏观信任模式、官僚体制、财政体制和政府形象建设等方面提出了与普通公众群体不同的、独具特色的观点。

1. 立场不同，观点不同

公众参与社区和政府相关的政治活动是否会影响地方政府公信力？对这一问题，普通公众与公务员持有截然不同的观点。对公众的调查结果显示，这一因素并不具有显著影响，即政治参与活动并不会对公众的政府公信力产生积极或消极的影响。这也表现出了中国民众对于政治参与的冷漠，以及对于实现参与权力方面的不敏感性。这一结果也与厄尔和科特科维奇的研究结论基本一致。③

对这一问题，公务员群体却持有完全不同的意见。在访谈中，许多公务员指出，公民政治参与可以极大地增强地方政府公信力，而目前我国的

---

① Jie Chen, *Popular Political Support in Urban China*, Stanford, CA: Stanford University Press, 200; Lianjiang Li, "Political Trust and Petitioning in the Chinese Countryside", *Comparative Politics*, Vol. 40, No. 2, 2008; Qing Yang, Wenfang Tang, "Exploring the Sources of Institutional Trust in China: Culture, Mobilization, or Performance?", *Asian Politics and Policy*, Vol. 2, No. 3, 2010.

② Tyler Schario, David M. Konisky, "Public Confidence in Government: Trust and Responsiveness", *Public Policy Publications (MU)*, 2008; Richard L. Cole, John Kincaid, "Public Opinion and American Federalism: Perspectives on Taxes, Spending and Trust", *Publius: Journal of Federalism*, Vol. 30, No. 1 - 2, 2000.

③ Timothy C. Earle, George Cvetkovich, *Social Trust: Toward A Cosmopolitan Society*, Greenwood Publishing Group, 1995.

参与渠道并不健全，导致公众无法参与政策制定过程，无法表达期望或者发声，从而不利于地方政府公信力的增强。此外，公务员群体指出，我国民众的"参与冷漠"也导致参与改革难以推动。在公务员的主观感知中，缺乏参与会导致信息难以共享，不利于建立官民沟通和交流的渠道，最终损害地方政府公信力。①

很多公务员也指出，媒体宣传活动对地方政府公信力产生了显著的负面影响。公务员受访者纷纷表示，近年来，许多新闻报道倾向于报道地方政府的负面信息，甚至夸大地方政府的过失，这样的批评是"有失公允的""哗众取宠的"和"不负责任的"。有些公务员甚至指出，这是由于我国新闻媒体的商业化改革而造成的不良后果——对地方政府进行批评成为媒体吸引读者的最佳手段。另有受访公务员指出，老百姓有一种不信任政府的怪异心理——他们倾向于认为有关地方政府的正面报道是被做过手脚的，而只有负面新闻才是真实的。

相比之下，对于普通民众的调查结果却显示，媒体宣传并没有影响他们对地方政府公信力的评价。一方面可能与受访民众的受教育程度有关，另一方面则可能与公共舆论关注偏差有关——进一步来说，我国民众更倾向于关注名人丑闻、犯罪和其他社会问题，对与地方政府行为有关的新闻缺少关注度，也有可能已经习惯于媒体对地方政府的报道与评价。我们对于普通公众的这一研究结论与陈学义和史天健②、莫伊和薛佛乐③、诺里斯④以及奈⑤的结论截然相反。

---

① Robert D. Putnam, *Bowling Alone*: *The Collapse and Revival of American Community*, Simon and Schuster, 2000; Leslie A. Duram, Katharin G. Brown, "Insights and Applications Assessing Public Participation in US Watershed Planning Initiatives", *Society & Natural Resources*, Vol. 12, No. 5, 1999; Kathleen Halvorsen, "Assessing the Effects of Public Participation", *Public Administration Review*, Vol. 63, No. 5, 2003; Lawrence C. Walters, James Aydelotte, Jessica Miller, "Putting More Public in Policy Analysis", *Public Administration Review*, Vol. 60, No. 4, 2000.

② Xueyi Chen, Tianjian Shi, "Media Effects on Political Confidence and Trust in the People's Republic of China in the Post-Tiananmen Period", *East Asia*, Vol. 19, No. 2, 2001.

③ Patricia Moy, Dietram A. Scheufele, "Media Effects on Political and Social Trust", *Journalism and Mass Communication Quarterly*, Vol. 77, No. 4, 2000.

④ Pippa Norris, *A Virtuous Circle*: *Political Communications in Postindustrial Societies*, Cambridge, UK: Cambridge University Press, 2000.

⑤ Joseph S. Nye, "Introduction: The decline of Confidence in Government", In Joseph S. Nye, Philip Zelikow, David C. King, eds., *Why People Don't Trust Government*, Cambridge: Harvard University Press, 1997.

## 2. "内部专家"的独特视角：基于多重视角的解读

公务员群体中熟悉政府公共行政与政府日常工作的人，一般被作为政府内部的专家。因此，他们对于地方政府公信力问题提出了很多基于这种专业性之上的、独具自身特色的观点，而这些观点并未被公众所获悉与提及。首先，公务员群体对于地方政府公信力模式提出了自己的见解，提出了"下降模式"与"依附性模式"。大多数公务员认为，纵向来看，我国公众对地方政府的信任度随着时间的推移而逐步下降。虽然这一观点与许多基于其他国家的研究结论相符[1]，但是并未在我国面向普通公众的调查数据中显示。同时，许多公务员也指出，由于受中国传统文化的影响，普通民众对权威有着盲目的依赖和较高的顺从程度，从而产生了基于顺从的信任模式。由于中央政府享有比地方政府更高的权威，因此中国普通民众更倾向于信任中央而非地方政府。然而，地方政府公务员的这一观点在公众调查数据中也并未有明确体现。

其次，许多官员对政府内部的官僚制弊端与地方政府公信力的关系问题提出了批判性的评论。他们认为，公共行政部门的官僚体制导致了很多不良行为，例如公务员群体的自我中心倾向、对上负责而对下失信、政府内部封闭性等。这些问题持续塑造着地方政府的负面形象，从而极大地损害了地方政府的公信力，而政府官僚制问题却在民众的问卷调查中没有涉及。

再次，公务员群体认为我国现行的分税制度是地方政府公信力低下的关键因素，但这一观点在普通民众调查中并没有得以涉及与验证。具体来说，许多受访公务员认为，1994年以来实行的分税制是导致地方政府公信力持续降低的直接原因。正是由于分税制，才导致地方政府陷入了入不敷出的困境——地方政府仅持有全部财政收入的40%，而却需承担70%的财政支出负担（如图5—1、图5—2）。由于财政紧缺的状况，地方政府难以在公共服务供给方面做出令普通民众满意的成绩。另外，地方政府

---

[1] Virginia A. Chanley, Thomas J. Rudolph, Wendy M. Rahn, "The Origins and Consequences of Public Trust in Government: A Time Series Analysis", *Public Opinion Quarterly*, Vol. 64, No. 3, 2000; Arthur H. Miller, "Political Issues and Trust in Government: 1964 – 1970", *American Political Science Review*, Vol. 68, No. 3, 1974. Joseph S. Nye, "Introduction: The Decline of Confidence in Government", Gary Orren, "Fall from Grace: The Public's Loss of Faith in Government", in Joseph S. Nye, Philip Zelikow, David C. King, eds., *Why people don't trust government*, Cambridge: Harvard University Press, 1997.

为了增加财政收入不惜牺牲环境为代价大力发展经济,对生态环境造成了极大的污染与破坏,这也直接导致了公众对地方政府的不满,从而影响了地方政府的公信力。

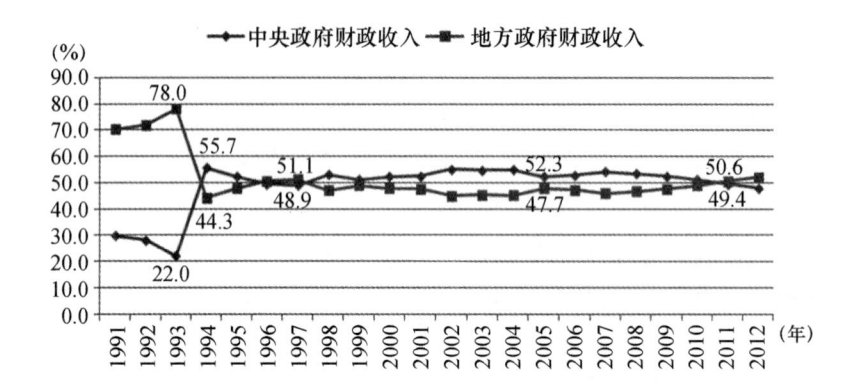

来源:中国国家统计局的报告汇编。

**图 5—1 财政收入分配比例:基于中央政府和地方政府(1991—2012 年)**

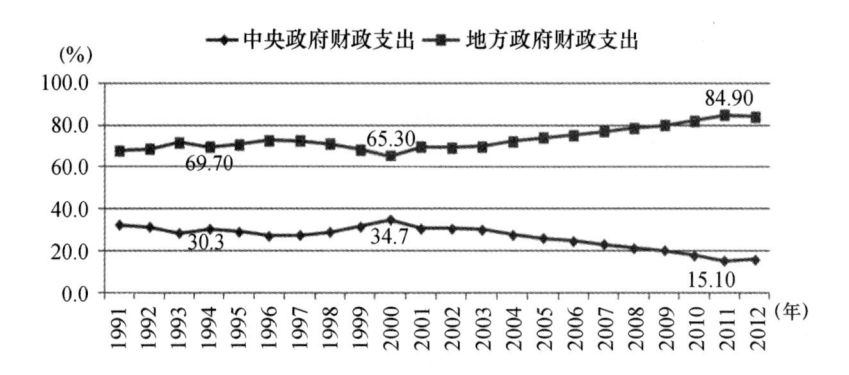

来源:中国国家统计局的报告汇编。

**图 5—2 中央政府和地方政府承担的财政支出比例(1991—2012 年)**

最后,部分受访公务员提出,地方政府目前的信任危机也在一定程度上是由于地方政府形象/信誉建设欠账所致。他们认为,我国地方政府信任程度之所以较低,是由于长期以来地方政府及其官员在过去所积攒的负面声誉的持续性影响所造成的,而不能仅仅归咎为当前地方政府及公务员的不良行为。这种追溯性的视角并未被普通公众的问卷调查所提及与检验。

## 第三节 地方政府信任：不同视角的深层次解读

### 一 研究结论概述

在第三章和第四章中，我们分别从普通公众（基于调查问卷）与地方政府公务员（基于半结构式访谈）两个视角来探索了中国的地方政府信任问题。在本章中，我们则对这两章的数据分析结果与结论进行了综合性的诠释与对比分析，并进一步讨论了地方政府信任模式与影响两者信任态度的因素及其异同。在信任态度上，公务员的立场更为复杂，他们不仅仅具有普通公众的身份，也是政府雇员，他们的日常生活也深受地方政府组织文化和规范的影响。在一定程度上，立场的分异与重叠最终造成了公务员与普通公众在信任态度上的相似与相异。

首先，我们的比较分析显示，在对地方政府总体信任模式的认知上，公务员群体与普通公众群体表现出相同性与差异性。两者都持以一种差序信任态度——公众更加倾向于信任更高层级政府（中央政府和省级政府），而对地方政府尤其是最基层地方政府的信任度最低。然而，公务员对于地方政府信任模式也提出了自身的见解。他们认为我国地方政府信任水平正呈现逐渐下降的模式，同时也提出了一种基于中国传统文化背景下民众对地方政府的顺从信任模式，来解释我国地方政府信任模式问题。这两种政府信任模式并未在公众调查数据中得以证实。

其次，对于哪些因素影响了地方政府公信力，公务员和公众的观点具有一定的相似性。两者都认为地方政府的某些特定行为特征会影响地方政府公信力。这些行为包括官员的腐败现象和行为，地方政府在提供公共服务中的绩效，特别是社会福利、基础设施建设、医疗和教育等方面的绩效。同时，在民众社会信任水平与地方政府信任水平的关系上，两者也持有相同的意见。具体来说，对于公众的调查数据显示，个人持有的社会信任度越高，其越倾向于信任地方政府。在访谈中，地方政府公务员也指出，总体的社会"信任风气"会极大地提升地方政府公信力。这一研究结论回应了社会资本理论的观点。在社会资本理论的视角下，人际信任、公民参与能够构建社会资本，而社会资本与政府信任之间存在着正相关性。①

再次，很多研究发现，经济发展繁荣会增强地方政府的公众满意度②，然而我们的数据却得出了与之相反的结论。我们发现，对于公务员与公众两个群体来说，经济发展对地方政府公信力的影响并不显著。虽然中国经济的快速发展会为人们带来更好的物质生活，与此同时，也带来了社会不公正加剧、环境恶化和政府腐败等问题。因此，经济发展的正负作用相抵，对地方政府公信力并未产生太大的影响。除此之外，这也与我国公众对"上赋功"的心态有关——即中国百姓更倾向于将经济发展的功绩视为中央政府功绩，归功于中央政府的"领导有方和宏观调控"。

最后，我们也发现一系列代表公务员与普通民众之间差异性的因素。有关媒体宣传和公众参与如何影响地方政府公信力这一问题，两者给出了截然相反的观点。此外，公务员也提出了普通公众所没有提及的独有的观点。他们指出，官僚体制、财政体制与政府形象建设历史欠账也是腐蚀地方政府公信力的关键因素。下文将对这些差异性因素做出进一步讨论。

## 二 价值观与防卫性诠释

一些研究结果显示，公民政治参与对政府公信力构建有着重要意义③。然而，根据我们的调查问卷结果显示，公民政治参与并不能对中国

---

① Robert D. Putnam, *Making Democracy Work: Civic Traditions in Modern Italy*, Princeton, NJ: Princeton University Press, 1993; Della Porta, Donatella, "Social Capital, Beliefs in Government and Political Corruption", in Susan J. Pharr, Robert D. Putnam, eds., *Disaffected Democracies: What's Troubling the Trilateral Countries?* Princeton, NJ: Princeton University Press, 2000, pp. 202 – 230; Luke Keele, "Social Capital and the Dynamics of Trust in Government", *American Journal of Political Science*, Vol. 51, No. 2, 2007; John Brehm, Rahn. Wendy, "Individual-level Evidence for the Causes and Consequences of Social Capital", *American Journal of Political Science*, Vol. 41, No. 3, 1997.
② Virginia A. Chanley, Thomas J. Rudolph, Wendy M. Rahn, "The Origins and Consequences of Public Trust in Government: A Time Series Analysis", *Public Opinion Quarterly*, Vol. 64, No. 3, 2000; M. J. Hetherington, "The Political Relevance of Political Trust", *American Political Science Review*, 1998; Jana Morgan. Kelly, "Counting on the Past or Investing in the Future? Economic and Political Accountability in Fujimori's Peru", *The Journal of Politics*, Vol. 65, No. 3, 2003.
③ Renee A. Irvin, John Stansbury, "Citizen Participation in Decision Making: Is It Worth the Effort?", *Public Administration Review*, Vol. 64, No. 1, 2004; Robert D. Putnam, *Bowling Alone: The Collapse and Revival of American Community*, Simon and Schuster, 2000; Daniel Yankelovich, *Coming to Public Judgment: Making Democracy Work in A Complex World*, Syracuse, NY: Syracuse University Press, 1991.

普通民众的信任水平产生显著影响,而地方政府公务员却抱以与之相反的观点。他们认为,政治参与的质量会极大地影响地方政府公信力,而这种影响既可以是积极的,也可以是消极的。同时,在解释地方政府公信力持续弱化问题上,许多公务员以"公民参与低效"作为辩解的立场。他们认为,中国民众参与现状不理想,这是造成地方政府公信力低下的主要原因之一。具体来说,一部分公务员认为中国民众存在一种"物质导向",即中国普通民众更看重对于物质生活条件的追求,而缺乏对于政治或公共事务的参与热情。另一部分公务员则谈及民众的"服从倾向",指出中国民众缺乏批判精神与参与能力,因此导致了参与无效,并引发了地方政府公信力弱化问题。

普通公众的调查数据同样显示,媒体宣传并未对其地方政府信任水平产生显著影响。然而,公务员群体却极力批评媒体负面宣传对政府公信力的消极作用。许多公务员认为,我国媒体近年来越发倾向于以"不实批判政府"作为商业化的运作手段,这极大削弱了地方政府的形象和公信力。此外,也有公务员指出,我国公众的"负面认同心态"也是造成政府公信力弱化的关键因素——即公众更加倾向于相信有关政府的负面新闻,而不愿相信有关政府行为的积极报道。

公务员与普通公众之所以会持有截然不同的观点,主要是由于二者的立场不同。这既是由于不同群体具有不同的生活经验、价值观、权力网络,而产生了不同的主观感知,也是由于公务员自我防卫心理的作用。公务员作为公共组织的内部人员和政府部门的有机组成部分,一般倾向于为地方政府行为进行辩解。因此,在谈论为什么地方政府公信力低下这一问题上,我们看到地方公务员进行了一定程度上的防卫性的诠释,其具体表现之一是将地方政府公信力低下归咎为公众政治参与低效与媒体不实报道。

## 三 内外差异与专业性视角

普通公众是公共部门外部的观察者和监督者、政府公共管理的目标以及公共服务的对象,对政府的行为与可信度有着直观的、感受式的认知。而相较之下,公务员比起普通公众更加了解政府运作,是政府公共管理方面的"专家"。充分的信息与权威的专业知识塑造着他们的信任态度与对问题的解读方式。正因为这种专业性视角,公务员提出了官僚主义、公共财政与政府形象建设历史欠账等因素来解读我国地方政府公信力低下问题,而这些观察问题的视角并没有在普通公众的调研中涉及和验证,这种解读与分析是地方政府公务员群体所独有的。

　　在这一章中，我们对普通民众调查数据与地方政府官员访谈数据进行了对比分析。首先，两者的观点在一定程度上呈现出一致性——即两者都认为，官员清廉、良好的政府绩效（尤其在公共服务供给方面）以及社会信任的溢出会增强地方政府公信力。其次，两个群体的观点也具有明显的差异性。对于我国地方政府公信力水平低下问题，地方政府公务员指出这是由于公众参与缺乏、媒体不实报道、官僚体制弊病、地方税收不足与政府形象建设历史欠账等导致的。这些观点是公务员群体所独有的，与普通公众所不同。对于公务员与普通公众的观点异同，我们将其总结为在溯源信任上的共性认知与归咎失信上的价值观差异与专业性视角差异。

# 第六章 高品质政府与我国地方政府公信力塑造：理论与实践

之前章节中，研究者通过实证研究的路径，采用定量与定性相结合的混合研究方法从普通民众和基层政府公务员的视角对影响我国地方政府公信力的因素进行了分析和解读，为本章推动地方政府公信力的提升路径建设提供理论与实证基础。基于已有研究结果，本章将从高品质政府建设的视角提出我国地方政府公信力水平的提升路径，切实增强地方政府的公信力水平。

具体来说，本章首先对品质政府（Quality of Government）的概念即政府质量进行解读，并结合我国地方政府的现状，对我国高品质地方政府的主要内容进行重新建构。随后基于对品质政府的解读与建构，详细阐述品质政府的主要构成，如政府回应性、政府治理方式变革、服务型政府建设和廉洁政府建设的内涵，并就以上四个方面的建设情况分别进行阐述，以提升我国地方政府品质，进而增强我国地方政府的公信力水平。

## 第一节 品质政府：概念解读

近十年来，一些国际组织如世界银行和联合国等从发展的视角探究善治与高质量政府机构和制度的重要性，提出高品质的政府对于促进经济增长和社会发展具有重要作用，对于推动民众健康医疗水平、环境可持续性、高质量的社会政策和民众生活满意度都具有积极作用。[1] 高质量政府建设有利于增强民众对政府职能的积极评价，进而提升民众对其满意度和

---

[1] Sören Holmberg, B. Rothstein, N. Nasiritousi, "Quality of Government: What You Get", *Annual Review of Political Science*, Vol. 12, No. 1, 2009.

信任水平，这一系列研究的背后都体现了高质量政府建设的重要性。

当前学术界对于质量政府的界定主要依据世界银行对治理概念的界定，即一个国家的政府对传统制度的践行，主要体现在政府产生过程、政府有效的制定和执行好的公共政策的能力和公民与国家对管理经济与社会互动的制度的尊重三个方面。① 鉴于这一定义太过于宽泛，早期的研究者更多的是从政府的一些具体层面开展质量研究。有的学者将政府质量、善政和制度质量作为相似的概念，主要通过腐败程度的高低来衡量政府质量，认为好的政府质量是高效的行政并且腐败水平较低。② 有学者将公民自由与政治权利水平作为衡量政府质量的重要标准，认为高质量的政府尊重公民权利、维护司法正义并降低社会的不平等水平。③ 哥德堡大学的政府质量研究中心认为政府的公正性指数最能体现政府质量。④ 萨玛尼（Samanni）和霍姆伯格（Holmberg）认为政府行政效率、腐败感知指数和政府公正性指数是衡量政府质量的重要指标⑤，而 Bjørnskov 等学者认为公民自由与政治权利指数和限制政府制定权力程度指数都是衡量政府质量的重要指标。⑥ 罗斯坦（Rothstein）和特奥雷尔（Teorell）在总结其他学者的论述后，提出经济发展、民众对政府的支持度和人民的幸福感可以衡量政府质量。⑦ 莫（Bok）认为政府有效性和回应性、政府公务员和机构的可信赖度以及政府议程和公共政策的包容性是衡量政府质量的重要标准。⑧

---

① D. Kaufmann, A. Kraay, P. Zoido‐Lobatón, *Aggregating Governance Indicators* (Vol. 2195), World Bank Publications, 1999.
② H. Back, A. Handenius, "Democracy and State Capacity: Exploring a J‐Shaped Relationship", *Governance: An International Journal of Policy, Administration, and Institution*, Vol. 21, No. 2, 2008.
③ J. C. Ott, "Government and Happiness in 130 Nations: Good Governance Fosters Higher Level and More Equality of Happiness", *Social Indicators Research*, Vol. 102, No. 1, 2010.
④ B. Rothstein, J. Teorell, "What Is Quality of Government? A Theory of Impartial Government Institutions", *Governance*, Vol. 21, No. 2, 2008.
⑤ M. Samanni, S. Holmberg, "*Quality of Government Makes People Happy*", The Quality of Government Institute, Working paper, 2010.
⑥ C. Bjørnskov, A. Dreher, J. A. V. Fischer, "Formal Institutions and Subjective Well‐Being: Revisiting the Cross‐Country Evidence", *European Journal of Political Economy*, No. 26, 2010.
⑦ B. Rothstein, J. Teorell, "What is Quality of Government? A Theory of Impartial Government Institutions", *Governance: An International Journal of Policy, Administration, and Institution*, Vol. 21, No. 2, 2008.
⑧ D. Bok, *The politics of happiness: What Government can Learn from the New Research on Well‐being*, Princeton, NJ: Princeton University Press, 2011.

世界银行依据治理指数对各国的政府治理质量情况从不同方面进行了测量和评估,具体包括民意表达水平、政治稳定性、政府有效性、政府监管质量、依法行政水平和政府清廉水平。[①] 海利威尔(Helliwell)和黄(Huang)将上述六个指标划分为两个维度,一是包括政府有效性、政府监管质量、依法行政水平和政府清廉水平的政府技术质量;二是包括民意表达水平和政治稳定性的政府民主质量。[②] 这些治理的指标体系已经被学者部分或全部应用于各国的政府质量的评估中,对于引导各国开展高品质政府建设起到积极作用。

国内学者也对政府质量展开了一些研究,并取得了一些成果。安莉提出,政府质量是指政府在行使自己职能的时候所发挥出的效能,主要包括政治质量、行政质量和经济质量等方面,而政府行使经济职能的质量尤其重要。她进一步指出,衡量政府质量的主要标准包括政府规模的大小、政府能力的高低、政府法治水平的情况、公务员素质、政府信誉和政府权威度、政府分权、政府透明度和政府责任感。[③] 李晓认为,政府质量的高低主要取决于政府理性、政府效率和政府的自律性等三个方面,具体体现在政府是否具有致力于经济发展的明确目的性、决策科学性和政策连贯性、政府是否具有精干、高校和专业化的文官队伍以及是否对自身行为的约束能力。[④] 成思危认为有效的政府基本上等同于高质量政府,政府质量的高低主要体现为政府的有效性,即政府能否合理地设定预期目标并全面贯彻执行以实现预期目标的能力,主要包括权威、精干、有为和廉洁四个方面。[⑤] 苗红娜提出政府质量的评价主要包括制度评价、政府行政评价、法治水平评价和腐败控制等四个方面,这四个方面直接关系到政府质量的高低。[⑥]

结合上述已有的研究,本章中所提出的政府品质即政府质量,是政府机构和人员履行公共职能时在程序、过程和结果等方面所体现的效能水平,主要表现在政府的回应性、政府的治理方式的变革、政府的公共服务

---

① http://www.oecd.org/mena/governance/.
② John F. Helliwell, H. Huang, "How's Your Government? International Evidence Linking Good Government and Well-Being", *British Journal of Political Science*, Vol. 38, No. 4, 2008.
③ 安莉:《政府质量比较研究》,吉林大学出版社 2006 年版,第 132 页。
④ 李晓:《东亚奇迹与"强政府"——东亚模式的制度分析》,经济科学出版社 1996 年版,第 85 页。
⑤ 成思危主编:《政府如何管理企业》,民主与建设出版社 1998 年版,第 15 页。
⑥ 苗红娜:《政府质量评价与社会信任:基于一项全国样本的实证研究》,《江苏社会科学》2014 年第 5 期。

性和政府的廉洁性四个方面。

## 第二节 政府回应性与政府公信力

政府回应是指政府部门对民众的要求作出反应、并积极采取措施以解决问题的过程。① 这不仅体现了政府的一种具体实践行为，也在一定程度上体现了政府与民众进行互动的政治过程。对民众的回应是公共管理责任的基本理念之一，这要求政府机构具有吸纳并处理社会公众合理诉求的意愿和能力，以回应公共权力的责任性要求。

在新时代治理背景下，当前我国地方政府在政府的回应性方面还存在一系列问题，如地方政府回应意识薄弱、动力不足、回应渠道不健全、回应过程不透明、回应制度化程度低以及回应的监督机制不健全等②，这严重影响了我国地方政府的回应能力的增强，对政府形象产生了很大的负面影响，直接影响了地方政府的公信力水平。并且，网络时代的发展对地方政府回应能力的提高和回应机制的构建提出了更高的要求。

首先，在理念和文化构建方面，积极培育和塑造政府机构公务员回应性理念，形成回应性组织文化。

回应性组织理念和文化的建立是回应性政府建设的基础。政府机构及其人员应秉持公民本位理念、公共利益至上的理念、责任行政的理念和依法治理的四大理念③，营造良好的互动氛围和文化，积极回应民众的合理诉求，切实维护好广大人民群众的切身利益，增强人民群众的参与感与责任感，切实提升民众的获得感和对政府的满意度。

其次，强化地方政府回应制度建设，增强政府回应机制。

政府回应力的增强，不仅依赖于价值、观念的转变，根本在于建立具有约束力的制度体系以保障回应机制。晏晓娟认为，在现阶段的政府发展过程中，政府回应还缺乏具体平等进入机制、对话与协商机制、官民互动机制与官员问责机制等运作机制的支撑。在此条件下，政府回应

---

① ［美］格罗弗·斯塔林：《公共部门管理》，陈宪等译，上海译文出版社2003年版，第78页。
② 王慧军：《新时代提升地方政府回应能力问题探究》，《天津行政学院学报》2019年第3期。
③ 王慧军：《新时代提升地方政府回应能力问题探究》，《天津行政学院学报》2019年第3期。

流程无法有序高效,也就无法回应民众呼吁的合理的诉求和期望,影响政府的形象,进而影响政府的公信力水平。首先,要建立健全政府回应的法律法规,对政府回应过程形成有效约束,保障民众的有效和有序参与,进而不断提升政府的回应能力。只有注重法律建设,才能确保回应制度的规范化和长远性。其次,还需要不断完善政府内部制度,如政务公开制度、利益反馈制度和相关责任制度等①,促使政府公务员不断约束自己的行为,切实履行自己的职责,增强政府回应的自我改进能力,构建科学、高效、及时、务实的政府回应机制,为政府回应能力建设提供制度保障。

最后,加快电子政府建设,提高网络信息时代中政府的回应能力。

随着互联网技术和信息化时代的到来,民众通过多种方式实现线上线下的互动和交流,民众的社会参与程度在增强,而政府传统的管理方式和回应制度已经不再适应新时代的要求。政府能够及时、积极、有效地回应新媒体时代民众的要求成为当前时代的要求。首先,政府应该积极搭建网络交流平台,拓宽参与渠道,以提高政府治理过程的技术水平,一方面升级相应的硬件设备,提高技术含量和层次;另一方面不断加强政府工作人员的电子政务技术培训,从而提高回应效率,满足民众诉求。其次,互联网为政府与民众的互动提供了很好的平台,政府应该建立网络舆情预警机制,了解民众的诉求,研判民众行为,积极引导民众正向参与,实现政府在信息时代背景下政府回应的转向和变革。

## 第三节 政府的治理方式变革与政府公信力

政府管理方式已经成为影响政府公信力的重要因素。改革传统的管理方式,提高行政决策的科学性和民主性成为改善政府形象、增强政府公信力的重要举措。根据安塞尔(Chris Ansell)和加什(Alison Gash)②的定义,合作治理是一种改变传统管理模式的新的制度安排,其核心特征是让非公共部门的利益相关者参与到治理与集体决策过程中来。具体来说,合作治理是以塑造共识为目标而进行的正式的制度安排和协商式的公共政策

---

① 晏晓娟:《政府回应机制的创新:从回应性到回应力》,《重庆社会科学》2015 年第 4 期。

② Chris Ansell, Alison Gash, "Collaborative Governance in Theory and Practice", *Journal of Public Administration Research and Theory*, Vol. 18, No. 4, 2008.

制定过程。爱默生（Kirk Emerson）等学者①回应了这一观点，指出合作治理是一种公共政策制定过程与公共管理框架。合作治理不仅仅在纵向上跨越了不同层级的行政部门界限，也在横向上跨越了公共部门与私人部门之间的边界，以此来实现单一部门难以完成的治理目标。合作治理的内在特征即通过建立、引导、推动和监督跨部门合作来有效地制定、实施公共政策并推动社会问题的解决。

此外，英尼斯和布赫指出②，合作治理通过整合不同的资源并通过协商与合作来创新治理方式，从而实现所有利益相关者的共同利益与目标。海登③进一步指出，治理指构建并完善一个规则体系，其规范润滑了国家、市场与市民社会三者之间的互动性与相互作用。在治理过程中，行为主体或利益相关者享有很大程度上的自主性，他们之间的界限也是相对模糊的。④ 因此，治理可以看作是政府运作方式的改变和转变，即政府在公共领域的决策过程中重塑传统的等级权力关系并积极与其他部门建立合作。"合作"一词则更多地强调资源的整合。正如拉斯克等⑤学者所指出，"合作"指在治理过程中整合并优化人力、物力资源，从而使得各参与主体能够建立合作关系，从而实现治理目标。同时，这种资源整合的过程则涉及来自多个部门的资源，并使得利益相关者可以共享资源与共同决策。通过合作与共享的过程，不同组织可以实现资源互补，解决了各自面临的资源约束困境，并形成合力以实现任何一个单一部门都无法实现的治理目标。

合作治理模式切实提高了政府的民主性，为提高中国地方政府公信力提供了一个切实可行的制度框架与实践途径。安塞尔和加什⑥对已有研究

---

① Kirk Emerson, Tina Nabatchi, Stephen Balogh, "An Integrative Framework for Collaborative Governance", *Journal of Public Administration Research and Theory*, Vol. 22, No. 1, 2012.
② Judith E. Innes, David E. Booher, "Reframing Public Participation: Strategies for the 21st Century", *Planning Theory and Practice*, Vol. 5, No. 4, 2004.
③ Goran Hyden, J. Court, K. Mease, *Making Sense of Governance: Empirical Evidence from Sixteen Developing Countries*, Lynne Rienner Publishers, 2004.
④ Gerry Stoker, "Governance as Theory: Five Propositions", *International Social Science Journal*, Vol. 50, No. 155, 1998; N. Kapucu, M. E. Augustin, V. Garayev, "Interstate Partnerships in Emergency Management: Emergency Management Assistance Compact in Response to Catastrophic Disasters", *Public Administration Review*, Vol. 69, No. 2, 2009.
⑤ Roz D. Lasker, Elisa S. Weiss, Rebecca Miller, "Partnership Synergy: A Practical Framework for Studying and Strengthening the Collaborative Advantage", *Milbank Quarterly*, Vol. 79, No. 2, 2001.
⑥ Chris Ansell, Alison Gash, "Collaborative Governance in Theory and Practice", *Journal of Public Administration Research and Theory*, Vol. 18, No. 4, 2008.

进行了回顾,并总结了合作治理的四个主要因素,即初始条件、制度设计、领导力以及协作过程。这一理论架构是否对中国情境下的合作治理与地方政府公信力构建具有启发意义?

首先,四个要素中的初始条件主要包括权力/资源分配、参与的动机以及参与者之间对抗或合作的历史,这些都会直接影响合作治理的过程。①

在合作的过程中,组织性的资源使得参与者得以享有发声的权力②;并且,参与者的资源与权力也包括他们所具备的参与能力、技术与专业知识。③ 此外,利益相关方参与合作过程的动机是另外一个重要的初始条件。这决定了相互的合作是否能够顺利达成,以及合作的具体形态。利益相关者之间合作或冲突的历史则塑造了参与者之间的社会关系网络以及权力关系网络,这在某种程度上起到了促进或阻碍合作的作用。④

在中国情境下,合作的初始条件具有自身的独特性。在西方国家,公共机构与市场部门、非政府组织有着长期的合作的经验与历史,尤其在近年来,西方国家越来越重视合作伙伴关系的建立。然而在中国,政府的公共权力渗透到各个领域,并掌握着大部分的资源和权力,相对缺乏合作的初始条件。因此,在我国,合作更多的是一个自上而下推动的过程,是政府主导性的分配资源与让渡权力的过程。这也是为什么在中国,难以出现真正的合作与参与的原因。

中国社会发展与治理的转型给予了合作治理一定的契机。一方面,随着市场化改革的进程,市场部门和社会所拥有的资源越来越丰富与多元。

---

① Chris Ansell, Alison Gash, "Collaborative Governance in Theory and Practice", *Journal of Public Administration Research and Theory*, Vol. 18, No. 4, 2008.

② Mary R. English, "Who Are the Stakeholders in Environmental Risk Decisions?", *Risk: Health, Safety and Environment*, Vol. 11, 2000.

③ Roz D. Lasker, Elisa S. Weiss, "Broadening Participation in Community Problem Soving: A Multidisciplinary Model to Support Collaborative Practice and Research", *Journal of Urban Health*, Vol. 80, No. 1, 2003; Barbara Scott Murdock, Carol Wiessner, Ken Sexton, "Stakeholder Participation in Voluntary Environmental Agreements: Analysis of 10 Project XL Case Studies", *Science, Technology and Human Values*, Vol. 30, No. 2, 2005; Steven L. Yaffee, Julia M. Wondolleck, "Collaborative Ecosystem Planning Processes in the United States: Evolution and Challenges", *Environments: A Journal of Interdisciplinary Studies*, Vol. 31, No. 2, 2010.

④ Andranovich Greg, "Achieving Consensus in Public Decision Making: Applying Interest Based Problem-solving to the Challenges of Intergovernmental Collaboration", *Journal of Applied Behavioural Research*, Vol. 31, 1995; Richard D. Margerum, "Collaborative Planning Building Consensus and Building A Distinct Model for Practice", *Journal of Planning Education and Research*, Vol. 21, No. 3, 2002.

与此同时,科技与网络信息技术的发展,也推动了网络参与和网络民主的发展。最重要的是,随着政府分权运动的进程,一场自上而下的治理改革运动重塑了我国的治理格局。在过去十年中,效率、透明度、问责制、公平性、回应性和社区治理都已成为我国公共政策的核心话语。以强有力的政府为推动力,中国的合作治理正在稳步发展,取得了一定的成就。在未来的发展中,应探索如何进一步赋权,并通过合理的激励机制来激发多方主体合作与参与的意愿。①

其次,合作治理的第二个关键因素是制度设计,即合作过程的基本规则。②

为了确保参与的意愿,需要确保参与过程的开放性、包容性与公平性,这对制度设计提出了挑战。③ 这一观点也得到了格拉斯伯根和德里森的回应,他们指出,在合作治理的制度设计中,规则的明确度、连贯一致性与透明性最为关键。④ 制度框架合理明确的合作过程可以激发参与者的信心,从而吸引他们参与政策制定过程。

目前,我国合作治理过程面临的最为严峻的挑战之一则是制度框架的设计。在我国,这种制度设计需要政府自上而下推动。因此,政府公共部门在制度设计中需要扮演关键角色。然而,目前我国的合作治理更多的是非正式的、非持续性的、缺乏制度设计的政府意愿表达,因此难以获得参与方的信任与兴趣。此外,合作与参与虽然可以起到整合资源、凝聚合力的作用,却也面临低效耗时的问题。因此,为了确保效率与民主性,在我国的合作治理制度设计中,也需要注意规定合理的时间期限。⑤ 良好的制

---

① Chris Ansell, Alison Gash, "Collaborative Governance in Theory and Practice", *Journal of Public Administration Research and Theory*, Vol. 18, No. 4, 2008.

② Ibid..

③ Thomas C. Beierle, David M. Konisky, "What Are We Gaining from Stakeholder Involvement? Observations from Environmental Planning in the Great Lakes", *Environment and Planning C Government and Policy*, Vol. 19, 2001.

④ Pieter Glasbergen, Peter PJ Driessen, "Interactive planning of infrastructure: The Changing Role of Dutch Project Management", *Environment and Planning C: Government and Policy*, Vol. 23, No. 2, 2005; Mark T. Imperial, "Using Collaboration as A Governance Strategy Lessons from Six Watershed Management Programs", *Administration & Society*, Vol. 37, No. 3, 2005; Barbara Scott Murdock, Carol Wiessner, Ken Sexton, "Stakeholder Participation in Voluntary Environmental Agreements: Analysis of 10 Project XL Case Studies", *Science, Technology & Human Values*, Vol. 30, No. 2, 2005.

⑤ Chris Ansell, Alison Gash, "Collaborative Governance in Theory and Practice", *Journal of Public Administration Research and Theory*, Vol. 18, No. 4, 2008.

度框架设计将进一步推动多方合作的开展，从而在合作的过程中重塑政府高效、可信的形象，起到增强地方政府公信力的作用。

再次，领导力是合作治理的另一个关键要素。

促进型领导对于推动赋权，从而吸引利益相关者参与并凝聚合力至关重要。① 此外，良好的领导力也意味着对于共同利益的塑造，从而在根本上推动合作治理的可能性与必要性。② 同时，领导者也需要促成建设性对话，激发协商过程中的实质性沟通与创造力，从而体现多元主体的权利与多主体的发声权。

地方政府是地方合作治理过程当中的领导者与领导力的体现。为了推动合作治理过程，提升其领导力，中国地方政府面临着一系列挑战，包括改变传统的官僚管理风格，重新分配部门资源，重塑权力关系模式，并合理赋予弱势群体利益等。合作治理过程给予了地方政府展现其领导力和良好治理理念的契机，因此也是我国地方政府重构信任的重要场域。

合作过程是合作治理的最后一个要素，也是最为核心和关键的因素。

根据安塞尔和加什③的论述，这一合作过程可以划分为五个重要阶段：面对面的交流、建立信任、对合作进程的承诺、共同理解以及最终结果。这五个阶段并不是线性关系，而是形成一个闭合的循环。具体来说，合作过程首先是基于不同利益相关者之间的面对面交流，这是整个合作过程的基础和起点。④ 面对面交流会进一步在参与者之间建立相互信任的关

---

① Barbara A. Pine, Robin Warsh, Anthony N. Maluccio, "Participatory Management in A Public Child Welfare Agency: A Key to Effective Change", *Administration in Social Work*, Vol. 22, No. 1, 1998; Thorn Reilly, "Collaboration in Action: An Uncertain Process", *Administration in Social Work*, Vol. 25, No. 1, 2001.

② Siv Vangen, Chris Huxham, "Enacting Leadership for Collaborative Advantage: Dilemmas of Ideology and Pragmatism in the Activities of Partnership Managers", *British Journal of Management*, Vol. 14, 2003; Ansell Chris, Alison Gash "Collaborative Governance in Theory and Practice", *Journal of Public Administration Research and Theory*, Vol. 18, No. 4, 2008.

③ Ansell Chris, Alison Gash, "Collaborative Governance in Theory and Practice", *Journal of Public Administration Research and Theory*, Vol. 18, No. 4, 2008.

④ Ryan Plummer, John Fitzgibbon, "Co-management of Natural Resources: A Proposed Framework", *Environmental Management*, Vol. 33, No. 6, 2004; Mark Schneider, J. Scholz, M. Lubell, D. Mindruta, M. Edwardsen, "Building Consensual Institutions: Networks and the National Estuary Program", *American Journal of Political Science*, Vol. 47, No. 1, 2003; Emma Tompkins, W. Neil Adger, "Does Adaptive Management of Natural Resources Enhance Resilience to Climate Change?", *Ecology and Society*, Vol. 9, No. 2, 2004; Jeroen F. Warner, "More Sustainable Participation? Multi-stakeholder Platforms for Integrated Catchment Management", *Water Resources Development*, Vol. 22, No. 1, 2006.

系。这不仅仅可以推动有效的合作过程，也可以增强政府—公民的互信。这种互信关系会进一步通过有效性承诺得以增强，并通过共同利益的探索与构建得以巩固。① 最后，积极的结果也会增强合作者的信息共享及其之间的信任关系，鼓励未来的合作与伙伴关系构建。②

## 第四节　服务型政府与政府公信力

服务型政府是当代政府模式演进的必然选择，向公众提供所需的公共产品和公共服务已经成为当前我国政府工作的重心，这直接影响到民众对政府的满意度和信任水平。党的十七大报告明确指出，建设服务型政府是我国行政管理体制改革的基本方向和目标，也是我国政府发展的必然选择。十九届三中全会和中央深改委第一次、第二次会议重点研究党和国家机构改革的问题，直接目标就是要建设人民满意的服务型政府。我国的服务型政府建设是从政府职能的角度提出来的，是对政府服务职能的强调，体现了政府职能从注重经济建设转向注重民生建设的工作重心的一种转移。③ 服务型政府的主要特征就是强化政府的公共服务职能，弱化政府的经济管理职能。

党的十六大以来，我国政府着眼于保障和改善民生，以公共服务为导向，着手转变政府职能、优化政府结构、改进行政运行体制、不断加大财政投入、加快公共服务均等化步伐等取得了显著的成效④，增强了政府的公共服务职能，提升了民众的获得感。但是也有学者提出，目前我国服务型政府建设还存在一些困境，如发展型政府难以超越、政府间职责分工不合理、社会政策体系整体规划缺失和公共服务供给的效率和效益未能尽如

---

① Ansell Chris, Alison Gash, "Collaborative Governance in Theory and Practice", *Journal of Public Administration Research and Theory*, Vol. 18, No. 4, 2008.
② Todd Rogers, B. Howard-Pitney, E. C. Feighery, D. G. Altman, J. M. Endres, A. G. Roeseler, "Characteristics and Participant Perceptions of Tobacco Control Coalitions in California", *Health Education Research*, Vol. 8, No. 3, 1993; Siv Vangen, Chris Huxham, "Nurturing Collaborative Relations: Building Trust in Inter-organizational Collaboration", *Journal of Applied Behavioural Science*, Vol. 39, 2003.
③ 竺乾威：《服务型政府：从职能回归本质》，《行政论坛》2019年第5期。
④ 马宝成：《中国服务型政府建设十年：主要成就和未来展望》，《国家行政学院学报》2012年第5期。

## 第六章 高品质政府与我国地方政府公信力塑造:理论与实践

人意等。① 孔凡河也针对基层政府这一主体提出,我国基层服务型政府建设的现实困境主要包括:"民本至上,服务为先"施政理念缺失、重经济管理、轻社会管理的职能偏好难改、财力与事权不对称、基层公共财政步履维艰、公众参与机制滞后、部门利益与公共利益之间张力不减、法治行政失范和公共权力异化等。② 这些困境直接影响了服务型政府建设的效果,影响了政府的形象和公信力。

为了推动我国服务型政府建设,基于前述章节中发现的影响地方政府公信力的重要因素,我国地方政府需要在以下几个方面做出改善以提升公信力水平:

第一,转变政府职能,明确公共服务职能在政府职能中的核心地位。自从服务型政府建设提出以来,我国政府在不断提高公共服务的数量和质量以满足民众日益增长的公共服务需求方面取得了一些成绩。但是如何平衡经济发展与公共服务供给之间的关系问题一直是政府尤其是地方政府面临的艰难选择。当两者面临矛盾时,地方政府往往选择以经济建设为中心,而忽视民众对公共服务的需求③,这不利于服务型政府建设的有序推进,并且显著影响了民众的获得感和幸福感。在后续的改革过程中,需要以党的全面领导为统领,改革政府机构设置,优化职能配置,深化转职能、转方式、转作风④,切实明确公共服务职能在政府职能中的主导地位,建立健全公平公正、惠及全民、水平适度、可持续发展的公共服务体系⑤,以满足民众不断增长的公共产品和公共服务的需求。

第二,明确中央和地方各级政府的公共服务职责,加大对公共服务的财政投入,完善适应服务型政府建设要求的公共财政体制。

马宝成指出我国中央政府与地方政府在公共服务的职责界定方面还存在模糊的地方,具体表现在两个方面,一是央地在核心公共服务支出中存在缺位现象;二是央地政府在公共服务的事权与财权存在不对称的现象,

---

① 郁建兴:《中国服务型政府建设的基本经验与未来》,《中国行政管理》2012 年第 8 期。
② 孔凡河:《困境与解局:社会管理创新语境下基层服务型政府建设的思考》,《学术探索》2011 年第 12 期。
③ 竺乾威:《服务型政府:从职能回归本质》,《行政论坛》2019 年第 5 期。
④ 王身余:《转变政府职能与建设人民满意的服务型政府》,《湘潭大学学报》(哲学社会科学版)2018 年第 5 期。
⑤ 马宝成:《中国服务型政府建设十年:主要成就和未来展望》,《国家行政学院学报》2012 年第 5 期。

导致地方政府尤其是基层政府财政压力过大,财政赤字现象严重。前述章节中,作者通过对我国中央政府与地方政府多年的财政收入和支出情况做纵向分析,也发现了相似的结论。这都在一定程度上加大了地方政府的财政负担,对公共服务供给数量和质量的提高产生消极影响。一方面,努力提高公共服务支出占全部财政支出的比重,提高公共服务支出占 GDP 的比重①;另一方面,进一步完善中央政府与地方政府的在公共服务供给方面的职责权限,并完善公共财政制度建设成为了当前重要的任务,如改革、完善分税制和转移支付制度,构建合理的地方政府公共支出的基本结构,进一步规范和完善地方政府的预算制度等。②

第三,进一步优化资源配置,完善多元供给机制,推进我国基本公共服务均等化进程。

近年来,随着经济发展水平的提高,我国在推行基本公共服务如公共教育、医疗卫生、社会保障、住房保障、公共文化、就业服务、人口计生、生态环境、基础设施的均等化方面已经取得一些进展,但是还存在一些问题,如基本公共服务总量不足,城乡、区域之间差异明显和供给主体单一化的问题③,这极大地影响了我国服务型政府的建设。竺乾威也指出政府在资源配置的合理性、公平性和公正性方面存在问题,导致资源配置常常发生错配现象,造成资源的浪费。一些优质紧缺资源的配置不合理、不公平、不公正,不同地区之间的差别依然较大,这常常引发社会矛盾。④ 鉴于此,首先,需要充分认识到政府在权力、能力、职能和规模方面的有限性,在公共服务供给中引入市场机制,充分运用市场化和社会化手段增加公共服务供给的数量和提高公共服务供给质量。其次,发挥政府的主导性作用,积极培育多元供给主体,推动供给方式多元化⑤,政府充分做好规划和引导作用,积极拓宽和扩大有效供给渠道,鼓励多元主体参与到公共服务供给的事业中,从而弥补政府单一主体供应的困境,提升公共服务供给质量和水平。

---

① 马宝成:《中国服务型政府建设十年:主要成就和未来展望》,《国家行政学院学报》2012 年第 5 期。
② 黄杰:《公共财政制度建设与我国地方服务型政府构建》,《中州学刊》2011 年第 1 期。
③ 李永红:《供给侧改革背景下的基本公共服务均等化分析》,《华东经济管理》2017 年第 8 期。
④ 竺乾威:《服务型政府:从职能回归本质》,《行政论坛》2019 年第 5 期。.
⑤ 李永红:《供给侧改革背景下的基本公共服务均等化分析》,《华东经济管理》2017 年第 8 期。

第四,深化政府"放管服"改革,建设人民满意的服务型政府。

"放管服"即简政放权、放管结合和优化服务。"放"的核心意思是简政放权,"管"的重点是放管结合和创新事中事后监管,"服"可以理解为优化服务,既是改革举措,也是改革目标,目的是建设人民满意的服务型政府。[①] 李克强总理多次强调,"放管服"改革是一场重塑政府和市场关系、"刀刃向内"的政府自身的革命。十八大以来,党和国家高度重视政府职能转变,深入推进"放管服"改革。党的十九大也对"放管服"改革提出了更高要求,强调要进一步转变政府职能,深化简政放权,创新监管方式,以建设人民满意的服务型政府,这对于增强政府公信力具有重要意义。为进一步推进政府"放管服"改革,需要进一步厘清政府与市场、政府与社会的关系,更新政府及公务员的服务和管理理念,持续变革政府管理方式,不断创新管理手段,提升政府管理效率以进一步回应民众对美好生活的新期盼。"放管服"改革是一个系统的工程,非一朝一夕就能完成,本文从前述章节中提到的影响政府公信力的因素层面提出如下建议:

第一,创新政府服务和管理理念,强化为人民服务意识。"放管服"改革应该始终遵循"以人民为中心"的发展思想,将人民群众的需求放在政府改革的中心位置。政府工作人员切实遵循全心全意为人民服务的宗旨,遵循公共价值理念,不断提升公共服务意识和公共服务动机水平,确立"透明""回应""责任""服务"等现代政府的价值取向,切实强化服务型政府思想。

第二,厘清政府职能边界和责任,重新界定政府服务角色,促进政府职能和管理方式转型。通过"放管服"改革,有效推动政府职能从重审批向强监管、优服务,政府角色从权力主体向责任主体的深刻转变,把政府从不擅长、不应该管微观管理和直接干预中解放出来,有效破解政府职能缺位、错位、越位和不到位等问题。[②]

第三,依托"互联网+政务服务",提升政府服务效能。政府通过"放管服"改革加快构建统一的"一站、一门、一窗、一次"服务体系。基于大数据技术和互联网技术的发展,改变传统管理和办事方式,力促

---

① 中国行政管理学会课题组、张定安、鲍静:《深化"放管服"改革 建设人民满意的服务型政府》,《中国行政管理》2019年第3期。
② 沈荣华:《推进"放管服"改革:内涵、作用和走向》,《中国行政管理》2019年第7期。

"群众跑腿"向"数据跑路"转变,"条块分割"向"整体联动"转变,"群众来回跑"向"部门协同办"转变,实现企业、民众现场办事"一窗受理、限时办结"和"最多跑一次"①,建立起新型清晰规范的办事流程和标准,在利企便民上下大功夫,全面提升政府的效率和能力。

第四,聚焦民生领域,把人民群众的满意度作为评价"放管服"改革的核心标准。充分发挥政府的引导作用,切实关注民众在教育、医疗和养老等民生领域的需求,以民众的满意度为核心标准衡量政府在"放管服"工作情况,切实增强民众的获得感和满意度。

## 第五节 廉洁政府与政府公信力

一直以来,政府的清廉水平被当作影响政府公信力的重要因素。各国也纷纷通过采取各种举措来抑制腐败,提升民众对政府的清廉认知,从而塑造政府清廉形象。作为转型期的中国,经济高速发展,一些党员领导干部思想松懈、信念缺失加上法制不完善和监督机制不完善等原因,腐败问题不断蔓延,成为侵蚀共产党执政地位的毒瘤,严重影响了政府公信力的提升。

党的十八大以来,以习近平同志为代表的新一届党中央领导层大力反腐,对推进党风廉政建设和反腐败斗争态度坚定,凭借其对腐败行为的"零容忍"态度,坚持"老虎""苍蝇"一起打,对反腐败工作保持前所未有的高压形势,在党风政风建设、干部队伍纯洁性和政府清廉形象塑造方面取得了重大成效。然而,新时代背景下,党风廉政建设和反腐败斗争依然比较严峻,仍需要在法律法规完善、制度和机制建设、健全公民参与渠道及充分利用大数据推展网络反腐等方面下大力气,从根本上遏制腐败行为,切实实现"不敢腐""不能腐"和"不想腐"的效果,从而塑造政府清廉形象,增强政府公信力水平。

第一,继续深化反腐顶层设计,完善反腐败法律体系。通过完善顶层设计,实现纪委、监察机关与人大立法机关、国家行政机关的有机合作与人大机关在反腐败斗争中的职责回归②,这是反腐败体系建设顶层

---

① 李坤轩:《新时代深化"放管服"改革的问题与对策》,《中国行政管理》2019年第6期。
② 徐家良:《基层反腐败之战怎么打》,《人民论坛》2017年第5期。

设计上的重大改善。此外,进一步完善反腐败立法工作,尽快出台《反腐败法》,明确对反腐败的内容,对腐败分子如何处罚进行界定,一方面建立起对纵容、包庇腐败分子的相关责任制度;另一方面明确规定公平反腐败的奖励、保护制度,引入社会监督,明确社会各界的反腐败权利与义务等①,以做到有法可依。

第二,创新和完善反腐败制度和机制,构建科学的反腐败制度体系。

反腐败制度建设是反腐败斗争获得成功的基本保障。处于转型期的中国更需要基于本国的实践,充分借鉴国外先进经验,完善目前的反腐败制度,以协调反腐败机构发挥应有的作用。有学者提出,应该进一步完善廉政风险防控制度、防止利益冲突制度和行政问责制度等,以从总体上构建完善的反腐败制度体系。②任建明在对我国14项反腐制度进行综合分析基础上,提出构建中国特色的权力制约与监督制度、完善中国特色的防止利益冲突制度、进一步完善领导干部个人有关事项报告制度,把制度建设贯穿纪检监察工作高质量发展全过程,以构建特色鲜明、务实管用的制度体系,这对于我国反腐败斗争具有重要意义。③王生通过借鉴韩国反腐的经验,提出从预防制度和协同治理制度两方面构建反腐制度框架,如实施较为成熟的审计监察制度、较为完善的公职人员廉政教育培训机制和国家组织机构廉洁诚信和腐败风险评估机制,还包括建立便捷有效的举报申诉渠道,举报人保护制度和加强反腐败领域的国际协作机制等④,这为我国构建反腐败制度体系提供了借鉴。

第三,创新反腐方式,引入大数据技术提高反腐的技术水平。

信息技术的飞速发展和互联网的广泛应用使我国的反腐技术水平的提高成为可能。大数据通过革新技术手段,在腐败治理中有利于提供侦破腐败案件的证据、提升政府运作透明度、揭示腐败产生发展规律和追逃追赃工作⑤,对我国的反腐败事业意义重大。也有学者指出,大数据反腐通过创新反腐败方法,在一定程度上解决了反腐败领域的信息壁垒问题,破解了一些权力监督领域的"监督难"问题,可以有效地将国家与社会的

---

① 孙灼华:《我国政府反腐败制度创新研究》,《管理观察》2015年第4期。
② 王璐、黄建伟:《当前地方政府反腐败制度建设和制度创新》,《天水行政学院学报》2015年第4期。
③ 任建明:《反腐败制度与创新》,中国方正出版社2012年版。
④ 王生、骆文杰:《韩国历届政府反腐败治理的经验及借鉴研究》,《东疆学刊》2019第1期。
⑤ 刘真:《大数据在腐败治理中的功能研究》,硕士学位论文,湖南大学,2016年4月。

反腐败力量结合起来，从而提高了反腐效率。①

为进一步提高大数据的反腐技术水平，首先需要提高大数据管理技术，实现对反腐对象的精准识别和精准反腐。杜治洲认为应该从两个方面推进大数据技术，一是加强大数据基础网络建设，二是培养并吸纳大数据技术和管理人才，建立政府反腐大数据管理系统和处理机构，为反腐败工作提供技术服务。其次，要打破信息孤岛，实现信息的共建、共治和共享。大数据时代的信息共享已经成为国家发展的必须。国家加强顶层设计，建立大数据战略，建立纵向不同层级政府和横向不同部门、机构之间的大数据分享云，将政府官员的所有信息都置于数据的保护和监督之下，不但可以对政府官员的政绩做出科学评价，还可以对其廉洁程度进行监督。另外，需要加强数据安全防范，充分保障数据安全。根据数据的性质，对其进行归类、设置不同的权限，进行分类、分级管理。并需要通过法律途径健全相应的法律体系，填补数据安全的法律漏洞。② 在人员管理上，加强人员的管理和培训，提高人员的数据安全意识，切实保护数据的安全。③

第四，拓宽公民参与渠道，加强社会监督。我国宪法明确规定，公民具有言论自由、参政与议政权、监督权、检举权等一系列权利，深入的反腐需要民众的广泛参与，这也是行使宪法赋予民众权利的最好体现。首先，应该强化教育动员，调动公民参与反腐的积极性，并通过对民众理性反腐价值的回归与塑造，积极推动公民的理性反腐能力和水平。其次，积极建立多元反腐渠道，尤其是利用互联网、自媒体等互联网反腐方式，完善网络反腐的公民参与机制，实现网络反腐的良好健康运行。此外，还应该建立健全民众信息安全保护和相应的激励机制，采取多种措施保障广大民众的反腐动力。

基于上述章节的实证研究，本章从高品质政府塑造的视角提出了提升地方政府公信力的政策建议。首先，作者对品质政府及政府质量进行概念界定与解读，提出品质政府是政府机构和人员履行公共职能时在程序、过程和结果等方面所体现的效能水平，主要表现在政府的回应性、政府的治理方式的变革、政府的公共服务性和政府的廉洁性四个方面，认为高品质

---

① 李莉：《在大数据驱动下实现腐败治理创新》，《检察日报》2019年11月19日。
② 杜治洲、常金萍：《大数据时代中国反腐败面临的机遇和挑战》，《北京航空航天大学学报》（社会科学版）2014年第4期。
③ 刘真：《大数据在腐败治理中的功能研究》，硕士学位论文，湖南大学，2016年。

政府的建设对于改善地方政府形象、提升地方政府的公信力具有重要意义。

然后,作者分别从回应性政府与政府公信力、政府治理方式变革与政府公信力、服务型政府建设与政府公信力和廉洁型政府塑造与政府公信力四个方面分别展开详细论述并提出政策建议,以塑造高品质政府,切实改变政府形象从而提升我国政府尤其是地方政府的公信力水平。

# 研究结论与展望

20世纪60年代以来,席卷西方世界的政府信任水平的下降给各国带来了严重的信任危机,严重影响了政府执政的合法性基础,引起了政界的强烈关注,更是引发了学术界关于西方民主制度适用性与否的反思。改革开放以来,中国经济的快速发展给中国民众带来了物质方面的巨大改善和提升。并且,我国各层级政府不断改革执政与管理方式,转换管制型和管理型管理理念,不断增强政府服务意识和提高服务能力,增强了民众的获得感,也获得了民众对政府的支持和信任。但是政府尤其是地方政府在很多方面还存在一些严重的问题,如公共服务供给中住房、教育、医疗、养老、食品药品安全等方面供给不足、质量不高,重大安全事故频发、官员腐败时有发生、环境污染急剧恶化、政府官本位意识较强、官员不作为、乱作为现象频现等都严重影响了民众对政府的信任。尤其是进入21世纪以来,虽然中国民众对各层级政府尤其是中央政府的信任水平较高,但是随着民众对政府的期望不断提高,面对转型期背景下问题多发的形势,这对各层级政府尤其是地方政府的执政提出了更大的挑战。

为此,研究聚焦于中国转型期背景下地方政府的信任问题,从普通民众(农村居民与城市居民)和地方政府公务员两个视角开展我国地方政府信任模式和影响地方政府公信力影响因素的实证研究,并通过两个视角的对比研究,探寻不同视角下地方政府信任模式和公信力影响因素的共性和差异性,发现当前地方政府公信力存在的问题,从而提出地方政府公信力的提升路径。基于本书的研究结果,本章主要从研究结果、研究贡献以及未来的研究发展方向对本书进行归纳总结。

## 第一节 政府信任模式、影响因素与提升路径

通过对已有文献的梳理发现，当前对政府信任的研究大多是基于普通民众的视角进行政府信任模式与影响因素的研究，从政府代言人——公务员的视角进行相应的探索尚未涉及。我国转型背景下，地方政府公务员如何看待当前地方政府公信力水平的变化？他们是否认为那些因素会影响到地方政府公信力水平？是否与民众对地方政府公信力的认知存在共性与差异？针对这些差异和共性，如何建构地方政府公信力的提升路径？针对上述研究问题，本书采用定量与定性相结合的混合研究方法，通过大样本的问卷调查和半结构式访谈获得翔实的数据，并采用描述性统计分析、因子分析、有序逻辑斯蒂回归分析、主题分析和对比分析方法进行实证研究，获得了一些初步的研究结果。

### 一 地方政府信任模式

受访的普通民众（城市与农村居民）和公务员都认为我国多层级政府信任呈现出差序信任模式，即随着政府层级的提高，其相对应的公信力水平也更高。中央政府的公信力水平最高，而乡镇（街道办）层级政府的公信力水平最低。有趣的是，公务员和普通民众对这一模式都有相同的认知。并且，与城市居民相比，农村居民对各层级地方政府的信任水平都比较高。

但与普通民众相比，地方政府公务员群体提出我国地方政府信任水平还呈现出另外两种模式，一是地方政府信任水平随时间的推移而不断降低的下降信任模式；二是传统政治文化与制度惯性下的依附性信任模式。虽然我国政府公信力仍然处于较高的水平，但是转型期的中国新问题频现，民众对政府期望值不断提高，这都对我国各层级地方政府公信力的增强不断提出挑战。总体来说，地方政府的公信力呈现出一种下降趋势。此外，公务员群体提出，当前民众对地方政府的信任更像是一种对于传统政治文化和制度依赖基础上的顺从性、依附性信任。受中国传统政治文化和权威主义价值观的影响，普通民众对地方政府的信任实际上体现了对我国地方政府权威地位的服从、认可与依靠。因为政府特别是地方政府机构是向公民负责的唯一官方机构，这就不难理解我国民众对我国政府的信任和

依赖。

## 二 地方政府公信力影响因素探讨

地方政府公信力的影响因素研究一直是学术界讨论的热点之一。深入研究影响政府信任的因素对于地方政府公信力提升的路径建设具有重要意义。学术界已经从普通民众的视角，结合制度主义和文化主义理论对影响政府公信力的因素进行分析和研究，但较少从公务员群体的视角开展政府公信力影响因素的研究。

本书基于南京大学全国性问卷调查的数据，针对农村居民和城市居民两类群体，采用描述性统计分析、因子分析及有序逻辑斯蒂回归分析方法探究影响普通民众政府公信力的因素。研究发现，民众对政府行为的认知、公共服务品质的满意度评价、政府腐败感知水平以及社会信任水平等都对普通民众的地方政府公信力具有重要解释力度，而经济发展水平与政治参与度则对地方政府公信力的影响不显著。

此外，本书通过半结构式访谈的方法获得 30 位 Q 市地方政府公务员的访谈数据，采用主题分析的方法，探索地方政府公务员视角下影响地方政府公信力的因素。研究发现，公务员群体认为，当前地方政府的官僚体制、地方政府财政困境、地方形象的负债、民众政治参与水平、批判性民众的觉醒与媒体的报道等因素会极大地影响地方政府的公信力水平。同时，这些影响因素彼此之间也形成了一种更加复杂的关系模式，通过彼此影响、共同作用的方式对我国地方政府公信力产生影响。

通过对普通民众与地方政府公务员群体两个不同视角结果的比较研究发现，两者都认为地方政府组织机制与人员自身存在的问题，如部分官员腐败、政府绩效较低等会对地方政府公信力产生解释力度。但是相比之下，公务员群体对政府公信力的影响因素的分析比普通民众具有更大的延展性。普通民众主要是从政府存在的问题方面探寻地方政府公信力低下的原因，而公务员群体则从政府自身、社会民众以及媒体的宣传等多维角度剖析影响地方政府公信力的主要因素。

## 三 地方政府公信力的提升路径研究

政府信任水平的持续下降成为当前各国政府的信任魔咒，如何提升政府的信任水平成为摆在各国政府面前的难题。基于本书中发现的影响地方政府公信力的驱动因素的多样性特征，作者提出品质政府的视角，从回应性政府与政府公信力、政府治理方式变革与政府公信力、服务型政府建设与政府公信力和廉洁型政府塑造与政府公信力四个方面分别展开详细论述并提出政策建议，以塑造高品质政府，切实改变政府形象从而提升我国政府尤其是地方政府的公信力水平。

从回应性政府建设方面，我们提出首先应该在理念和文化构建方面，积极培育和塑造政府机构公务员回应性理念，形成回应性组织文化。其次，应强化地方政府回应制度建设，增强政府回应机制。此外，还应该加快电子政府建设，提高网络信息时代中政府的回应能力。

在政府的治理方式变革方面，合作治理方式似乎是转型背景下加强我国地方政府公信力的一个可行的治理策略。如前所述，地方政府针对自身困境与问题所采取的大量改革举措，似乎都难以赢得公众对其信任水平的提高。除地方政府机构在内，将涉及地方政府公信力的其他利益攸关方和机构纳入公信力提升的路径框架就变得十分必要。因此，在探索解决公众对地方政府信任水平较低的举措时，由安塞尔和加什[1]提出的合作治理观点对此后的研究非常有益。在地方政府主导下，多个利益主体或机构以共同参与的方式讨论政府公信力提升的路径。整个过程建设性地跨越了公共部门与其他部门、组织和公众领域的界限，跨越不同级别的地方政府，以实现单一组织或部门无法以其他方式完成的目的。地方政府机构一方面又重视自身建设，另一方面需要完善制度设计，建立合作治理框架，将涉及地方政府公信力的主要利益相关主体——政府、媒体和公众都纳入进这一治理框架共同努力，通过实现合作治理的方式，提高地方政府的公信力水平。

在服务型政府建设方面，我国地方政府需要在以下几个方面做出改善以提升公信力水平：第一，转变政府职能，明确公共服务职能在政府职能中的核心地位；第二，明确中央和地方各级政府的公共服务职责，加大对公共服务的财政投入，完善适应服务型政府建设要求的公共财政体制；第三，进一步优化资源配置，完善多元供给机制，推进我国基本公共服务均等化进程；第四是深化政府"放管服"改革，建设人民满意的服务型政府。

在廉洁政府塑造方面，实现"不敢腐""不能腐"和"不想腐"的效果，需要首先在继续深化反腐顶层设计、完善反腐败法律体系上下功夫。其次，创新和完善反腐败制度和机制，构建科学的反腐败制度体系。

---

[1] Chris Ansell, Alison Gash, "Collaborative Governance in Theory and Practice", *Journal of Public Administration Research & Theory*, Vol. 18, No. 4, 2008.

此外，继续创新反腐方式，引入大数据技术提高反腐的技术水平。最后，还应该拓宽公民参与渠道，加强社会监督机制。

## 第二节 理论与实践贡献

本书通过定量与定性相结合的方法，从普通民众和地方政府公务员两个不同视角对我国地方政府的信任模式和影响因素进行了探析，并尝试从合作治理的视角建立多主体的治理框架以提升地方政府公信力水平。这项研究主要在两个方面做出重要贡献。第一，增强对我国转型背景下地方政府信任知识方面的构建和理解；第二，基于影响地方政府公信力影响因素的比较分析，通过指出为建立和加强地方政府信任而可能采取的各项举措，可以为公共管理实践的改革与完善做出一定贡献。

### 一 关于政府信任知识方面的贡献

首先，本书对国内外政府信任研究进行系统梳理，理清相关理论概念与发展脉络，重新界定了中国情境下的地方政府信任的概念，拓展了既有的制度主义和文化主义理论视角，深化政府信任理论的本土化研究。

其次，本书采用实证研究方法，通过大样本问卷和半结构式访谈法，探索我国地方政府信任模式与影响机制，为我国地方政府公信力研究提供实证数据支撑，推动了我国地方政府公信力理论研究与实证研究的融合。

此外，本书从普通民众和地方政府公务员两个不同视角对我国地方政府的信任模式和影响因素进行了探析，拓展了已有的单纯以普通民众为视角的政府信任研究，提供了体制内的独特视角。如前所述，学术界从公务员视角对地方政府公信力开展的研究相对较少。虽然有大量关于西方背景下普通民众如何看待政府机构信任水平的数据，但本书从地方政府公务员这一新视角开展的研究增强了人们对于地方政府公信力这一主题的认识。通过将地方政府公务员作为新视角开展混合研究，获得一些与普通民众在地方政府信任模式和影响因素不一致的见解与观点，这些见解对我们更加全面地了解我国地方政府公信力的现状具有重要意义，并且在一定程度上增加关于政府信任尤其是地方政府信任的知识，如公民对地方政府的信任可能较多地反映了中国尊重权威的文化传统，这一论点既具有启发性，也有助于激发对多视角的思维方式的思考，对于在我国转型背景下增强对地方政府信任知识方面的构建和后续的政策建议的提出具有重要价值。

## 二 关于政府信任实践层面的贡献

已发表的关于如何强化政府信任水平的研究主要聚焦于通过完善政府内部管理机制和存在的问题,如提高政府的服务效率和水平、打击政府腐败、完善公共服务供给机制、增强政府透明度等。① 本书通过混合研究方法,尤其是通过对地方政府公务员群体的研究,发现了一些除地方政府自身问题以外的更广泛的外部问题也在对我国地方政府公信力都在产生影响,而这些问题往往在理论研究与实践层面被忽略。这些问题的解决举措对地方政府公信力的提升有重要意义。

在这方面,品质政府理念不仅具有极高的学术价值,对地方政府公信力的提升还具有重要的实践意义。这一治理框架呼吁从影响政府质量的多个方面构建高品质政府,这在塑造地方政府公信力方面发挥重要作用。在目前国内背景下,这项研究可能具有一定创新性以及巨大的公共管理实践潜力。治理方式的转变将极大地改变地方政府的管理方式与理念,这对于改变目前地方政府公信力低下的局面是一次重要尝试。

## 第三节 研究局限以及未来研究方向

自20世纪60年代以来,大量学者针对全球范围内政府公信力下降的现象开展了大量研究。中国关于政府信任的研究开始于21世纪初,研究

---

① William Mishler, Richard Rose, "Trust, Distrust and Skepticism: Popular Evaluations of Civil and Political Institutions in Post - Communist Societies", *The Journal of Politics*, Vol. 59, No. 2, 1997; William Mishler, Richard Rose, "What Are the Origins of Political Trust?: Testing Institutional and Cultural Theories in Post - communist Societies", *Comparative Political Studies*, Vol. 34, No. 1, 2001; Frederick C. Turner, John D. Martz, "Institutional Confidence and Democratic Consolidation in Latin America", *Studies in Comparative International Development*, Vol. 32, No. 3, 1997; Eran Vigoda, "Organizational Politics, Job Attitudes, and Work Outcomes: Exploration and Implications for the Public Sector", *Journal of Vocational Behavior*, Vol. 57, No. 3, 2000; Frank Bannister, Regina Connolly, "The trouble with Transparency: A Critical Review of Openness in E-government", *Policy & Internet*, Vol. 3, No. 1, 2011; Onora O'Neill, *A Question of Trust: The BBC Reith Lectures* 2002, Cambridge University Press, 2002; Shaun Bowler, Jeffrey A. Karp, "Politicians, Scandals, and Trust in Government", *Political Behavior*, Vol. 26, No. 3, 2004; Eric C. C. Chang, Yunhan Chu, "Corruption and Trust: Exceptionalism in Asian Democracies?", *The Journal of Politics*, Vol. 68, No. 2, 2006.

过程和理论视角大多遵循西方研究的逻辑。虽然本书通过混合研究方法，从普通民众与地方政府公务员的视角开展对比研究，获得了一些有价值的研究结果，但是本书仍然存在一些有待改进的方面以及未来值得进一步探索的研究议题。

第一，对二手数据的依赖和未来自主调查的开展。

如前所述，南京大学专业的调研团队通过严格的抽样方法进行了科学的实证调研，获得了大量翔实的数据。本书通过使用该调研团队的原始数据，基本上解决了本书提出的问题。然而需要注意的是，该实证研究并非针对本书的研究目的与研究问题而开展，尤其是调查问卷的设计与本书的研究问题存在不完全匹配的问题。南京大学问卷调研的主要目标是了解民众对中国社会组织（而不仅仅是地方政府）的信任情况，因此难以针对地方政府信任中研究者所要探讨的所有问题一一做出回应。

同样，依赖二手资料的另一个局限性表现在，难以实现地方政府公务员和普通民众研究结果的完全对比。虽然在某些研究结果可以实现两者的对比，但是在一些方面我们仅能从公务员群体获得相关数据，而在普通民众的数据中没有得到体现，比如依附性信任模式和下降信任模式，比如公务员群体提及的批判性民众和财政资本等变量对地方政府公信力的影响等。

未来的研究中，可以针对本书的具体问题以及从公务员群体的研究结果，针对没有被匹配的信任模式和影响因素重新设计调查问卷，对相关假设进行重新检验，从而完善对比研究的结果。

第二，高层次地方政府公务员的缺失。

本书的另一个局限性是参与调研的地方政府公务员相对属于较低层级地方政府，缺少高层级地方政府如省级政府公务员的参与。参与调研的30名地方政府公务员全部来自Q市政府的市级、区/县及街道/镇级三个层级的地方政府，省级政府公务员并没有参与此次项目。研究者当时难以接触到省政府一级的公务员，因此难以邀请他们参与本书，更不用说期望他们能够自由地谈论地方政府公信力问题。因此，在后续的研究中，进一步争取与高层级地方政府公务员的合作并使他们参与调研将对地方政府公信力的理论与实践研究都有助益。

第三，开展纵向的追踪式的研究设计。

目前的研究主要聚焦一个时间点上政府信任模式与影响因素的探索，在今后的研究中采用纵向研究方法也将会有助于政府信任的研究。目前的研究很难对政府公信力的一些研究结果，如下降信任模式进行验证，而纵向研究的开展将会提供一幅地方政府信任模式及影响因素变化的图景,也会对政府信任和不信任模式的持久性或变化性提供非常有价值的验证。

第四,开展不同国家之间的比较研究。

当前研究主要关注我国地方政府信任模式与影响因素的情况,进一步相关研究将进一步关注其他具有相似文化背景国家的地方政府信任问题,并通过比较的视角开展国别对比研究可能更有理论与实践价值。

第五,研究方法的拓展和政策应用的检验。

本文通过问卷调查和半结构式访谈的方法开展数据的搜集工作,并使用有序逻辑斯蒂回归分析方法和主体分析方法探寻影响地方政府公信力的因素。虽然获得一些潜在影响变量,但是只是证明这些影响变量与地方政府公信力的相关性,并不能验证他们的因果关系。后续的研究可以通过采用实验的方法,去探寻文中所提变量与地方政府公信力的因果关系。并且也可以通过采用案例研究与试验方法相结合的设计,进一步地研究政府品质框架对未来地方政府公信力提升的有效性和实用性。

# 参考文献

## 中文参考文献

安莉:《政府质量比较研究》,吉林大学出版社2006年版。

陈天祥、周敏婷、郑佳斯:《中国乡镇政府的政治信任:影响因素及区域差异》,《江苏行政学院学报》2017年第1期。

成思危主编:《政府如何管理企业》,民主与建设出版社1998年版。

程倩:《政府信任关系的研究路径与缘起》,《社会科学研究》2005年第4期。

党秀云:《重建社会信任:中国社会建设的心灵之旅》,《中国行政管理》2013年第7期。

丁香桃:《自媒体时代公共管理的挑战与机遇——政府信任的视角》,《管理世界》2017年第12期。

杜治洲、常金萍:《大数据时代中国反腐败面临的机遇和挑战》,《北京航空航天大学学报》(社会科学版)2014年第4期。

董毅:《城市外来务工群体的媒介接触与政府信任——基于华中地区的调研数据》,《岭南学刊》2019年第2期。

方雷:《地方政府学概论》,中国人民大学出版社2010年版。

高学德、翟学伟:《政府信任的城乡比较》,《社会学研究》2013年第2期。

孔凡河:《困境与解局:社会管理创新语境下基层服务型政府建设的思考》,《学术探索》2011年第12期。

黄杰:《公共财政制度建设与我国地方服务型政府构建》,《中州学刊》2011年第1期。

胡荣:《农民上访与政治信任的流失》,《社会学研究》2007年第3期。

胡荣、胡康、温莹莹:《社会资本、政府绩效与城市居民对政府的信任》,《社会学研究》2011年第1期。

胡荣、范丽娜、龚灿林：《主观绩效、社会信任与农村居民对乡镇政府信任》，《社会科学研究》2018 年第 6 期。

胡荣、池上新：《社会资本、政府绩效与农村居民的政府信任》，《中共天津市委党校学报》2016 年第 2 期。

胡荣、庄思薇：《媒介使用对中国城乡居民政府信任的影响》，《东南学术》2017 年第 1 期。

黄晴、刘华兴：《多层级政府信任模式及其影响因素分析》，《当代世界社会主义问题》2018 年第 2 期。

李春雷、曹珊：《群体性事件底层群体的政府信任再造与传统媒体引导研究》，《江西师范大学学报》（哲学社会科学版）2014 年第 5 期。

李坤轩：《新时代深化"放管服"改革的问题与对策》，《中国行政管理》2019 年第 6 期。

李莉：《在大数据驱动下实现腐败治理创新》，《检察日报》2019 年 11 月 19 日。

李晓：《东亚奇迹与"强政府"——东亚模式的制度分析》，经济科学出版社 1996 年版。

李砚忠、李军保：《政治学视角下的政府信任问题研究》，《中共青岛市委党校青岛行政学院学报》2007 年第 2 期。

李砚忠：《关于政府信任的分析思考》，《中共银川市委党校学报》2007 年第 9 期。

李永红：《供给侧改革背景下的基本公共服务均等化分析》，《华东经济管理》2017 年第 8 期。

刘米娜：《公民文化视野下的政府信任研究》，《上海行政学院学报》2011 年第 12 期。

刘真：《大数据在腐败治理中的功能研究》，硕士学位论文，湖南大学，2016 年 4 月。

卢坤建：《政府理论研究的一个走向：从政府回应到回应型政府》，《中国行政管理》2009 年第 9 期。

吕书鹏：《差序政府信任：概念、现状及成因——基于三次全国调查数据的实证研究》，《学海》2015 年第 4 期。

吕书鹏、肖唐镖：《政府评价层级差异与差序政府信任——基于 2011 年全国调查数据的实证研究》，《北京行政学院学报》2015 年第 1 期。

孟天广：《转型期的中国政治信任：实证测量与全貌概览》，《华中师范大学学报》2014 年第 2 期。

苗红娜：《政府质量评价与社会信任：基于一项全国样本的实证研究》，《江苏社会科学》2014年第5期。

马宝成：《中国服务型政府建设十年：主要成就和未来展望》，《国家行政学院学报》2012年第5期。

马得勇、孙梦欣：《新媒体时代政府公信力的决定因素——透明性、回应性抑或公关技巧?》，《公共管理学报》2014年第1期。

马永强、麻宝斌：《住房压力和社会公平感对政府信任的影响研究》，《哈尔滨工业大学学报（社会科学版）》2019年第1期。

马志娟：《腐败治理、政府问责与经济责任审计》，《审计研究》2013年第6期。

毛万磊、朱春奎：《电子化政民互动对城市公众政府信任的影响机理研究》，《南京大学学报》2019年第3期。

倪星、陈兆仓：《寻找新的方向：当代中国廉政研究回顾与展望》，《天津行政学院学报》（哲学·人文科学·社会科学）2011年第13期。

申自力：《当今中国社会的信任危机：表现、本质及其影响》，《求实》2004年第7期。

沈荣华：《推进"放管服"改革：内涵、作用和走向》，《中国行政管理》2019年第7期。

孙伟正、赵建芳：《信任研究的哲学思路探析——基于不同学科的视角》，《重庆社会科学》2006年第4期。

孙灼华：《我国政府反腐败制度创新研究》，《管理观察》2015年第4期。

向德平、陈琦：《社会转型时期群体性事件研究》，《社会科学研究》2003年第4期。

肖文涛：《治理群体性事件与加强基层政府应对能力建设》，《中国行政管理》2009年第6期。

王慧军：《新时代提升地方政府回应能力问题探究》，《天津行政学院学报》2019年第3期。

王身余：《转变政府职能与建设人民满意的服务型政府》，《湘潭大学学报》（哲学社会科学版）2018年第5期。

王璐、黄建伟：《当前地方政府反腐败制度建设和制度创新》，《天水行政学院学报》2015年第4期。

王生、骆文杰：《韩国历届政府反腐败治理的经验及借鉴研究》，《东疆学刊》2019年第1期。

王莹、王义保：《公众参与：政府信任提升的动力机制》，《学术论坛》

2015年第6期。

王浦劬、郑姗姗：《政府回应、公共服务与差序政府信任的相关性分析——基于江苏某县的实证研究》，《中国行政管理》2019年第5期。

王毅杰、乔文俊：《中国城乡居民政府信任及其影响因素》，《南京社会科学》2014年第8期。

吴结兵、李勇、张玉婷：《差序政府信任：文化心理与制度绩效的影响及其交互效应》，《浙江大学学报》2016年第8期。

吴进进：《腐败认知、公共服务满意度与政府信任》，《浙江社会科学》2017年第1期。

肖唐镖、王欣：《"民心"何以得或失——影响农民政治信任的因素分析：五省（市）60村调查（1999—2008）》，《中国农村观察》2011年第6期。

徐家良：《基层反腐败之战怎么打》，《人民论坛》2017年第5期。

薛可、余来辉、余明阳：《媒介接触对政府信任的影响：基于中国网民群体的检验》，《现代传播：中国传媒大学学报》2017年第4期。

薛立勇：《政府信任的层级差别及其原因解析》，《南京社会科学》2014年第12期。

晏晓娟：《政府回应机制的创新：从回应性到回应力》，《重庆社会科学》2015年第4期。

郁建兴：《中国服务型政府建设的基本经验与未来》，《中国行政管理》2012年第8期。

张成福、孟庆存：《重建政府与公民的信任关系——西方国家的经验》，《国家行政学院学报》2003年第3期。

郑永年、黄彦杰：《中国的社会信任危机》，《文化纵横》2011年第2期。

邹育根、江淑：《中国地方政府信任面临的挑战与重建——国内学术界关于地方政府信任问题研究现状与展望》，《社会科学研究》2010年第5期。

朱春奎、毛万磊：《政府信任的概念测量、影响因素与提升策略》，《厦门大学学报》（哲学社会科学版）2017年第3期。

竺乾威：《服务型政府：从职能回归本质》，《行政论坛》2019年第5期。

中国行政管理学会课题组、张定安、鲍静：《深化"放管服"改革 建设人民满意的服务型政府》，《中国行政管理》2019年第3期。

## 英文参考文献

Abbas Tashakkori, Charles Teddlie, eds. , *Handbook of Mixed Methods in Social and Behavioral Research*, Sage, California, 2003.

Abbas Tashakkori, Charles Teddlie, eds. , *Mixed Methodology: Combining Qualitative and Quantitative Approaches*, Thousand Oaks, CA: Sage, 1998.

Adam B. Seligman, *The Problem of Trust*, Princeton University Press, 2000.

Adam Przeworski, Michael Alvarez, José Antonio Cheibub, Fernando Limongi, "What Makes Democracies Endure?" *Journal of Democracy*, Vol. 7, No. 1, 1996.

Alan Bryman, "Integrating Quantitative and Qualitative Research: How Is It Done?" *Qualitative Research*, Vol. 6, 2006.

Alan Bryman, *Social Research Methods*, New York: Oxford University Press, 2008.

Alan Bryman, "The Debate about Quantitative and Qualitative Research: A Question of Method or Epistemology?" *British Journal of Sociology*, Vol. 35, No. 1, 1984.

Alan Doig, Robin Theobald, *Corruption and democratization*, Routledge, 2013.

Albert Meijer, "UnderstandingModern Transparency", *International Review of Administrative Sciences*, Vol. 75, No. 2, 2009.

Alfred J. Ayer, *Logical Positivism*, New York: The Free Press, 1959.

Amitai Etzioni, "IsTransparency the Best Disinfectant?", *Journal of Political Philosophy*, Vol. 18, No. 4, 2010.

Allan Kornberg, Harold D. Clarke, *Citizens and Community: Political Support in A Representative Democracy*, Cambridge University Press, 1992.

Andrew Kohut, Carroll Doherty, Michael Dimock, "*Distrust, Discontent, Anger and Partisan Rancor: The People and Their Government*", The People & the Press, 2010.

Andy Field, *Discovering Statistics Using IBM SPSS Statistics*, Sage, 2013.

Anne-Marie Brady, "Mass Persuasion as A Means of Legitimation and China's Popular Authoritarianism", *American Behavioral Scientist*, Vol. 53, No. 3, 2009.

Annette Baier, "Trust and Antitrust", *Ethics*, Vol. 96, No. 2, 1986.

Anthony J. Onwuegbuzie, R Burke. Johnson, "Mixed Method and Mixed Model

Research", in R. B. Johnson, L. B. Christensen, eds., *Educational Research: Quantitative, Qualitative, and Mixed Approaches*, Allyn and Bacon, Needham Heights, 2004, pp. 408 – 431.

Anthony J. Onwuegbuzie, R Burke Johnson, "Types of Legitimation (validity) in Mixed Methods Research", *Research in the Schools*, Vol. 13, No. 1, 2006.

Anthony J. Onwuegbuzie, "Validity and Qualitative Research: An Oxymoron?", *Paper Presented at the Annual Meeting of the Association for the Advancement of Educational Research (AAER)*, Ponte Vedra, Florida, November, 2000.

Arend Lijphart, *Democracies: Patterns of Majoritarian and Consensus Government in Twenty – one countries*, Yale University Press, 1984.

Arnold J. Heidenheimer, "TheTopography of Corruption: Explorations in A Comparative Perspective", *International Social Science Journal*, Vol. 48, No. 149, 1996.

Arthur H. Miller, Edie N. Goldenberg, Lutz Erbring, "Type – setPolitics: Impact of Newspapers on Public Confidence", *American Political Science Review*, Vol. 73, No. 1, 1979.

Arthur H. Miller, Ola Listhaug, "PoliticalParties and Confidence in Government: A Comparison of Norway, Sweden and the United States", *British Journal of Political Science*, Vol. 20, No. 3, 1990.

Arthur H. Miller, Ola Listhaug, "PoliticalPerformance and Institutional Trust", in Pippa Norris, ed., *Critical Citizens: Global Support for Democratic Government*, Oxford University Press, 1999.

Arthur H. Miller, "Political Issues and Trust in Government: 1964 – 1970", *American Political Science Review*, Vol. 68, No. 3, 1974.

Arthur H. Miller, Stephen Borrelli, "Confidence inGovernment during the 1980s", *American Politics Quarterly*, Vol. 19, No. 2, 1991.

A. Tashakkori, John W. Creswell, "The New Era of Mixed Methods", *Journal of Mixed Methods Research*, Vol. 1, No. 1, 2007.

B. Rothstein, J. Teorell, "What is Quality of Government? A Theory of Impartial Government Institutions", *Governance: An International Journal of Policy, Administration, and Institution*, Vol. 21, No. 2, 2008.

Barbara A. Pine, Warsh Robin, N. Maluccio Anthony, "Participatory Management in A Public Child Welfare Agency: A Key to Effective Change", *Administration in Social Work*, Vol. 22, No. 1, 1998.

Barbara Hanson, "Wither Qualitative/Quantitative: Grounds for Methodological Convergence", *Quality and Quantity*, Vol. 42, No. 1, 2008.

Barbara Misztal, *Trust in Modern Societies: The Search for the Bases of Social Order*, John Wiley & Sons, 2013.

Barbara Scott Murdock, Wiessner Carol, Sexton Ken, "Stakeholder Participation in Voluntary Environmental Agreements: Analysis of 10 Project XL Case Studies", *Science, Technology and Human Values*, Vol. 30, No. 2, 2005.

Beate M. Huseby, "Attitudes towards theSize of Government", in Ole Borre, Elinor Scarbrough, eds., *The Scope of Government*, Oxford University Press, 1995, pp. 87 – 118.

Bernard Barber, *The Logic and Limits of Trust*, NJ: Rutgers University Press, 1983.

Brent Durbin, "BureaucraticPolitics Approach", *Encyclopedia of Governance*, Thousand Oaks: SAGE, 2007.

Bridget Somek, Cathy Lewin, *Research Methods in the Social Sciences*, London: Sage, 2005.

Burkart Holzner, Leslie Holzner, *Transparency in Global Change: The Vanguard of the Open Society*, University of Pittsburgh Press, 2006.

C. Bjørnskov, A. Dreher, J. A. V. Fischer, "Formal Institutions and Subjective Well – Being: Revisiting the Cross – Country Evidence", *European Journal of Political Economy*, No. 26, 2010.

Caroline J. Tolbert, Karen Mossberger, "The Effects of E-government on Trust and Confidence in Government", *Public Administration Review*, Vol. 66, No. 3, 2006.

Catherine K. Riessman, *Narrative Analysis*, Newbury Park, CA: Sage, 1993.

Catherine Pope, Nicholas Mays, Jennie Popay, "How canWe Synthesize Qualitative and Quantitative Evidence for Healthcare Policy – makers and Managers?", *Healthcare Management Forum*, Vol. 19, No. 1, 2006.

Charles L. Davis, Roderic Ai Camp, Kenneth M. Coleman, "The Influence of Party Systems on Citizens' Perceptions of Corruption and Electoral Response in Latin America", *Comparative Political Studies*, Vol. 37, No. 6, 2004.

Charles Teddlie, Aabbas Tashakkori, "Major Issues and Controversies in the

Use Do Mixed Methods", in A. Tashakkori, C. Teddlie, eds., Handbook of Mixed Methods in Social and Behavioural Research, London: Sage, 2003, pp. 3 – 50.

Cheryl Barnes, Derek Gill, "Declining Government Performance? Why Citizens Don't Trust Government", New Zealand: State Services Commission, 2000.

Cheryl Simrell King, Camilla Stivers, Richard C. Box, Government Is Us: Strategies for An Anti-government Era, Sage, 1998.

Chris Ansell, Alison Gash, "Collaborative Governance in Theory and Practice", Journal of Public Administration Research & Theory, Vol. 18, No. 4, 2008.

Chris Huxham, "The Challenge of Collaborative Governance", Public Management, Vol. 2, No. 3, 2000.

Christopher A. Anzalone, Blaming the Government: Citizens and the Economy in Five European Democracies: Citizens and the Economy in Five European Democracies, Routledge, 2016.

Christopher Hood, David Heald, Transparency: The Key to Better Governance?: Proceedings of the British Academy, Oxford: Oxford University Press, 2006.

Christopher Hood, "Transparency in Historical Perspective", Transparency: The Key to Better Governance?, Oxford University Press for The British Academy, 2006.

Christopher J. Anderson, Yuliya V. Tverdova, "Corruption, Political Allegiances, and Attitudes toward Government in Contemporary Democracies", American Journal of Political Science, Vol. 47, No. 1, 2003.

Christopher Wlezien, "Dynamics of Representation: The Case of US Spending on Defence", British Journal of Political Science, Vol. 26, No. 1, 1996.

Christopher Wlezien, "ThePublic as Thermostat: Dynamics of Preferences for Spending", American Journal of Political Science, No. 39, 1995.

Colin Robson, Real World Research: A Resource for Social Scientists and Practitioner Researchers, Blakewell, Cambridge, USA, 1993.

Corrine I. Voils, Margarete Sandelowski, Julie Barroso, Victor Hasselblad, "Making Sense of Qualitative and Quantitative Findings in Mixed Research Synthesis Studies", Field Methods, Vol. 20, No. 1, 2008.

Craig W. Thomas, "Maintaining andRestoring Public Trust in Government Agencies and Their Employees", Administration & Society, Vol. 30,

No. 2, 1998.

D. Bok, *The politics of happiness: What Government can Learn from the New Research on Well - being*, Princeton, NJ: Princeton University Press, 2011.

D. Kaufmann, A. Kraay, P. Zoido - Lobatón, *Aggregating Governance Indicators* (Vol. 2195), World Bank Publications, 1999.

David A. De Vaus, *Research Design in Social Research*, Thousand Oaks: Sage, 2001.

David C. King, "ThePolarization of American Parties and Mistrust of Government", in Joseph S. Nye, Philip Zelikow, David C. King, eds., Harvard University Press, *Why People Don't Trust Government*, 1997, pp. 155 – 178.

David D. Chrislip, Carl E. Larson, *Collaborative Leadership: How Citizens and Civic Leaders Can Make A Difference*, Jossey - Bass Inc Pub, 1994.

David Easton, "ARe - assessment of the Concept of Political Support", *British Journal of Political Science*, Vol. 5, No. 4, 1975.

David Easton, *A Systems Analysis of Political Life*, Wiley, 1965.

David G. Carnevale, *Trustworthy Government: Leadership and Management Strategies for Building Trust and High Performance*, Jossey - Bass, 1995.

David H. Bayley, "The Effects of Corruption inA Developing Nation", *Western Political Quarterly*, Vol. 19, No. 4, 1966.

David Heald, "Varieties of Transparency", *Transparency: The Key to Better Governance?* Oxford University Press for The British Academy, Vol. 135, 2006.

David H. Johnson, Michel E. Sabourin, "Universally Accessible Databases in the Advancement of Knowledge from Psychological Research", *International Journal of Psychology*, Vol. 36, No. 3, 2001.

David Richards, "EliteInterviewing: Approaches and Pitfalls", *Politics*, Vol. 16, No. 3, 1996.

Denise M. Rousseau, Sim B. Sitkin, Ronald S. Burt, Colin Camerer, "Not So Different After All: A Cross - discipline View of Trust", *Academy of Management Review*, Vol. 23, No. 3, 1998.

Derek Bok, "Measuring the Performance of Government", in Joseph S. Nye, Philip Zelikow and David C. King, eds., *Why People Don't Trust Government*, Harvard University Press, 1997, pp. 55 – 75.

Donatella Della Porta, "Social Capital, Beliefs in Government, and Political Corruption", in Susan J. Pharr, Robert D. Putnam, eds., *Disaffected Democracies: What's Troubling the Trilateral Countries*, 2000, pp. 202 – 228.

Donna A. Mertens, *Research and Evaluation in Education and Psychology*, Thousand Oaks, CA: Sage, 2010.

Douglass C. North, *Institutions, Institutional Change and Economic performance*, Cambridge University Press, 1990.

Edward Diener, Rick Crandall, *Ethics in Social and Behavioral Research*, University of Chicago Press, Chicago, 1978.

Edward N. Muller, Thomas O. Jukam, "On the Meaning of Political Support", *American Political Science Review*, Vol. 71, No. 4, 1977.

Efficacy and Trust: A Report on the NES Pilot Study Items", *Political Behavior*, Vol. 12, No. 3, 1990.

Egon G. Guba, "The Alternative Paradigm Dialog", in Egon G. Guba, ed., *The Paradigm Dialog*, Sage Publications, Inc, 1990.

Egon G. Guba, Yvonna S. Lincoln, "Paradigmatic Controversies, Contradictions, and Emerging Confluences", in Norman K. Denzin, Yvonna S. Lincoln, eds., *The Sage Handbook of Qualitative Research*, Thousand Oaks: Sage, 2005, pp. 191 – 215.

Emma Tompkins, W. Neil Adger, "Does Adaptive Management of Natural Resources Enhance Resilience to Climate Change?", *Ecology and Society*, Vol. 9, No. 2, 2004.

Emmanuelle Lavallée, Mireille Razafindrakoto, François Roubaud, "Corruption andTrust in Political Institutions in Sub – Saharan Africa", *CSAE Conference 2008 – Economic Development in Africa*, 2008.

Eran Vigoda, "OrganizationalPolitics, Job Attitudes, and Work Outcomes: Exploration and Implications for the Public sector", *Journal of Vocational Behavior*, Vol. 57, No. 3, 2000.

Eric C. C. Chang, Yun – han Chu, "Corruption and Trust: Exceptionalism in Asian Democracies?", *The Journal of Politics*, Vol. 68, No. 2, 2006.

Eric M. Uslaner, *The Moral Foundations of Trust*, Cambridge University Press, 2002.

Evan M. Berman, "Dealing with Cynical Citizens", *Public Administration Review*, Vol. 57, 1997.

Eran Vigoda – Gadot, Fany Yuval, "ManagerialQuality, Administrative Performance and Trust in Governance Revisited: A follow – up Study of Causality", *International Journal of Public Sector Management*, Vol. 16, No. 7, 2003.

Fay Lomax Cook, Lawrence R. Jacobs, Kim Dukhong, "TrustingWhat You Know: Information, Knowledge, and Confidence in Social Security", *The Journal of Politics*, Vol. 72, No. 2, 2010.

Francis Fukuyama, *Trust: The Social Virtues and the Creation of Prosperity*, Penguin Books, 1995.

Francis Schrag, "In Defense of Positivist Research Paradigms", *Educational Researcher*, Vol. 21, No. 5, 1992.

Frank Bannister, Regina Connolly, "The Trouble with Transparency: A Critical Review of Openness in E-government", *Policy & Internet*, Vol. 3, No. 1, 2011.

Fran Tonkiss, "Trust, social capital and economy", in Fran Tonkiss, Andrew Passey, Natalie Fenton, Leslie C. Hems, eds., *Trust and Civil Society*, Palgrave Macmillan, 2000.

Frederick C. Turner, John D. Martz, "InstitutionalConfidence and Democratic Consolidation in Latin America", *Studies in Comparative International Development*, Vol. 32, No. 3, 1997.

Gary Orren, "Fall from Grace: The Public's Loss of Faith in Government", in Joseph S. Nye, Philip Zelikow, David C. King, eds., *Why People Don't Trust Government*, Harvard University Press, 1997, pp. 77 – 107.

Geert Bouckaert, Steven Van de Walle, Bart Maddens, Jarl K. Kampen, "Identity vs Performance: An Overview of Theories Explaining Trust in Government", *Belgium Leuven: Public Management Institute*, Katholike Universiteit Leuven, 2002.

Geert Bouckaert, Steven Van de Walle, "Comparing Measures of Citizen Trust and User Satisfaction as Indicators of 'Good Governance': Difficulties in Linking Trust and Satisfaction Indicators", *International Review of Administrative Sciences*, Vol. 69, No. 3, 2003.

Geert Bouckaert, Steven Van de Walle, "Government Performance and Trust in Government", *Ponencia presentada en la Annual Conference of the European Group on Public Administration*, Vaasa (Finlandia), 2001.

George Frederickson, David G. Frederickson, "PublicPerceptions of Ethics in

Government", *The ANNALS of the American Academy of Political and Social Science*, Vol. 537, No. 1, 1995.

GeraldFerris, Dwight D. Frink, Maria Carmen Galang, Jing Zhou, Michele Kacmar, Jack L. Howard, "Perceptions of Organizational Politics: Prediction, Stress – Related Implications, and Outcomes", *Human relations*, Vol. 49, No. 2, 1996.

Gerald R. Ferris, Gail S. Russ, Patricia M. Fandt, *Politics in Organizations*, Lawrence Erlbaum Associates, Inc, 1989.

Gerry Stoker, "Governance as Theory: Five Propositions", *International Social Science Journal*, Vol. 50, No. 155, 1998.

Goran Hyden, Julius Court, Kenneth Mease, *Making Sense of Governance: Empirical Evidence from Sixteen Developing Countries*, Lynne Rienner Publishers, 2004.

Greg Andranovich, "Achieving Consensus in Public Decision Making: Applying Interest Based Problem – solving to the Challenges of Intergovernmental Collaboration", *Journal of Applied Behavioural Research*, Vol. 31, 1995.

Gretchen B. Rossman, Bruce L. Wilson, "Numbers and Words: Combing Quantitative and Qualitative Methods in A Single Large – scale Evaluation Study", *Evaluation Review*, Vol. 9, No. 5, 1985.

Guido Möllering, Reinhard Bachmann, Soo Hee Lee, "Introduction: Understanding Organizational Trust-foundations, Constellations, and Issues of Operationalisation", *Journal of Managerial Psychology*, Vol. 19, No. 6, 2004.

Guillermo Rivera, Stephen Elliott, Linda S. Caldas, Guillermo Nicolossi, Vera T. R. Coradin, Rolf Borchert, "Increasing Day – length Induces Spring Flushing of Tropical Dry Forest Trees in the Absence of Rain", *Trees*, Vol. 16, No. 7, 2002.

H. Back, A. Handenius, "Democracy and State Capacity: Exploring a J – Shaped Relationship", *Governance: An International Journal of Policy, Administration, and Institution*, Vol. 21, No. 2, 2008.

Hannah Frith, Kate Gleeson, "Clothing and Embodiment: Men Managing Body Image and Appearance", *Psychology of Men and Masculinity*, Vol. 5, No. 1, 2004.

Hans – Dieter Klingemann, "MappingPolitical Support in the 1990s: A Global Analysis", in Pippa Norris, ed., *Critical Citizens: Global Support for Dem-*

ocratic Government, Oxford University Press, 1999.

Henry Sanoff, Community Participation Methods in Design and Planning, John Wiley & Sons, 2000.

Inge Amundsen, "Corruption: Definitions and Concepts", Norway: Norwegian Agency for Development Cooperation (NORAD), Michelson Institute (CMI), 2000.

Isadore Newman, Carolyn R. Benz, Carolyn S. Ridenour, Qualitative-Quantitative Research Methodology: Exploring the Interactive Continuum, SIU Press, 1998.

John F. Helliwell, H. Huang, "How's Your Government? International Evidence Linking Good Government and Well – Being", British Journal of Political Science, Vol. 38, No. 4, 2008.

Jack Citrin, "Comment: The Political Relevance of Trust in Government", American Political Science Review, Vol. 68, No. 3, 1974.

Jack Citrin, Samantha Luks, "Political Trust Revisited: Déjà vu all over Again?", in John R. Hibbing, Elizabeth Theiss – Morse, James H. Kuklinski, eds., What Is It about Government that Americans Dislike?, Cambridge University Press, 2001, pp. 9 – 27.

J. C. Ott, "Government and Happiness in 130 Nations: Good Governance Fosters Higher Level and More Equality of Happiness", Social Indicators Research, Vol. 102, No. 1, 2010.

James A. Stimson, Michael B. MacKuen, Robert S. Erikson, "Dynamic representation", American Political Science Review, Vol. 89, No. 3, 1995.

James G. March, Decisions and Organizations, Oxford: Blackwell, 1988.

James L. Creighton, The Public Participation Handbook: Making Better Decisions through Citizen Involvement, John Wiley & Sons, 2005.

James S. Coleman, Foundations of Social Theory, Harvard University Press, 1994.

James S. Coleman, "Social Capital in the Creation of Human Capital", American Journal of Sociology, Vol. 94, No. S1, 1988.

Jana Morgan Kelly, "Counting on thePast or Investing in the Future? Economic and Political Accountability in Fujimori's Peru", The Journal of Politics, Vol. 65, No. 3, 2003.

JaneMansbridge, "Social andCultural Causes of Dissatisfaction with US Government", in Joseph S. Nye, Philip Zelikow, David C. King, eds., Harvard University Press, 1997, pp. 133 – 153.

Jarl. K. Kampen, Bart Maddens, Jeroen. K. Vermunt, "Trust and Satisfaction: A Case Study of the Micro – performance", *Governing Networks: EGPA Yearbook*, No. 22, 2003.

J. David Lewis, Andrew Weigert, "Trust as A Social Reality", *Social Forces*, Vol. 63, No. 4, 1985.

Jeanne Becquart – Leclercq, "Paradoxes of Political Corruption: A French View", *Political Corruption: A Handbook*, 1989.

Jeffrey E. Cohen, *Presidential Responsiveness and Public Policy – Making: The Publics and The Policies that Presidents Choose*, University of Michigan Press, 1999.

Jeffery M. Berry, "Validity and Reliability Issues in Elite Interviewing", *Political Science and Politics*, Vol. 35, No. 4, 2002.

Jennifer C. Greene, Valerie J. Caracelli, "Making Paradigmatic Sense of Mixed Methods Inquiry", in Abbas Tashakkori, Charles Teddlie, eds. *Handbook of Mixed Methods in Social and Behavioral Research*, Sage, California, 2003, pp. 91 – 110.

Jeroen F. Warner, "More Sustainable Participation? Multi – stakeholder Platforms for Integrated Catchment Management", *Water Resources Development*, Vol. 22, No. 1, 2006.

Jiangnan Zhu, Jie Lu, Tianjian Shi, "When Grapevine News Meets Mass Media: Different Information Sources and Popular Perceptions of Government Corruption in Mainland China", *Comparative Political Studies*, Vol. 46, No. 8, 2013.

Jie Chen, *Popular Political Support in Urban China*, Woodrow Wilson Center Press, 2004.

John Brehm, Wendy Rahn, "Individual – level Evidence for the Causes and Consequences of Social Capital", *American Journal of Political Science*, Vol. 41, No. 3, 1997.

John G. Peters, Susan Welch, "TheEffects of Charges of Corruption on Voting Behavior in Congressional Elections", *American Political Science Review*, Vol. 74, No. 3, 1980.

John Gray Geer, *From ea Leaves to Opinion Polls: A Theory of Democratic

Leadership, Columbia University Press, 1996.

John Helliwell, Haifang Huang, "How'syour government? International Evidence Linking Good Government and Well – being", *British Journal of Political Science*, Vol. 38, No. 4, 2008.

John K. Smith, Lous Heshusius, "Closing Down the Conversation: The End of the Quantitative – Qualitative Debate among Educational Inquirers", *Educational Researcher*, Vol. 15, No. 1, 1986.

John. R. Alford, "We're All in This Together: The Decline of Trust in Government, 1958 – 1996", in John R. Hibbing, Elizabeth Theiss – Morse, James H. Kuklinski, eds., Wha*t Is It about Government that Americans Dislike*, Cambridge University Press, 2001, pp. 28 – 46.

Johnson, R Burke, Anthony J. Onwuegbuzie, Lisa A. Turner, "Toward a Definition of Mixed Methods Research", *Journal of Mixed Methods Research*, Vol. 1, No. 2, 2007.

John W. Creswell, *Research Design: Qualitative, Quantitative, and Mixed Methods Approaches*, Sage Publications, 2014.

John W. Creswell, *Research Design: Qualitative, Quantitative, and Mixed Methods Approaches*, Sage, Thousand Oaks, 2003.

John W. Creswell, Vicki. L. P. Clark, *Designing and Conducting Mixed Methods Research*, Thousand Oaks, CA: Sage, 2007.

John W. Creswell, Vicki L P. Clark, *Designing and Conducting Mixed Methods Research*, Thousand Oaks, CA: Sage, 2011.

John W. Creswell, *Qualitative Inquiry and Research Design*, Los Angeles, California: Sage Publications, 2013.

Jonathan Grix, *The Foundations of Research*, London: Palgrave Macmillan, 2004.

Jonathan Hassid, "FourModels of the Fourth Estate: A Typology of Contemporary Chinese Journalists", *The China Quarterly*, No. 208, 2011.

Joseph S. Nye, "Corruption and Political Development: A Cost – benefit Analysis", *American Political Science Review*, Vol. 61, No. 2, 1967.

Joseph S. Nye, "Introduction: The Decline of Confidence in Government", in Joseph S. Nye, Philip Zelikow, David C. King, eds., *Why People Don't Trust Government*, Harvard University Press, 1997, pp. 1 – 18.

Joseph S. Nye, Philip Zelikow, David C. King, eds., *Why People Don't Trust Government*, Harvard University Press, 1997.

Judith E. Innes, David E. Booher, "Reframing Public Participation: Strategies for the 21$^{st}$ Century", *Planning Theory and Practice*, Vol. 5, No. 4, 2004.

Julian B. Rotter, "Interpersonal Trust, Trustworthiness, and Gullibility", *American Psychologist*, Vol. 35, No. 1, 1980.

Kaifeng Yang, Marc Holzer, "The Performance-trust Link: Implications for Performance Measurement", *Public Administration Review*, Vol. 66, No. 1, 2006.

Kathleen E. Halvorsen, "Assessing the Effects of Public Participation", *Public Administration Review*, Vol. 63, No. 5, 2003.

Kenneth Newton, Pippa Norris, "Confidence in Public Institutions: Faith, Culture or Performance?" in Susan J. Pharr, Robert D. Putnam, eds., *Disaffected democracies: What's Troubling the Trilateral Countries*, Princeton University Press, 1999.

Kenneth Newton, "Social andPolitical Trust", in Eric M. Uslaner, ed., *The Oxford Handbook of Social and Political Trust*, Oxford University Press, 2018.

Kenneth Newton, "Trust, Social Capital, Civil Society, and Democracy", *International Political Science Review*, Vol. 22, No. 2, 2001.

Keon S. Chi, "Improving Responsiveness", *Public Administration Review*, Vol. 59, No. 3, 1999.

Kirk Emerson, Tina Nabatchi, Stephen Balogh, "An Integrative Framework for Collaborative Governance", *Journal of Public Administration Research and Theory*, Vol. 22, No. 1, 2012.

Lawrence C. Walters, James Aydelotte, Jessica Miller, "Putting More Public in Policy Analysis", *Public Administration Review*, Vol. 60, No. 4, 2000.

Lawrence E. Rose, Per Arnt Pettersen, "The Legitimacy of Local Government—What Makes a Difference? Evidence from Norway", *Citizen Responsive Government*, Emerald Group Publishing Limited, 2000.

Leslie A. Duram, Katharin G. Brown, "Insights and Applications Assessing Public Participation in US Watershed Planning Initiatives", *Society & Natural Resources*, Vol. 12, No. 5, 1999.

Lester W. Milbrath, "Political participation", in Samuel Long, ed., *The Handbook of Political Behavior*, Springer Science & Business Media, 2012.

Lianjiang Li, "HierarchicalGovernment Trust in China", *IIAS Study Group Workshop on Trust in Public Administration and Citizen Attitudes*, 2012.

Lianjiang Li, "PoliticalTrust and Petitioning in the Chinese Countryside", *Comparative Politics*, Vol. 40, No. 2, 2008.

Lianjiang Li, "Political Trust in Rural China", *Modern China*, Vol. 30, No. 2, 2004.

Lianjiang Li, "Rights Consciousness and Rules Consciousness in Contemporary China", *China Journal*, No. 64, 2010.

Linda LM Bennett, Stephen Earl. Bennett, *Living with Leviathan: Americans Coming to Terms with Big Government*, University Press of Kansas, 1990.

Linda W. Chapin, Robert B. Denhardt, "Putting "Citizens First!" in Orange County, Florida", *National Civic Review*, Vol. 84, No. 3, 1995.

Luke Keele, "SocialCapital and the Dynamics of Trust in Government", *American Journal of Political Science*, Vol. 51, No. 2, 2007.

M. Samanni, S. Holmberg, "*Quality of Government Makes People Happy*", The Quality of Government Institute, Working paper, 2010.

Madeline Y. Hsu, *Dreaming of Gold, Dreaming of Home: Transnationalism and Migration between the United States and South China*, 1882 – 1943, Stanford, CA: Stanford University Press, 2000.

Madhabi Chatterji, "Evidence on 'What Works': An Argument for Extended – Term Mixed – Method (ETMM) Evaluation Designs", *Educational Researcher*, Vol. 33, No. 9, 2004.

Manuel Villoria, Fernando Jiménez, Ana Revuelta, "CorruptionPerception and Collective Action: the Case of Spain", in Jonathan Mendilow, Ilan Peleg, eds., *Corruption in the Contemporary World: Theory, Practice and Hotspots*, Lexington Books, 2014, pp. 197 – 222.

Marc Holzer, Mengzong Zhang, "Trust, Performance, and the Pressures for Productivity in the Public Sector", *Public Administration and Public Policy – New York*, No. 107, 2004.

Marcia L. Watson, "CanThere Be Just One Trust? A Cross – disciplinary Identification of Trust Definitions and Measurement", *The Institute for Public Relations*, 2005.

Marc J. Hetherington, "The Political Relevance of Political Trust", *American Political Science Review*, Vol. 92, No. 4, 1998.

Margaret Law, "Reduce, Reuse, Recycle: Issues in the Secondary Use of Research Data", *IASSIST Quarterly*, Vol. 29, No. 1, 2005.

Margaret Levi, "A State of Trust", *Trust and Governance*, Russell Sage Foundation, 1998.

Margaret Levi, Laura Stoker, "Political Trust and Trustworthiness", *Annual Review of Political Science*, Vol. 3, No. 1, 2000.

Mark A. Glaser, Bartley W. Hildreth, "ServiceDelivery Satisfaction and Willingness to Pay Taxes: Citizen Recognition of Local Government Performance", *Public Productivity & Management Review*, Vol. 23, No. 1, 1999.

Margarete Sandelowski, Corrine I. Voils, Julie Barroso, "Defining and Designing Mixed Research Synthesis Studies", *Research in the Schools: A Nationally Refereed Journal*, Vol. 13, No. 1, 2006.

Mark A. Glaser, Robert Denhardt, "LocalGovernment Performance Through the Eyes of Citizens", *Journal of Public Budgeting, Accounting & Financial Management*, Vol. 12, No. 1, 2000.

Mark Baldassare, *California in the New Millennium: The Changing Social and Political landscape*, University of California Press, 2000.

Mark Bevir, *Democratic Governance*, Princeton NJ: Princeton University Press, 2010.

Mark Schneider, J. Scholz, M. Lubell, D. Mindruta, M. Edwardsen, "Building Consensual Institutions: Networks and the National Estuary Program", *American Journal of Political Science*, Vol. 47, No. 1, 2003.

Mark T. Imperial, "Using Collaboration as A Governance Strategy Lessons from Six Watershed Management Programs", *Administration & Society*, Vol. 37, No. 3, 2005.

Martin Daunton, "Trusting Leviathan: British Fiscal Administration from the Napoleonic Wars to the Second World War", *Trust and Governance*, Russell Sage Foundation, 1998.

Martina Y. Feilzer, "Doing Mixed Methods Research Pragmatically: Implications for the Rediscovery of Pragmatism as A Research Paradigm", *Journal of Mixed Methods Research*, Vol. 4, No. 1, 2010.

Matthew R. Cleary, Susan Stokes, *Democracy and the Culture of Skepticism: the Politics of Trust in Argentina and Mexico*, Russell Sage Foundation, 2006.

Mary R. English, "Who Are the Stakeholders in Environmental Risk Decisions – How Should They Be Involved", *Risk: Health, Safety and Environment*, No. 11, 2000.

Michael B. MacKuen, Robert S. Erikson, James A. Stimson, "Peasants or Bankers? The American Electorate and the US Economy", *American Political Science Review*, Vol. 86, No. 3, 1992.

Michael Crotty, *The Foundations of Social Research: Meaning and Perspective in the Research Process*, London: Sage Publications, 1998.

Michael Johnston, *Syndromes of Corruption: Wealth, Power, and Democracy*, Cambridge University Press, 2005.

Michael Q. Patton, *Qualitative Evaluation and Research Methods*, Newbury Park, CA: Sage, 1990.

Michael Q. Patton, *Qualitative Research and Evaluation Methods*, Thousand Oaks, CA: Sage, 2002.

Mitchell A. Seligson, *Nicaraguans Talk about Corruption: A Follow-up Study of Public Opinion*, Casals & Associates, 1999.

Mitchell A. Seligson, "The Impact of Corruption on Regime Legitimacy: A Comparative Study of Four Latin American countries", *The Journal of Politics*, Vol. 64, No. 2, 2002.

Mohanmmed I. Alhojailan, "Thematic Analysis: A Critical Review of Its Process and Evaluation", *WEI International European Academic Conference*, 2012.

Morris P. Fiorina, "Economic Retrospective Voting in American National Elections: A Micro-Analysis", *American Journal of Political Science*, Vol. 22, No. 1, 1978.

M. Yvonne Feilzer, "Doing Mixed Methods Research Pragmatically: Implications for the Rediscovery of Pragmatism as A Research Paradigm", *Journal of Mixed Methods Research*, Vol. 4, No. 1, 2010.

Naim Kapucu, Maria-Elena Augustin, Vener Garayev, "Interstate Partnerships in Emergency Management: Emergency Management Assistance Compact in Response to Catastrophic Disasters", *Public Administration Review*, Vol. 69, No. 2, 2009.

Natalie Koziol, Ann Arthur, "An Introduction to Secondary Data Analysis", *Research Methodology Series*, 2011.

Nicholas Awortwi, "Contracting Out Public Services to Private Agents: Lessons from the Management of Local Government Contracts in Ghana", *International Journal of Public Administration*, Vol. 35, 2012.

Nicky Hayes, "Theory-led Thematic Analysis: Social Identification in Small

Companies", *in* Nicky Hayes, ed., *Doing Qualitative Analysis in Psychology*, Hove, UK: Psychology Press, 1997, pp. 93 – 114.

Niklas Luhmann, "Familiarity, Confidence, Trust: Problems and Alternatives", *Trust: Making and Breaking Cooperative Relations*, No. 6, 2000.

Niklas Luhmann, *Trust and Power*, John Wiley & Sons, 1979.

Sa Marian Barnes, David Prior, "From Private Choice to Public Trust: A New Social Basis for Welfare", *Public Money & Management*, Vol. 16, No. 4, 1996.

Norman K. Denzin, Yvonna S. Lincoln, *Handbook of Qualitative Research* (4th Ed.), Thousand Oaks, CA: Sag, 2011.

Ola Listhaug, "Confidence inPolitical Institutions: Norway, 1982 – 1996", *Research Seminar at the Centre for Nordic Policy Studies*, University of Aberdeen, 1998.

Onora O'neill, *A Question of Trust: The BBC Reith Lectures* 2002, Cambridge University Press, 2002.

Oskar Kurer, "Corruption: AnAlternative Approach to Its Definition and Measurement", *Political Studies*, Vol. 53, No. 1, 2005.

Patricia Moy, Dietram A. Scheufele, "MediaEffects on Political and Social Trust", *Journalism & Mass Communication Quarterly*, Vol. 77, No. 4, 2000.

Paul Brewer, Sean Aday, Kimberly Gross, "RalliesAll Around: The Dynamics of System Support", *Framing Terrorism: The News Media, the Government, and the Public*, Routledge, 2003, pp. 229 – 254.

Paul Slovic, "PerceivedRisk, Trust, and Democracy", *Risk Analysis*, Vol. 13, No. 6, 1993.

Paul Thomas, Colin Palfrey, "Evaluation: Stakeholder-focused Criteria", *Social Policy & Administration*, Vol. 30, No. 2, 1996.

Peri K. Blind, "Building Trust in Government in the Twenty – first Century: Review of Literature and Emerging Issues", $7^{th}$ *Global Forum on Reinventing Government Building Trust in Government*, UNDESA Vienna, 2007.

Peter Kollock, "TheEmergence of Exchange Structures: An Experimental Study of Uncertainty, Commitment, and Trust", *American Journal of Sociology*, Vol. 100, No. 2, 1994.

Pierre – Guillaume Méon, Laurent Weill, "DoesBetter Governance Foster Efficiency? An Aggregate Frontier Analysis", *Economics of Governance*, Vol. 6

No. 1, 2005.

Pierre Hazan, *Morocco: Betting on A Truth and Reconciliation Commission*, United States Institute of Peace, 2006.

Pieter Glasbergen, Peter P.J. Driessen, "Interactive Planning of Infrastructure: The Changing Role of Dutch Project Management", *Environment and Planning C: Government and Policy*, Vol. 23, No. 2, 2005.

Piotr Sztompka, "Trust andEmerging Democracy: Lessons from Poland", *International Sociology*, Vol. 11, No. 1, 1996.

Pippa Norris, *A Virtuous Circle: Political Communications in Postindustrial Societies*, Cambridge University Press, 2000.

Pippa Norris, *Critical Citizens: Global Support for Democratic Government*, OUP Oxford, 1999.

Qing Yang, Wenfang Tang, "Exploring theSources of Institutional Trust in China: Culture, Mobilization, or Performance?", *Asian Politics & Policy*, Vol. 2, No. 3, 2010.

R Burke Johnson, Anthony J. Onwuegbuzie, "Mixed Methods Research: A Research Paradigm Whose Time Has Come", *Educational Researcher*, Vol. 33, No. 7, 2004.

R. Michael Alvarez, John Brehm, "Speaking in Two Voices: American Equivocation about the Internal Revenue Service", *American Journal of Political Science*, Vol. 42, No. 2, 1998.

Richard. L. Cole, John Kincaid, "Public Opinion and American Federalism: Perspectives on Taxes, Spending and Trust", *Publius: Journal of Federalism*, Vol. 30, No. 1 - 2, 2000.

Regina Birner, "Improving Governance to Eradicate Hunger and Poverty", *Twenty Twenty Focus Brief on the World's Poor and Hungry People/ International Food Policy Research Institute (IFPRI)*, 2007.

Renee A. Irvin, John Stansbury, "Citizen Participation in Decision Making: Is It Worth the Effort?", *Public Administration Review*, Vol. 64, No. 1, 2004.

Richard D. Margerum, "Collaborative Planning Building Consensus and Building a Distinct Model for Practice", *Journal of Planning Education and Research*, Vol. 21, No. 3, 2002.

Richard E. Boyatzis, *Transforming Qualitative Information: Thematic Analysis and Code Development*, Thousand Oaks, London, and New Delhi: SAGE

Publications, 1998.

Richard L. Daft, "Learning the Craft of Organizational Research", *Academy of Management Review*, Vol. 8, No. 4, 1983.

Richard M. Rorty, R. Rorty *Philosophy and Social Hope*, London: Penguin Books, 1999.

Richard Rose, *Getting Things Done in An Anti – modern Society: Social Capital Networks in Russia*, Washington, DC: World Bank, 1998.

Risto Harisalo, Jari Stenvall, "Citizens' Trust in Government", *Annual Conference of the European Group of Public Administration, Study Group on Productivity and Quality in the Public Sector*, Potsdam, 2002.

Robert Alan Dahl, *Polyarchy: Participation and Opposition*, Yale University Press, 1973.

Robert B. Denhardt, "Trust as Capacity: The Role of Integrity and Responsiveness", *Public Organization Review*, Vol. 2, No. 1, 2002.

Robert B. Shaw, *Trust in the Balance: Building Successful Organizations on Results, Integrity, and Concern*, Jossey – Bass, 1997.

Robert D. Putnam, "Bowling Alone: America's Declining Social Capital", *Journal of Democracy*, Vol. 6, No. 1, 1995.

Robert D. Putnam, *Bowling alone: The Collapse and Revival of American Community*, Simon and Schuster, 2001.

Robert D. Putnam, Robert Leonardi, Raffaella Y. Nanetti, *Making Democracy Work: Civic Traditions in Modern Italy*, Princeton University Press, 1994.

Robert D. Putnam, "Tuning in, Tuning out: The Strange Disappearance of Social Capital in America", *PS: Political Science & Politics*, Vol. 28, No. 4, 1995.

Robert E. Agger, Marshall N. Goldstein, Stanley A. Pearl, "Political Cynicism: Measurement and Meaning", *The Journal of Politics*, Vol. 23, No. 3, 1961.

Robert E. Lane, "The Politics of Consensus in An Age of Affluence", *American Political Science Review*, Vol. 59, No. 4, 1965.

Robert F. Devellis, *Scale Development: Theory and Applications*, London: Sage Publications, 2003.

Robert Harmel, Yao – Yuan Yeh, "Corruption and Government Satisfaction in Authoritarian Regimes: The Case of China", Paper of *APSA 2011 Annual*

Meeting Seattle, 2011.

Robert Z. Lawrence, "Is it Really the Economy, Stupid?" in Joseph S. Nye, Philip Zelikow, David C. King, eds., *Why People Don't Trust Government*? Harvard University Press, 1997, pp. 111 – 132.

Roberta A. Johnson, *The Struggle Against Corruption: A Comparative Study*, Springer, 2004.

Roderick Arthur William Rhodes, "The New Governance: Governing without Government", *Political Studies*, Vol. 44, No. 4, 1996.

Roderick M. Kramer, Tom R. Tyler, *Trust in Organizations: Frontiers of Theory and Research*, Sage Publications, 1995.

Roger C. Mayer, James H. Davis, F. David Schoorman, "An Integrative Model of Organizational Trust", *Academy of Management Review*, Vol. 20, No. 3, 1995.

Ronald Inglehart, *Modernization and Postmodernization: Cultural, Economic, and Political Change in 43 Societies*, Princeton University Press, 1997.

Ronald W. Perry, Lawrance D. Mankin, "Understanding Employee Trust in Management: Conceptual Clarification and Correlates", *Public Personnel Management*, Vol. 33, No. 3, 2004.

Rosario Espinal, Jonathan Hartlyn, Kelly Jana Morgan, "Performance Still Matters: Explaining Trust in Government in the Dominican Republic", *Comparative Political Studies*, Vol. 39, No. 2, 2006.

Roz D. Lasker, Elisa S. Weiss, "Broadening Participation in Community Problem Soving: A Multidisciplinary Model to Support Collaborative Practice and Research", *Journal of Urban Health*, Vol. 80, No. 1, 2003.

Roz D. Lasker, Elisa S. Weiss, Rebecca Miller, "Partnership Synergy: A Practical Framework for Studying and Strengthening the Collaborative Advantage", *The Milbank quarterly*, Vol. 79, No. 2, 2001.

Russell Cropanzano, John C. Howes, Alicia A. Grandey, Paul Toth, "The Relationship of Organizational Politics and Support to Work Behaviors, Attitudes, and Stress", *Journal of Organizational Behavior: The International Journal of Industrial, Occupational and Organizational Psychology and Behavior*, Vol. 18, No. 2, 1997.

Russell J. Dalton, *Citizen Politics in Western Democracies: Public Opinion and Political Parties in the United States, Great Britain, West Germany, and*

France, Chatham House Publishers, 1988.

Russell J. Dalton, Martin P. Wattenberg, Parties without Partisans: *Political Change in Advanced Industrial Democracies*, Oxford University Press on Demand, 2002.

Russell J. Dalton, "The Social Transformation of Trust in Government", *International Review of Sociology*, Vol. 15, No. 1, 2005.

Ryan Plummer, Fitzgibbon John, "Co – management of Natural Resources: A Proposed Framework", *Environmental Management*, Vol. 33, No. 6, 2004.

Samuel P. Huntington, *Political Order in Changing Societies*, Yale University Press, 2006.

Sarah Boslaugh, "An Introduction to Secondary Data Analysis", in Sarah Boslaugh, ed., *Secondary Data Sources for Public Health: A Practical Guide*, Cambridge University Press, 2007, pp. 2 – 10.

Scott E. Maxwell, Harold D. Delaney, *Designing Experiments and Analyzing Data*, Mahwah, NJ: Lawrence Erlbaum, 2004.

Seok – Eun Kim, "TheRole of Trust in the Modern Administrative State: An Integrative Model", *Administration & Society*, Vol. 37, No. 5, 2005.

Seymour Martin Lipset, *The Confidence Gap: Business, Labor, and Government in the Public Mind*, Johns Hopkins University Press, 1987.

Seymour Martin Lipset, "TheEncyclopedia of Democracy", *Congressional Quarterly*, Vol. 4, 1995.

Shaun Bowler, Jeffrey A. Karp, "Politicians, Scandals, and Trust in Government", *Political Behavior*, Vol. 26, No. 3, 2004.

Siv Vangen, Huxham Chris, "Enacting Leadership for Collaborative Advantage: Dilemmas of Ideology and Pragmatism in the Activities of Partnership Managers", *British Journal of Management*, No. 14, 2003.

Siv Vangen, Huxham Chris, "Nurturing Collaborative Relations: Building Trust in Inter – organizational Collaboration", *Journal of Applied Behavioural Science*, Vol. 39, No. 1, 2003.

Sofia Elena Colesca, "Increasing E – trust: ASolution to Minimize Risk in E – government Adoption", *Journal of Applied Quantitative Methods*, Vol. 4, No. 1, 2009.

Sonja Zmerli, Kenneth Newton, José Ramón Montero, "Trust inPeople, Confidence in Political Institutions, and Satisfaction with Democracy", *Citizen-*

ship and Involvement in European Democracies: A Comparative Analysis, No. 17, 2007.

Sören Holmberg, "Down andDown We Go: Political Trust in Sweden", Critical Citizens: Global Support for Democratic Government, 1999.

Sören Holmberg, B. Rothstein, N. Nasiritousi, "Quality of Government: What You Get", Annual Review of Political Science, Vol. 12, No. 1, 2009.

Spencer J. Maxcy, "Pragmatic Threads in Mixed Methods Research in the Social Sciences: The Search for Multiple Modes of Inquiry and the End of the Philosophy of Formalism". in A. Tashakkori, C. Teddlie, eds., Handbook of Mixed Methods in Social and Behavioral Research, Sage, California, 2003.

Stephan G. Grimmelikhuijsen, Eric W. Welch, "Developing and Testing a Theoretical Framework for Computer-Mediated Transparency of Local Governments", Public Administration Review, Vol. 72, No. 4, 2012.

Stephan Grimmelikhuijsen, Gregory Porumbescu, Boram Hong, Tobin Im, "The Effect of Rransparency on Trust in Government: A Cross-National Comparative Experiment", Public Administration Review, Vol. 73, No. 4, 2013.

Stephen C. Craig, Broken Contract?: Changing Relationships between Americans and Their Government, Routledge, 2018.

Stephen C. Craig, Richard G. Niemi, Glenn E. Silver, "PoliticalRandall Collins, "Statistics versus Words", in R. Collins, ed., Sociological Theory, San Francisco, CA: Jossey – Bass, 1984, pp. 329 – 362.

Stephen D. Morris, Joseph L. Klesner, "Corruption and Trust: Theoretical Considerations and Evidence from Mexico", Comparative Political Studies, Vol. 43, No. 10, 2010.

Stephen Gorard, Combining Methods in Educational and Social Research, Berkshire: Open University Press, 2004.

Stephen Knack, Social Capital and the Quality of Government: Evidence from the United States, The World Bank, 1999.

Stephen Tsang, Margarett Burnett, Peter Hills, Richard Welford, "Trust, Public Participation and Environmental Governance in Hong Kong", Environmental Policy and Governance, Vol. 19, No. 2, 2009.

Steven I. Miller, M. Fredericks, "Uses of Metaphor: A Qualitative Case Study", Qualitative Studies in Education, Vol. 1, No. 3, 1991.

Steven L Yaffee, M. Julia, "Collaborative Ecosystem Planning Processes in the United States: Evolution and Challenges", *Environments: A Journal of Interdisciplinary Studies*, Vol. 31, No. 2, 2010.

Susan A. Ostrander, "Surely You' re Not in This Just to Be Helpful: Access, Rapport, and Interviews in Three Studies of Elites", *Journal of Contemporary Ethnography*, Vol. 22, No. 1, 1993.

Susan B. Neuman, *Changing the Odds for Children at Risk*, New York, NY: Teachers College Press, 2009.

Susan J. Pharr, Robert D. Putnam, *Disaffected Democracies: What's Troubling the Trilateral Countries*? Princeton University Press, 2018.

Suzanne J. Piotrowski, Gregg G. Van Ryzin, "Citizen Attitudes toward Transparency in Local Government", *The American Review of Public Administration*, Vol. 37, No. 3, 2007.

T. C. Earle, M. Siegrist, H. Gutscher, "The Influence of Trust and Confidence on Perceived Risks and Cooperation", *Electromagnetic Compatibility Supplement*, Zurich: ETH-IKT, 2001.

Terrell A. Northrup, Stuart J. Thorson, "The Web of Governance and Democratic Accountability", 36th *Annual Hawaii International Conference on System Sciences*, 2003.

Thomas C. Beierle, David M. Konisky, "What Are We Gaining from Stakeholder Involvement? Observations from Environmental Planning in the Great Lakes", *Environment and Planning C Government and Policy*, Vol. 19, 2001.

Thomas D. Cook, Charles S. Reichardt, eds., *Qualitative and Quantitative Methods in Evaluation Research*, Beverly Hills, CA: Sage, 1979.

Thomas Ehrlich, Civic Responsibility and Higher Education, Greenwood Publishing Group, 2000.

Thorn Reilly, "Collaboration in Action: An Uncertain Process", *Administration in Social Work*, Vol. 25, No. 1, 2001.

Tianjian Shi, "Cultural Values and Political Trust: A Comparison of the People's Republic of China and Taiwan", *Comparative Politics*, Vol. 33, No. 4, 2001.

Tighe Geoghegan, Yves Renard, "Beyond Community Involvement: Lessons from the Insular Caribbean", *Parks*, Vol. 12, No. 2, 2002.

Timothy C. Earle, George Cvetkovich, *Social Trust: Toward a Cosmopolitan* society, Greenwood Publishing Group, 1995.

Todd D. Jick, "Mixing Qualitative and Quantitative Methods: Triangulation in Action", *Administrative Science Quarterly*, Vol. 24, No. 4, 1979.

Todd Donovan, David Denemark, Shaun Bowler, "Trust inGovernment: The United States in Comparative Perspective", in Kenneth R. Hoover, Todd Donovan, eds., *The Elements of Social Scientific Thinking*, Cengage Learning, 2010.

Todd Rogers, B. Howard – Pitney, E. C. Feighery, D. G Altman, J. M. Endres, A. G. Roeseler, "Characteristics and Participant Perceptions of Tobacco Control Coalitions in California", *Health Education Research*, Vol. 8, No. 3, 1993.

Tom Christensen, Per Lægreid, "New Public Management: Puzzles of Democracy and the Influence of Citizens", *Journal of Political Philosophy*, Vol. 10, No. 3, 2002.

Tom Christensen, Per Laegreid, *Trust in Government: the Significance of Attitudes towards Democracy, Public Sector and Public Sector Reforms*, Stein Rokkan Center for Social Studies and Bergen University Research Foundation, 2003.

Tony Saich, "Citizens' Perceptions of Governance in Rural and Urban China", *Journal of Chinese Political Science*, Vol. 12, No. 1, 2007.

Tyler Schario, David M. Konisky, "PublicConfidence in Government: Trust and Responsiveness", *Public Policy publications (MU)*, 2008.

Valerie Braithwaite, "Communal and Exchange Trust Norms: Their Value Base and Relevance to Institutional Trust", in Valerie Braithwaite, Margaret Levi, eds., *Trust and Governance*, Russell Sage Foundation, 1998, pp. 46 – 74.

Virginia A. Chanley, Thomas J. Rudolph, Wendy M. Rahn, "The Origins and Consequences of Public Trust in Government: A Time Series Analysis", *Public Opinion Quarterly*, Vol. 64, No. 3, 2000.

Virginia Braun, Victoria Clarke, "Using Thematic Analysis in Psychology", *Qualitative Research in Psychology*, Vol. 3, No. 2, 2006.

Vito Tanzi, "CorruptionAround the World: Causes, Consequences, Scope, and Cures", *Staff Papers*, Vol. 45, No. 4, 1998.

Wenfang Tang, *Public Opinion and Political Change in China*, Stanford University Press, 2005.

William Mishler, Richard Rose, "Trust, Distrust and Skepticism: Popular E-valuations of Civil and Political Institutions in Post – communist Societies", *The Journal of Politics*, Vol. 59, No. 2, 1997.

William Mishler, Richard Rose, "What Are the Origins of Political Trust? Testing Institutional and Cultural Theories in Post – communist Societies", *Comparative Political Studies*, Vol. 34, No. 1, 2001.

William T. Bianco, *Trust: Representatives and Constituents*, University of Michigan Press, 1994.

World Values Survey, *World Values Survey* 1981 – 2008 *Official Aggregate*, Madrid: ASEP/JDS, 2000.

Xiaohui Xin, Thomas K. Rudel, "The Context for Political Corruption: A Cross-National Analysis", *Social Science Quarterly*, Vol. 85, No. 2, 2004.

Xueyi Chen, Tianjian Shi, "Media Effects on Political Confidence and Trust in the People's Republic of China in the Post – Tiananmen Period", *East Asia*, Vol. 19, No. 3, 2001.

Daniel Yankelovich, *Coming to Public Judgment: Making Democracy Work in A Complex World*, Syracuse University Press, 1991.

Yanqi Tong, "Morality, Benevolence, and Responsibility: Regime Legitimacy in China from Past to the Present", *Journal of Chinese Political Science*, Vol. 16, No. 2, 2011.

Ye. Diana Wang, Henry H. Emurian, "An Overview of Online Trust: Concepts, Elements, and Implications", *Computers in Human Behavior*, Vol. 21, No. 1, 2005.

Yvonna S. Lincoln, S. A. Lynham, E. G. Guba, "Contractions, and Emerging Confluences, Revisited", *The Sage Handbook of Qualitative Research*, 2011.

Zhengxu Wang, "Before the Emergence of Critical Citizens: Economic Development and Political Trust in China", *International Review of Sociology*, Vol. 15, No. 1, 2005.

# 后　记

　　伴随着20世纪60年代以来西方国家的政府信任危机，学术界与实务界对政府信任问题给予了极大的关注，政府信任问题也成为政治学与公共管理学科的重要议题。虽然西方背景下的政府信任研究起步较早、成果丰硕，然而中国情境下的信任问题依然值得讨论。由于东西方政治、经济与文化背景的差异，我国政府尤其是地方政府信任模式呈现出与西方截然不同的图景。研究我国地方政府信任问题，既是回应时事热点，也需寻求理论创新。

　　本书是基于对英文版博士论文的翻译与改编而完成的。博士论文于2015年英国伯明翰大学撰写完成，它见证了我博士四年的研究历程与辛勤付出。四年的博士研究充满了酸甜苦辣。尤记最初踏入大不列颠的兴奋与忐忑，与导师每隔两周的讨论会的压力感，完成每个小任务后的短暂幸福，面对周而复始的科研生活的无奈。更加难忘的是忙碌间歇的小游，足迹覆盖了那些独具特色的英伦小城；工作午休期间，在春光明媚的伯明翰校园，与爱人和朋友共享户外午餐；完成博士论文最后一字的郑重，提交论文时的喜悦，等待答辩的紧张，穿上毕业学袍拍照留念时的庄重仪式感。点点滴滴的细节最终汇成坚实的记忆，使过去成就现在，使我成为自己。

　　首先要感谢我的博士导师John Raine在学习和生活中给予的指导，每当我感到迷茫与困惑的时候，您总能及时给出恳切的建议。John是生活的智者，学术的师长，是一位所有博士生都极为渴望的良师益友，让我以最积极乐观的心态完成了博士研究，让我能够以健康的身心状态从事实地调研与论文写作。感谢伯明翰大学地方政府治理研究所的所有老师和同事，日常的交流与每周的演讲小聚都使我快速成长。感谢在伯明翰大学期间的好友们，李佳源、杨贺与孙剑，你们是静如止水的生活里丰富多彩的旋律。

　　尤其要感谢我的家人，你们始终是我最坚强的后盾。谢谢你，我的爱人黄晴，你是我学术研究和事业上的亲密战友，更是我人生和情感的引路人。感谢你在生活上的帮助与宽容，学术上的交流与讨论。你的陪伴让我忘记学术之路的苦涩，正因为有你在，博士四年期间的一切磨砺也让我甘之如饴。

感谢山东大学政治学与公共管理学院的各位师长和伙伴们的支持与鼓励。感谢田真、张明、徐富超、邱婷、李丹岑、杨谨硕、任芹芹、温杰、王昊和蔡智同学在本书编译工作中的贡献。感谢国家社科基金后期项目和山东大学高峰计划项目的支持，使得这本书能够顺利出版。

刘华兴

2020 年 8 月

于山东大学青岛校区